中国高校英语演讲学习者思辨能力发展个案研究

孙旻 ◎ 著

外语学科中青年学者学术创新丛书

外语教学与研究出版社
FOREIGN LANGUAGE TEACHING AND RESEARCH PRESS
北京 BEIJING

图书在版编目（CIP）数据

中国高校英语演讲学习者思辨能力发展个案研究／孙旻著. —— 北京：外语教学与研究出版社，2017.5（2021.7重印）
（外语学科中青年学者学术创新丛书）
ISBN 978-7-5135-9073-0

Ⅰ. ①中… Ⅱ. ①孙… Ⅲ. ①英语－演讲－教学研究－高等学校 Ⅳ. ①H319.32

中国版本图书馆 CIP 数据核字 (2017) 第 128908 号

出 版 人　徐建忠
责任编辑　李婉婧
封面设计　彩奇风
出版发行　外语教学与研究出版社
社　　址　北京市西三环北路 19 号（100089）
网　　址　http://www.fltrp.com
印　　刷　北京九州迅驰传媒文化有限公司
开　　本　650×980　1/16
印　　张　16.5
版　　次　2017 年 6 月第 1 版 2021 年 7 月第 5 次印刷
书　　号　ISBN 978-7-5135-9073-0
定　　价　49.90 元

购书咨询：(010) 88819926　电子邮箱：club@fltrp.com
外研书店：https://waiyants.tmall.com
凡印刷、装订质量问题，请联系我社印制部
联系电话：(010) 61207896　电子邮箱：zhijian@fltrp.com
凡侵权、盗版书籍线索，请联系我社法律事务部
举报电话：(010) 88817519　电子邮箱：banquan@fltrp.com
物料号：290730001

记载人类文明
沟通世界文化
www.fltrp.com
外研社

前言

　　思辨能力的培养被认为是现代教育最为重要的目标，近 20 年来，在我国外语教育界亦备受重视。当前的思辨研究总体上呈现出多个理论模型共存，教学方法和测评方法多样的态势，同时也存在着一些研究空白，如具有学科特色的教学实证研究整体不足、思辨教学效果不易验证、对学习者个体特点及思辨能力发展缺乏深度观察等。本书基于 2014 年笔者在北京外国语大学中国外语教育研究中心所完成的博士研究，试图呈现高校英语演讲课程学习者所经历的思辨能力发展变化及其影响因素。该研究对英语演讲活动中的思辨技能进行了理论构建，并运用多维度的数据收集方法（思辨能力客观测试、思辨倾向问卷、有备演讲、即兴演讲、课堂观察、反思日志和访谈等），对六位学习者进行了个案跟踪，探究其思辨能力变化特点及相关影响因素。从选题到完成答辩，该研究历时三年。在最终成书之前，又经历了文献梳理、理论框架、数据分析的更新和改写。

　　驱使我选择"演讲与思辨能力"这个话题的动因，发端于个人的经历和兴趣，但更重要的是教学实践和研究的意义。早在 2005 年，在美国密苏里州立大学访学期间，我选修了由该校传媒系 Lynn Borich 老师开设的演讲课程（Public Speaking），第一次系统地学习了演讲的准备流程——选题、拟定提纲、制作提示卡、预演、发表、与听众即席互动，最后观看自己的演讲录像并进行反思。在与来自世界不同国家和地区的同学们共同学习的过程中，我第一次体会到，对于二语学习者来说，英语演讲远非"表演说英语"那样简单。从 2008 年以来，因为工作安排，我还多次担任英语演讲比赛的指导教师或者评委，有机会观摩不同级别的大学生英语演讲赛事。在紧张激烈的赛场，我常常感怀于年轻一代大学生标准悦耳的英语发音、流利的语句、自信的姿态，但有时也不免为某些演讲者以表层的技巧表演、情绪渲染来代替观点论证而感到遗憾。

2011 年，我成为一名外国语言学及应用语言学博士生。就读期间，几乎每一门课程都会涉及到课堂汇报。一次 20 分钟的发言常常要花上两个星期甚至更长的时间去准备。一次又一次地登台，一次又一次地实践，我深深地体会到，一场合格的汇报发言绝不是靠在幻灯片上粘贴、堆砌文字，然后埋头诵读就可以达到的。选题时对听众需求的分析、核心目的的确定、要点之间的逻辑联系、信息引用及解读的可靠性、与内容相适合的视觉效果设计、发言时的节奏乃至于肢体语言，都是必须考虑到的因素。

如果说上述的经历令我对演讲怀有浓厚兴趣的话，读博期间参加国家社科项目"我国外语专业大学生思辨能力发展差异的比较跟踪研究"则给了我决定性的动力。在文秋芳老师的指导下，我从阅读研究文献开始，逐步参与到思辨量具的设计、修订、受试选拔、数据收集与分析等多项工作中。在这期间，我也利用一切机会参加与思辨培养有关的研讨、讲座和教学观摩，不断丰富对思辨能力的理解，并激发了自身参与教学实践研究的热情。

个人经历和兴趣、工作实践以及学术探索三种因素汇集在一起，形成了强大而持久的动力，支撑我克服种种困难与挑战，最终完成了研究计划。希望这项研究能为从事高校英语教学的同行们提供一些理论建构、教学实践和研究方法上的参考。博士毕业回到工作岗位后，我正式开设了英语演讲选修课，在实践中精进教学技艺，也在继续探索思辨培养的研究之路。

本书共包含九章。第一章导论，介绍了研究目的及意义；第二章为思辨理论及教学实证研究文献综述，总结当前研究的趋势及空白；第三章呈现本研究的理论框架——"英语演讲活动中的思辨分项技能"和"英语演讲学习者思辨能力发展影响因素"；第四章为"研究设计"，介绍教学背景、课程目标和教学方法，汇报个案学习者的选取过程，并详细说明各类思辨测评量具的使用及研究数据的收集和分析方法。

第五章至第七章汇报研究结果。第五章对演讲课程中的系列有备演讲进行质性分析，通过对个案学习者前中后三次有备演讲完成过程的评析，探究其在自然任务情境下思辨能力的发展。第六章则主要分析课程任务以外的思辨能力客观测试和定题即兴演讲——通过平行量具的前后测结果对比，呈现个案学习者在演讲课程学习前后思辨能力水平是否有所不同。第七章基于前期数据分析的结果，将六名个案学习者的思辨能力发展轨迹划分为三个类型——持续进步、有限进步、稳定保持。从社会认知理论的"三维交互决定观"以及"自我调节的学习观"视角，对不同类型学习者思辨能力发展影响因素进行了分析。

第八章为本书的"结论与启示"，在回顾和讨论研究发现的基础上，对本研究的意义与贡献、局限性以及未来研究趋势发表了个人的看法，同时也阐述了本研究对演讲课程的教学启示。在本书的最后一章，笔者进行了"研究者反思"，回顾了研究探索中所经历的挑战、困惑以及感想。

我的博士研究最终能以专著的形式面世，应该感谢一路上给予我无私帮助的诸多前辈和同行。首先特别感谢我的博士导师文秋芳教授，她的治学态度、工作效率、学术造诣是我和同学们心中的楷模。我的博士研究不仅受益于文老师的前期研究成果，在每一个关键时期，都得到她方向性的指点，并且文老师给予了我作为一名研究者独立决策的空间，使我能充分发挥自己的主观能动性，在研究方法、教学实践和论文写作各方面都得到了锻炼和提高。

在研究进展期间，外研中心的"博士研讨"活动为我提供了开放的学术交流机会。在每月一次的研究进程汇报中，大家的反馈和建议让我能跳出自己固有的思路，激发新的想法。特此感谢出席研讨课的四位教授和博士生导师：北京外国语大学的文秋芳老师、周燕老师、梁茂成老师和对外经贸大学的王立非老师。感谢在研讨课上为我提供宝贵建议的博士生同学们：张柏成、冯瑞敏、崔琳琳、马玉学、杨华、杨卫健、阿斯罕、吴白音那、颜奕、杨丽、李春梅、刘洋、刘霞、蔡焱、张文娟、孔蕾、杨文星、曹宇。另外，在 2013 年"外语教学与研究博士生论坛"上，南开大学的张文忠教授曾对我的演讲思辨技能分析框架进行了全面、细致的点评。在演讲教学及思辨技能评估方面，北京外国语大学的俞露老师、中央民族大学的马克·力文老师、北京理工大学的刘洋老师、中国地质大学的张伶俐老师为我提供了宝贵的专业支持。

我的博士研究还得到过多位外语教育专家的批评指正。特此感谢北京大学的陈向明老师、高一虹老师，北京师范大学的王蔷老师，北京外国语大学的吴一安老师、周燕老师和金利民老师在论文答辩中给予我的修订建议，令我获益良多。

我也由衷感谢 6 位个案学习者与我分享专业学习和成长道路上的经历与思考。他们的朝气与活力深深地打动了我，使我懂得了平等、坦诚、互相理解与尊重在学术研究中的重要性。在本研究结束后的这几年里，他们中的每一个人都通过自身的努力，取得了可喜的进步与成就。

希望本书能在理论构建、研究方法、教学实践等方面，对致力于思辨能力培养的外语教师和研究者具有一定的借鉴和启发意义。但由于现实条件以及个人能力的局限，书中恐有疏漏之处，笔者恳请各位专家和学者不吝指教，彼此借鉴，共同进步。

孙旻
于青岛大学外语学院英语系
2017 年春

目 录

图　目

表　目

第一章 导 论

1.1 为何"思辨"

1906 年，美国社会学及人文学家威廉·萨姆纳（William Sumner）在其著作《民俗论》（*Folkways*）中指出，当代教育所承担的社会教化作用灌输的是一种社会自我中心主义的思维习惯："在大众中最为普遍的观点……往往充斥着谬误的、真假混杂的、看似仿佛真知灼见的信念。"萨姆纳认为，现代教育应当传授给人们检验一切信念的方法和习惯，简言之，即批判的能力。具有批判精神的人不急于判断，而是寻求证据并且有意识地验证和比较证据、对自身的偏见总是保持着警惕（Sumner 1906：630-633，转引自 Paul, Elder and Bartell 1997）。与萨姆纳同时代的哲学家及教育学家约翰·杜威（John Dewey）也持同样的观点——他认为，教育应当鼓励人们就所持信念及已有知识进行积极、持续、谨慎的思考（Dewey 1910）。在今天，这种"面对相信什么或者做什么而做出合理决定的思维能力"，被称为"批判性思维"，或者"思辨"（Critical Thinking）。

一个多世纪过去了，人类的科技及教育发展取得了巨大的进步。然而在这个信息随着大众传媒每日汹涌而来的时代，理性判断的价值有增无减。在方舟子和崔永元之间，应当依据个人喜好还是证据说服力来决定对待转基因技术的态度？宗教信仰的缺失是导致中国现实社会问题的原因吗？星座学说是不是伪科学，而它存在的心理基础又是什么？该不该相信饮用牛奶和食用肉食会导致癌症？中国的英语教育与汉语教育存在必然的冲突吗？……对于这些问题的思考，既关涉我们每一个人的日常生活选择，也影响着社会群体决策的导向。

自苏格拉底的时代起，思辨还被认为是民主参与的唯一途径，因为民主建立在公民的独立思考和理性判断之上，而不是对权威的盲目服从（Lim 2011：784）。柏拉图笔下的苏格拉底这样描述自己与古希腊城邦的关系："一匹肥硕骏马背上的牛虻"。只有牛虻不客气的叮咬，才能使自得而慵懒的骏马保持清醒。

直到今天，"思辨"仍被认为是现代公民素质的重要内核。

1.2　思辨与高等教育

思辨能力的培养被认为是现代教育中最为重要的目标（Facione 1990；van Gelder 2005；Behar-Horenstein et al. 2011）。如何帮助未来的公民培养理性判断的意识与能力，是摆在教育者面前的一道课题。思辨能力是值得发展的，可以通过学习和训练提高，而非靠天性或者成熟程度来决定——这是教育者们已经达成的共识。但是思辨体现为哪些具体的技能，这些技能又该如何来培养，"就如同教练员训练队员怎样踢球一样，会出现各种不同的意见和方案"（谷振诣、刘壮虎 2006）。

在着手培养思辨能力之前，首先需要厘清它与各种"好的思维方式"（good thinking）之间的关系（Facione 2011）。思辨并非一切好的思维。例如，"创新性思维"（thinking creatively）作为"利用思维过程去开拓独特的、有益的、值得更深探索的想法"（Chaffee 2012），能够为我们看待事物带来全新的视角，其最为典型的成果表现在音乐、诗歌、舞蹈、文学等艺术创作和技术革新中。在一定程度上，我们可以把思辨看作是创新性思维的基础和前提，而创新思维是思辨的目的与归宿（黄芳 2013：4）。但这二者在性质上并不完全对称。同样属于"好的思维"但不被归入"思辨"的思考类型还包括"运动协调"（kinetic thinking，即整合运动与意图的思维过程）、"冥思"（mediative thinking，通过思考而达到内心的平静以及深刻的体悟）、"直觉"（instinctive thinking，如战场上的士兵在紧要关头所做出的瞬间判断）——对于思辨与其他这些思考类型的关系，研究者们保持着完全开放的态度（Facione 2011：14），而本书对"思辨"的探究核心仍聚焦于"有目的的反思性思考"。

目前，针对思辨能力的实证研究主要涉及认知技能、情感气质（或思辨倾向）及对思维过程的反思及调整这三个方面。其中，一部分学者把思辨看作是可独立习得、并在学科间进行"迁移"的一般性能力，另一些学者则认为思辨是基于特定学科知识的专业能力。在教学研究领域，这两种观点指导下的实证研究都存在，并已涉及多个学科领域。当前，一些思辨教学实证研究已达到较为规范的实验研究标准，即设置实验组和控制组、使用具有较高信度和效度的量具进行前后测，以及使用量化和质性相混合的研究方法等。但是，高等教育阶段的思辨教学实证研究整体上仍较为匮乏，具有学科特色的思辨教学方案、具有延续性的系列课程教学设计、教学干预方式的具体实施以及学习者的个体特点对思辨能力发展的影响，是当前亟待探索的课题。

新世纪以来，在我国教育界尤其是外语学界，思辨能力的培养同样备受关注。通过揭示中国外语类学习者"思辨缺席"的现状（黄源深 1998；2010）、反思教学问题（高一虹 1999）、构建理论模型（林崇德 2006；文秋芳等 2009；阮全友 2012）、设计和使用思辨能力测评量具（罗清旭、杨鑫辉 2002；文秋芳等 2010a, 2011；刘航、金利民 2012；任文 2013）和倡导学科教学改革（孙有中 2011；孙有中等 2013）等，学者们进行了多方位的探讨。但是在教学实践层面，如何将思辨力培养与具体的语言技能或专业知识课程相结合（如写作、阅读、演讲、商务英语、翻译等）尚处于探索阶段（如文秋芳 2008；李莉文 2010；Rybold 2011；桂清扬 2011；宋毅 2012；黄芳 2013；刘和平、王倩 2015；文秋芳、孙旻 2015；杨丽芳 2015 等）；在具体的语言学习活动中，思辨能力究竟体现为哪些具体的分项技能，如何科学测评学习者的思辨能力水平，如何有效评价思辨培养的教学效果，个体学习者的思辨能力呈现怎样的发展轨迹，仍存在广阔的讨论空间。

1.3 "演讲"中的思辨

本研究着眼于中国高校英语演讲课程中学习者的思辨技能变化。这首先基于一个认识前提——参与演讲活动需要运用思辨能力。

在汉语中，"演讲"一词来源于"演说"，是中国古人受佛教影响所创立的一个词，最初的意思是对佛经的阐述和解说。到清代时期，在小说如《老残游记》中，"演说"已经具备"就某个问题对听众说明事理，发表见解"的含义（《汉语大辞典》）。中国的传统教育并不认为演讲是一种重要的能力。虽然在中国先秦时代的政治文化中，论辩占有一席之位，古代文学中也流传着"舌战群儒"的佳话，儒家思想关于"巧言令色鲜矣仁"（《论语·学而》）的劝诫仍然影响着人们的教育观念——工于辞令，或者专注研习说话的技巧，并不值得鼓励。

在现代社会，演讲逐渐成为一种受到重视的交际技能。从现代传媒学的角度，演讲（又叫讲演）是指"演讲者有意识地将既已掌握的信息、资讯与听众分享，从而与听众达成共识的过程"（朱强 2012：6），"演讲者创造意义，并传播给听众……在传播互动中，言说的意义实现了社会建构"（斯普瑞格等 2010/2013：4）。演讲的应用场景也日益广泛，既包括公众人物在正式场合的发言、职业场景中的产品介绍、工作汇报、商务谈判、法庭论辩，也包括教育场景中的讲座、课题汇报等等（兹维克、法伊弗 2013）。近年来，随着对外交往的加强，演讲也常常和外交活动联系在一起，如国家领导人互访时，在知名大学发表演讲已成为常见日程安排。

在西方，演讲与自古希腊时代起的论辩修辞传统有着紧密的联系，并且一直是西方教育的重要组成部分。在《演讲的艺术》（Lucas 2010：v）一书的前言中，石坚以"演讲的力量"为题阐述了演讲能力的重要性：

> 除了演讲台上、聚光灯下，演讲在生活中还有更多更深远的意义。……欧美一些知名大学往往把演讲和写作这两门课作为全校学生的必修课，有的大学在强调学生必须具有的综合素质时往往把交流与公共演讲的能力列在首位。……系统的演讲训练不仅有助于增强一个人的表达能力，更有助于其开拓思路、增强自信，提高沟通技巧，……使他们更具逻辑推理、言辞表达、哲理思辨。

上述这段话不仅阐明了在大学教育中演讲训练与思辨能力培养的关系，也说明"演讲"并非其字面义所暗示的"表演讲话"。在英文中，"演讲"一词所对应的是"public speaking"（公共发言）。"公共发言"更为明确地体现了在现代社会的公众情境下"信息和观点的交流与分享"（Lucas 2010：4），其目的与意义超越了表演，远不只是"当众讲话时运用声音、表情以及身体语言的技巧"（Lucas 2010：x）。一个成功的演讲，应当在分析听众的基础之上选题立意，有明确的目的和观点以及清晰的推理论证，或能传播知识，或能启发听众思考，进而影响他们的观念或者行为。当然，巧用语言（如修辞和幽默）也能有效地感染听众，为演讲增光添色。

从 20 世纪 90 年代起，大学生演讲及辩论比赛成为大众关注热点。创办于 1993 年的国际大专辩论赛产生了巨大的社会反响，而由中国日报社于 1996 年发起并主办的"21 世纪杯"全国英语演讲比赛也开启了以演讲促进外语学习、彰显语言能力的赛事传统。近年来，随着相关教材的推出，如高教社《英语公共演讲教程》（2008）和外研社《演讲的艺术》（2010），英语演讲课程及各类校园英语演讲比赛迅速在全国高校推广和普及。

在现行的英语演讲教材中，演讲按照准备方式被分为"即兴演讲"与"有备演讲"；而按照演讲目的，又分为"说解性"（informative）、"说服性"（persuasive）、"纪念性 / 仪式性"（ceremonial）演讲等。说解性和说服性有备演讲是目前大学英语演讲课堂中主要训练的演讲类型。与阅读、写作等英语语言技能课程一样，演讲与思辨能力的培养有着密切的关系。作为一种面对特定的公众群体传达信息和观点的交流方式，演讲的本质是通过恰当的语言"对他人产生影响"。演讲中若仅有信息，但无有效的结构组织，或者仅有观点，却不能有理据地对其进行论证，则表明一位演讲者对所涉及的问题没有进行足够认真和深入的思考。因此，一个具有思辨能力的演讲者应当"对概念之间的逻辑关系、理据的合理性、事实与观点之间的差异具备清晰、有条理的认识"（Lucas 2010：6-7）。换言之，"Speaking is thinking"——演讲的意义取决于思维的质量。

正是出于这样的原因，本研究力图结合现有的思辨理论与英语演讲课程教学，探究在演讲活动中国英语学习者思辨能力的体现、发展及影响因素，为深化英语教学提供有价值的参考。

1.4 研究目的、方法与意义

基于对前人研究的文献梳理，笔者总结出英语（EFL）学习者思辨能力发展实证研究现存的空白：1）对思辨能力在英语（EFL）技能课程中的具体体现缺乏全面详实的分析和归纳；2）思辨能力测评方式处于探索阶段，在研究方法上亟待拓宽；3）缺乏关注学习者个体特征及主观能动性的个案研究。

结合研究现状和实际条件，本研究以在中国高校广泛开展的英语演讲课为切入点，将研究目的聚焦于回答以下两个问题：1）本研究所观察的学习者在英语演讲课程的学习过程中，其思辨能力是否有所变化？ 2）导致这些变化或者致使其不变的影响因素有哪些？

探究学习者思辨能力变化，首先需要对演讲任务中所涉及的具体思辨技能进行识别和归类，并在此基础上拟定出合理的思辨能力评测标准或方法；在得出学习者思辨能力发展结果后，分析促进或阻碍其能力发展的影响因素时，也必须综合考虑环境、个人等多方面因素，其中必然涉及学习者个体特征及主观能动性。换言之，通过回答以上两个研究问题，有助于填补目前英语学习者思辨发展实证研究所存在的研究空白。

本研究分两个时段进行了理论研究及实证数据收集与分析。2012年秋季学期为本研究的先导阶段：笔者在某外语类大学一年级英语演讲课堂进行全程跟踪观察，并与主讲教师协同课外辅导；根据所收集的学习者演讲数据（共计72篇有备演讲），拟定了"英语演讲活动中的思辨分项技能"理论框架。在此基础上，2013年春季学期，笔者以助教身份进入某综合性大学外语学院英语系二年级演讲课堂，参与课程设计并进行了以思辨融入式教学的实践探索。从38名学习者中，根据成长背景、语言能力、思辨水平等因素，笔者选择了6名具有不同个体特征的学习者进行了个案跟踪研究，在这期间运用多维度的数据收集方法（定题即兴演讲测试、思辨能力客观测试、思辨倾向问卷、课堂观察、自选题有备演讲拟稿及指导记录、演讲录像、学习者反思日志、个案访谈等）完成了全程观察。

本研究的意义主要体现在三个方面。首先，在前人思辨理论研究基础上构建了"英语演讲活动中的思辨分项技能"，为以思辨为导向的英语演讲思辨评测提出了可操作的分析框架；其次，探索了英语演讲课程融入思辨教学的方法以及学习者个体因素对思辨能力发展的影响力，具有一定的教学实践意义；第三，开创性地使用三种不同维度的测评方式，并探讨其有效性和适用性，为未来相关研究提供了参考。

第二章　文献综述

在现代教育领域，思辨能力（critical thinking skills）被认为是最为重要的教育目标（Facione 1990；Moore and Parker 2012；van Gelder 2005；Behar-Horenstein 2011；文秋芳 2012；孙有中 2011 等）。但是长期以来，"思辨"本身却面临着"概念模糊"的问题（Moore 2013）。自 20 世纪 90 年代以来，关于思辨能力的准确定义及在真实世界中的应用（包括专业领域的学习），学者们展开了积极而热烈的讨论，逐渐形成了共识与差异并存、研究方法多样的局面。

本章将按照核心概念、思辨理论模型、教学实证研究、研究空白的顺序进行前人文献梳理，并在此基础上探讨本研究的目的和意义。

2.1 "思辨"概念

英语"critical"一词的含义来源于希腊语中的两个词根："kritikos"（意为"眼光敏锐的判断"）或者"criterion"（意为"标准"），因此从词源上看，critical thinking（CT）可以理解为："为达到基于标准的敏锐判断而进行的思考"（Paul and Elder 2006：xx）。在引介之初，CT 一度被广泛翻译为中文"批判性思维"，但是"批判"一词在含义上既有"评论；评断"，也可指"对所认为错误的思想、言行进行批驳否定"，容易引起误解；相形之下，"思辨"一词则更能恰当地体现"为做出判断而进行思考"的内涵，因为"辨"字在汉语中最本源的字义正是"区分；（使）明白、清楚"（《汉语大辞典》）。在黄源深（1998）、文秋芳（2008）等学者的积极倡导下，目前"思辨"这一译法已逐步普及。

西方学者在谈及"思辨"的起源时，不约而同地将其归功于古希腊先哲苏格拉底。由他创立的辩证方法，即"诘问法"或"问答法"（Socratic questioning），以"揭露矛盾"为己任，引导人们去发现，基于感性与直觉的信念实际可能自相矛盾，而那些自称"有知识"的人实际并无知识可言。换言之，这种方法的特点就是"与人讨论问题，一问一答，以揭露矛盾，穷根究底，探本求源"（叶秀山 1986：173-174）。

然而，"思辨"的传统并不独属于西方。两千多年前，中国战国时代的学者就在《礼记·中庸》中提出了影响深远的教育理念："博学之，审问之，慎思之，明辨之，笃行之"——教育应首先使学习者具备深厚的知识基础，同时培养质疑的精神、谨慎思考的习惯、辨析事物的能力，并且忠实地践行、贯彻其信念（即判断的结果）。

从古代希腊所开启的、追寻生命更深层事实（deeper realities of life）的西方思维传统，历经中世纪、文艺复兴时代、工业革命，也在培根、笛卡尔、莫尔、洛克、康德等思想家的传承下，在20世纪初的美国引发了关于现代教育的讨论（Paul, Elder and Bartell 1997）。社会学及人文学家威廉·萨姆纳（Sumner 1906）及哲学家及教育学家约翰·杜威（Dewey 1910）都认为，教育应当鼓励人们对信念以及知识进行积极、持续、谨慎的反思与验证。而对于"思辨"的核心定义，后世的学者们不断加入他们的理解，如"思辨是对论断所做出的正确评价"（Ennis 1962：83，转引自 Flores et al. 2012：214）；"思辨是反思性的质疑态度"（McPeck 1981：7，转引自 Robinson 2011：275）；"有目的的理性思考……以解决问题，得出推论，估测概率，并且做出判断……同时也包括对思考过程进行评价和反思以对其进行改进"；"依据恰当的评价标准，自律的、自我监控的、自我修正的思维过程，以期对事物的价值做出有理据的判断"（Paul & Elder 2006）；以及"有目的的反思性思考"（Facione 2011：5）。

澳大利亚教育学家 Tim Moore（2013）则秉承哲学大师维特根斯坦的理念，"一个词的意义在于它在语言中的使用"（the meaning of a word is in its use in the language），对思辨概念进行探究。Moore 在其研究中访谈了文、史、哲三个学科的17名资深学者，从他们的观点叙述中提炼出"思辨的七个定义"，按受访者之间的共识程度依次为"判断"、"对知识的质疑态度"、"原创性"、"对文本进行精细阅读和具有洞察力的分析"、"理性的思考习惯和衡量标准"、"正义感和批判现实的精神"、"自我反思"等（Moore 2013：510-517）。

通过归纳国内外思辨理论专著以及学术期刊研究文章，笔者认为，在"思辨"的概念内涵上学者们目前已经取得了以下共识：1）思辨的核心目的是做出有理据的判断（well-reasoned judgment）；2）思辨者（critical thinkers）既要掌握良好的思维技能，同时还应具备某些特定的情感特质，如探究未知事物的热情、警惕自身偏见、以开放的态度对待争议等；3) 思辨的过程包括元认知（metacognition）或者"元思辨"，即思考者需要有策略地运用具体的思辨技能，对自己的思维过程进行监控、调整、修正。

同时，为了清楚地阐述本研究中的核心定义，笔者对"思辨"与"思辨能力"两个概念进行了区分。前者指高层级或第二层级思维（second-order thinking[1]），即广义的"关于思考的思考"（"thinking about thinking"，Paul and Elder 2006；Moore and Parker 2012），或者更为确切地说，"有目的的反思性判断"（"purposeful reflective judgement"，Facione 2011：5）。相对应地，"思辨能力"则体现为"依据标准，对事物或看法做出有目的、有理据的判断的能力"（文秋芳 2012：3）。笔者结合了"思辨双维结构模型"（Facione 1990）与"思辨能力层级模型"（文秋芳等 2009），将思辨能力划分为"分析"、"推理"、"评价"三个大类和相应的分项技能，并依据对我国大学阶段 EFL 学习者的真实演讲进行分析的结果，进一步提出了"英语（EFL）演讲活动中的思辨分项技能"分析框架，将演讲活动各任务阶段所涉及的具体思辨技能进行梳理和归并，详见本书第三章阐释。

2.2　多维视角下的思辨理论模型

随着现代社会科学的发展，到 20 世纪末 21 世纪初，思辨的概念逐渐理论化和系统化。目前较有影响的思辨理论模型包括：美国哲学联合会在《德尔斐报告》（*The Delphie Report,* Facione 1990）中所推出的"双维结构模型"、美国哲学家及教育学家 Paul and Elder（2006）建立的"三元结构模型"、我国教育学家林崇德（2006）创立的"三棱结构模型"；以及在借鉴以上理论模型的基础上，我国外语教育研究者文秋芳等（2009）提出的"思辨能力层级模型"。

多种理论模型的并存为我们理解"何为思辨"提供了丰富的探究维度。在本节中，笔者将逐一介绍、比较和评价这些理论模型。

---

[1]　Paul and Elder（2006）认为，基于直觉的思维是"第一层级思维（first-order thinking）"；与之相对应的是"第二层级思维"，即有意识地对思维自身进行分析、评价、重构的思维过程，其目的是为了改善思维的质量。

2.2.1 思辨双维结构模型

创建于 1990 年的"双维结构模型"始于美国哲学联合会发起的一项名为"德尔斐"的研究项目[1]。该模型的主要特征是将"思辨"分为两个维度：认知技能（cognitive skills）与情感特质（affective dispositions）；其中认知技能又可细分为 6 类思辨分项技能（sub-skills）。Facione（1990；2011）对该模型进行了具体的描述，详见表 2.1 的主旨归纳。

表 2.1　思辨双维结构模型（改编自 Facione 1990：4-13；2011：5-11）

认知能力		情感特质
阐释 Interpretation	归类（Categorization）： 为理解、描述、总结信息提出划分类别的框架；	对多种问题的广泛兴趣（inquisitiveness with regard to a wide range of issues）；
	解读意义（Decoding significance）： 依据社会交际规范，洞察并描述信息中所包含的内容、意义、功能、动机、价值观、规则等；	对获得丰富信息的关注（concern to become and remain well-informed）；
	澄清含义（Clarifying meaning）： 解读并阐明观点、概念、行为、符号、修辞等的含义，消解歧义；	对理性思考的信任（trust in the processes of reasoned inquiry）；
分析 Analysis	分析观点（Examining ideas）： 定义术语；比较、区分观点、概念、论断；分析"整体—部分"关系；	对自身推理能力的信心（self-confidence in one's own abilities to reason）；
	识别推理（Identifying arguments）： 探查一系列表述是否形成"推理"[2]，即包含论断和相应的理据；	对不同世界观的开放态度（open-mindedness regarding divergent world views）；
	解析推理（Analyzing arguments）： 将推理过程分解为预设、前提、结论；	

（待续）

---

[1]　该项目采用了专家调查法，即以书面方式广泛征询、整合专家意见并归纳出与某事物相关的定义及观点。德尔斐是古代希腊阿波罗神殿所在地，因此该词含有"智慧"之意（转引自黄芳 2013：17）。

[2]　Argument 在英文中有两层含义，"推理"或"论据"。通常逻辑学中将其定义为前者，"推理包含两个部分：结论和为结论提供支持的前提"（Moore and Parker 2012：9）。国内研究者在转引该文献时多将该词译为"论据"，笔者通过研读原文本，更正为"推理"，即"由前提推导出结论的过程"。

（续表）

	认知能力	情感特质
评价 Evaluation	评价论断（Assessing claims）： 评价论断或信息的来源可靠度、相关性、可信度；	对待不同观点和视角的灵活性 （flexibility in considering alternatives and options）；
	评价推理（Assessing arguments）： 检验预设与前提是否为真，推理是否包含谬误；判断论证强度；	对他人观点的理解 （understanding of the opinions of other people）；
推断1 Inference	探询证据（Querying evidence）： 识别、搜寻、筛选支撑论断的理据；	
	预见可能性方案（Conjecturing alternatives）： 形成多样化解决问题的方案，预测可能性结果；	在评价推理时的公正性 （fair-mindedness in appraising reasoning）；
	得出结论（Drawing conclusion）： 运用恰当的推理方式，确定对特定事物所采取的立场和观点；	面对自身偏见时的诚实 （honesty in facing one's own biases, prejudices, stereotypes, or egocentric tendencies）；
解释 Explanation	陈述结果（Stating results）： 准确陈述推理的结果，以便对其进行分析、评价和监控；	
	证明程序的合理性（Justifying procedure）： 呈现概念、方法、标准、情景等方面的信息，以便自身或他人检验已做的阐释、分析、评价、推理等过程；	做出判断时的审慎 （prudence in suspending, making or altering judgments）；
	呈现推理（Presenting arguments）： 提供支持论断的理由；回应有关方法、概念、证据、标准等的反对意见；	

（待续）

1　Inference 在英文中可表示"推理"（"a piece of reasoning, where premises are given as reasons for a conclusion"，普里斯特 2000/2013：112），与 argument 含义相同；同时，该词也可以表示非逻辑性的推断，即通过对事实规律的观察而间接推导出有助于理解的意义及语境（the non-logical, but rational means, through observation of patterns of facts, to indirectly see new meanings and contexts for understanding；http://en.wikipedia.org/wiki/Inference）。依据原文中的阐释和例举，笔者认为该词所指的是较为宽泛的推断能力。

（续表）

	认知能力	情感特质
自我调节 Self-regulation	**自我审视（Self-examination）：** 反思推理过程，检验自身观点和理据，反省个人的知识局限、成见、偏见、情感、动机、价值观、态度等影响公正客观判断的因素； **自我修正（Self-correction）：** 反思过程中发现问题时，以合理的方法进行补救和纠正。	**当通过诚实的反思认为必要时，进行调整和修正的意愿** (willingness to reconsider and revise views where honest reflection suggests that change is warranted)。

通过观察和分析上表中的认知技能构成，笔者认为，该模型的潜在结构是具有普遍性的思维活动所包含的任务步骤——前三类（阐释、分析、评价）主要关涉对外来信息的处理，后三类（推断、解释、自我调控）则主要针对自身的信息产出——也就是说，一个思辨者既要对外部信息进行准确的解析和评估，也能够理性地形成、呈现并调控自身的思考结果。

在认知技能以外，德尔斐项目组的专家们认为，理想化的思辨者还应具备某些情感特质（见表 2.1 右栏）。这些情感特质与认知技能是相辅相成的关系，就像一名舞蹈家所具备的专业技能和她使用这些技能的意愿。强烈的意愿推动着舞者不断进行练习，而技艺的精进又促使她产生更高的追求。同理，一个在实践中掌握了思辨技能的人可能会这样描述自己："我更擅长需要独立思考的工作"；"在考虑所有的可能性方案之前，我不会贸然做出决定"；"与其看别人的笔记，我更愿意自己阅读原文"；"做出好的判断，比赢得争论更加重要"等等（Facione 2011：11）。

值得一提的是，在"双维结构模型"的基础之上创建的加州思辨量具取得了广泛的应用价值。该系列量具分为两个部分：加利福尼亚思辨技能测量量表（California Critical Thinking Skills Test, CCTST）与加利福尼亚思辨倾向问卷（California Critical Thinking Disposition Inventory, CCTDI）。到目前，该量具已在国内外多项教学实证研究中被选作测试量具（如罗清旭 2002；Miri

---

1　本研究采用了文秋芳等（2011）的翻译方法，将思辨者所具备的情感特质简称为"思辨倾向"。

et al. 2007；Aizikovitsh-Udi and Amit 2011；刘航、金利民 2012；Iskifoglu and Agazade 2013 等），也为其他学者研制新的量具提供了参考（如文秋芳等 2009；Liu et al. 2016）。

2.2.2　思辨三元结构模型

美国教育学家和哲学家 Paul and Elder（2006：15-18）建立的"三元结构模型"则对思辨采取了"认知技能"以外的、更为微观的分析取向。他们认为，任何思维活动都包含八个思维元素（Elements of Thought），即目的、视角、概念、问题、信息、预设、推理、结果与预见；思辨者运用清晰性、准确性、深度与意义、公正性等四类标准（Universal Standards of Thinking）对他人以及自身的思维活动进行评价或监控；这种基于标准的思维评价活动将培养出思考者谦卑、自主、正义、勇气、坚韧、理性、同理心、公正等思维特征（Intellectual Traits of Critical Thinkers）。该理论模型的整体框架见表 2.2 所示（转引、改编自 Paul and Elder 2006：12-56）。

表 2.2　思辨三元结构模型

思维标准
清晰性（Clarity）
准确性（Accuracy）；精确性（Precision）；相关性（Relevance）
深度（Depth）；意义（Significance）；逻辑性（Logic）
公正（Fairness）；广度（Breadth）

思维元素	
目的（Purpose）	预设（Assumption）
问题（Question）	概念（Concept）
视角（Perspective）	推理（Inference）
信息（Information）	结果与影响（Consequences & Implication）

思维特质	
对知识的谦卑态度 (Intellectual humility)	以一致的标准评价自己和他人 (Intellectual integrity)
面对复杂问题时的坚韧 (Intellectual perseverance)	理解对立立场的开放态度 (Intellectual empathy)
坚持以理性的标准进行独立的思考 (Intellectual autonomy)	质疑权威及主流思想的勇气 (Intellectual courage)
对理性思考的信心 (Confidence in reason)	警惕偏见的公正态度 (Fair-mindedness)

笔者认为，"三元结构模型"与其他思辨理论模型最大的不同在于其将思辨更为细致地划分为"思维元素"和"思维标准"以后，为分析和评价思维活动提供了一个可操作的方法——对任何一个思维过程，都可以提出以下问题，如"目的是否一致"；"概念是否清楚"；"信息是否真实"；"推理是否包含谬误"；"预见是否合理"……提出和回答这些问题，将有助于思维层级的提高，也最终能够帮助培养特定的思辨倾向。

"三元结构模型"也得到了部分研究者的支持。Golding（2011）根据该理论模型提出了思辨培养教学模式，教师通过为学习者搭建特定的提问平台，培养其思辨的习惯和判断的能力，而非灌输知识；Sullivan（2012）将其与护理专业教学进行结合，探讨了在临床医学的情境下，一名护士如何将思维元素和思维标准运用于工作决策；Rybold（2011）利用该理论模型对中国英语辩论学习者进行培训指导，在为期一年的教学实证中，取得了积极的效果。笔者在英语演讲教学中也尝试利用该模型引导学习者进行演讲评价，取得了一定成效（见本书第四章）。通过实践，笔者认为，该理论模型适合用于对思维进行质性分析，但是由于其成分构成较为复杂，需要对学习者进行细致而系统的培训。另外，由于偏重思维元素和评价标准，该理论对具体的思辨技能描述性较弱。

2.2.3　思维三棱结构模型

中国教育心理学家林崇德（2006：35）指出，思维是智力的核心，而思维品质决定了人与人之间思维乃至智力的个体差异；思维品质包括深刻性、灵活性、独立性、批判性、敏捷性五个方面。在他所创立的"思维三棱结构模型"中（见图 2.1），思维被划分为六个要素：思维的目的、思维的过程、思维的材料、思维的品质、思维的非智力因素、思维的监控，其中思维监控被置于思维活动的顶点，形象地体现了思辨者宏观计划、自我评价、主动调试的意识和能力。在上述思维结构观的基础之上，林崇德等研究者进行了针对中国中小学生的教学实验，重点突出对概括能力、思维品质和逻辑思维能力的培养，取得了良好的效果（林崇德 2006：40）。

文秋芳（2012：30）将三棱结构模型与三元结构模型进行了比较，并做出了简明扼要的评价："思维目的、思维过程、思维材料都包含在三元模型的思维元素之中，思维品质与标准很接近，非认知因素与智力特征有相通之处……自我调节置于顶部，具有统辖全局的能力……逻辑上说，这个说法符合事实，人的自我调节能力不仅计划、检验、调节、管理与监控着认知能力，而且对非认知因素起着同样的作用。"

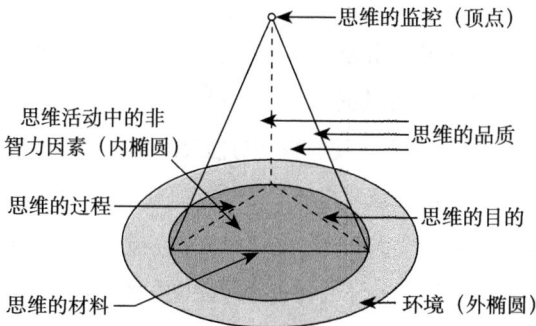

图 2.1　思维的三棱结构（转引自林崇德 2006：37）

2.2.4　思辨能力层级模型

文秋芳等（2009）提出的"思辨能力层级模型"（见表 2.3）则融合了多个前人理论框架的特点，较为完整地体现了"思辨"概念的多维特征，即从元思辨、认知、情感等不同角度对思辨进行了定义，突出了元思辨与认知技能及情感特质的上下层级关系。该模型将思辨技能整合为三个大类：分析、推理、评价，同时将认知标准和情感特质分别简化为五类。

表2.3 思辨能力层级模型

元思辨能力（自我调控能力）——第一层次		
思辨能力——第二层次		
认知		情感
技能	标准	
分析（归类、识别、比较、澄清、区分、阐释等） **推理**（质疑、假设、推论、阐述、论证等） **评价**（评判预设、假定、论点、论据、结论等）	**精晰性**（清晰、精确） **相关性**（切题、详略得当、主次分明） **逻辑性**（条理清楚、有根据） **深刻性**（广度、深度） **灵活性**（快速变化视角、娴熟自如地交替使用不同思辨技能）	**好奇**（好疑、好问、好学） **开放**（容忍、尊重不同意见、乐于修正自己的不当观点） **自信**（相信自己的判断能力、敢于挑战权威） **正直**（追求真理、主张正义） **坚毅**（决心、毅力、不轻易放弃）

在思辨能力层级模型的指导下，文秋芳研究团队自2009年起致力于中国外语类大学生思维能力量具的研制，至今已推出阶段性研究成果，其中包括"我国外语类大学生思辨能力量具的修订与信效度检验研究"（2010）、"我国外语类大学生思辨能力量具的修订与信效度检验研究（2011）以及"中国外语类大学生思辨能力现状研究"（2012）。在2016年完成的国家社科项目"我国外语专业大学生思辨能力发展差异的比较跟踪研究"中，已形成思辨能力客观测试、思辨倾向问卷、思辨主观测试等系列量具。

以上介绍的多个思辨理论模型均对笔者产生了深刻的启发和有益的影响，也为本研究确定可操作的理论框架奠定了重要的基础。由于理论模型具有高度概括的特征，在包括本研究在内的任何教学实证研究中，研究者都需要根据自身研究的目的和方法，对思辨能力在具体学习任务中的体现进行进一步的分类以及阐述。本书将在第三章详细介绍和论证"英语演讲活动中的思辨分项技能"分析框架。

2.3 大学生思辨能力发展实证研究

"思辨"概念的复杂性和丰富性既增强了该领域研究的吸引力，也为在教学中如何培养这种能力并由此展开实证研究提出了挑战。目前尚存争议的是，一部分学者把思辨看作是应当独立习得、并可以在学科间"迁移"的一般性能力（generic skills）（Robinson 2011），而另一些学者则认为思辨是基于特定学科知识的专业能力（discipline-specific skills）（麦克伯尼 2008/2010；Moore 2011）。笔者认为，这两种观点并非"势不两立"。各个学科具有特定的理论基础、教学方法和教育目标，表面上看，一个学科所要求的知识和能力无法轻易地迁移到另一个学科里去；但同时，每个学科的学习都会涉及诸如辨别信息的可信度、识别预设、运用推理、多视角探索问题等通用技能。这意味着，通过一般性的思维训练与专业学习均可以培养思辨能力。

关于以思辨培养为目的的教学具体该如何操作，理论家们各抒己见。早在1989年，Ennis（转引自 Niu et al. 2013：117）曾将思辨教学方法归为四类：**一般法**（the general approach），即开设专门的思辨课程，这在美国加州普遍开设的思辨课程中可见一斑（如 Moore and Parker 2012），在我国，也有北京大学和中国青年政治学院开设的"逻辑和批判性思维"通选课，通过逻辑训练来提高学生的思辨能力（谷振诣、刘壮虎 2006）；**沉浸法**（the immersion approach），即在学科教学中引导思辨能力的隐性发展；**融入法**（the infusion approach），将思辨能力培养作为学科学习的外显目标；**混合法**（the mixed approach）则指一般法与后两种方法的结合教学，先单独教授思辨课程，再将其与学科内容相结合。Niu et al.（2013）根据其综述研究结果，又提出了第五种教学干预模式，**整体法**（the holistic approach），即融于整个学科教育的思辨培养理念，北京外国语大学英语学院所倡导的教学改革（孙有中 2011）即可归于这一类方法。笔者认为，只要因地制宜，根据现实条件进行教学设计，上述任何一种方法都是值得尝试的。从本书将要综述的实证研究来看，各种思辨教学法在实践中基本都存在。

除了方法的归类，研究者们还就思辨教学的原则展开了探讨。依据认知心理学关于人类思考、学习、记忆的实证研究发现，Halpern（1998：451-454）为跨学科思辨教学提出了"四项基本原则"：1）培养主动思考和学习的性格特质

(Dispositions for Effortful Thinking and Learning) ——有意识地、习惯性地将思维当作需要付出努力的认知活动，而非凭借本能就可以轻松完成的任务；2) 将思辨看作是可普遍运用的分项技能（A Skills Approach to Critical Thinking）——这些技能通常包括确定原因、识别和评判预设、分析"手段与目的"之间的关系、为结论提出理据、判断可能性与不确定性、将孤立的数据融入宏观的框架、运用类比方法等等；3) 将推理的潜在结构外显化以帮助思辨能力的迁移 (Structure Training to Promote Transfer) ——如识别与匹配相似的逻辑谬误；4) 元认知监控（Metacognitive Monitoring），即指导认知资源的分配和策略的使用，调整和改进思维过程——教学中可通过提问来鼓励学习者运用元认知监控，如：这个问题值得花费多少时间应对？已知信息有哪些？解决这个问题需要哪些思辨技能？这个问题解决得怎么样？上述原则中既对应着前文已经总结过的思辨双维性和反思性，也凸显了思辨能力的可教性与外显式教学的主张。

在此基础上，Hammer and Green（2011）依据她们在管理学教学中所做的个案研究，提出在思辨教学设计上教师应有的三方面考虑：1) 形成明确的与学科及教学单元相关的"思辨"理念；2) 思辨能力与学科知识及专业文本阅读理解能力密切相关；3) 学科知识发展与思辨能力培养应循序渐进地推进。而针对具体的推理论证过程，Battersby and Bailin（2011）为思辨实践归纳出六种情景因素：1) 关于某个问题在过去和当前所存在的争议；2) 对与某个问题有关的行为及观念的理解；3) 某个问题的政治、历史、社会背景；4) 相关学科知识；5) 关于理据来源的信息；6) 对自身信念及偏见的认识。以上对相关情境的归类总结再次提醒我们，思维不仅复杂并且值得审慎对待。

下面笔者将根据研究目的、研究方法、学科领域等维度，分类介绍和评价现有的思辨教学实证研究。尽管中小学教育阶段思辨培养的研究有很多，如 Miri et al.（2007）利用加州思辨量具，对美国高中科学课学习者进行历时研究，通过思辨能力前测—后测—延后测发现研究现实问题、开放式讨论、探究式实验等方法有助于学习者思辨能力提高，但本研究主要关注大学阶段的学习者，因此文献梳理主要关注高等教育领域学习者思辨能力培养。笔者通过检索 Web of Knowledge、Google Scholar、EBSCOHost、PQDD 和中国期刊网等数据库，对相关文献进行了查阅和整理。按照研究目的和研究方法，将这些研究论文分为大学生思辨能力发展描述性研究、思辨能力测评影响因素研究、思辨教学实证研究三大类。通过综述这些前人研究，笔者将分析其中的研究空白及研究启示，并在此基础上论证本研究的目的和意义。

2.3.1 思辨能力发展描述性研究

探究学习者能力的发展，就需要对其进行跟踪观察，在多个时间点上取样。本小节将介绍的描述性研究分别采用了横断法（cross-sectional）和纵向法（longitudinal）。前者是在同一个时间点上对处于不同学习阶段的学习者进行比较研究，后者则对同一组研究对象进行跟踪观察。这些研究都保持了 3-4 年的时间或阶段跨度，探询了在不同专业领域、不同大学年级的学习者思辨能力的发展情况。

思辨测试的开创者之一 Facione（1997）利用加州思辨测试量具对美国各地 50 个院系 6000 多名护理专业大学生进行了横断法研究，通过对一、二、三、四年级学习者进行组间比较，发现在大学期间学生思辨能力呈稳步增长，但最为突出的进步发生在一二年级之间。Pascalla and Terenzini（2005）使用该研究数据，做出了大学阶段思辨发展趋势的预测：大学生思辨能力发展中的 63% 是在二年级结束前完成的（转引自 Young and Warren 2011）。这一研究结果表明美国大学基础阶段教育对思辨发展的重要性。

同样采取横断法，文秋芳等（2010b）对来自中国 11 所高校的 14 个文科专业 1-3 年级的 2189 名学生进行了思辨能力客观测试，从总体样本、各年级样本及三年内变化趋势三个层面对英语专业与其他文科类大学生的成绩进行了对比。研究发现，总体上英语专业学生的思辨能力显著高于其他文科类大学生，但这种差距随着年级的升高逐渐缩小；两类学生 1-3 年级思辨能力水平内部变化均具有显著性，但英语专业学生只有小幅量变，其他文科类大学生变化幅度较大，质变关键期在 2-3 年级。对比上述美国与中国研究者的发现，或可得出推论：我国大学外语教育在基础阶段对学习者思辨能力培养的促进作用有待提高。

如何解决基础阶段教学思辨培养薄弱的问题，Wass et al.（2011）尝试给出了答案。以维果斯基社会文化理论为基础，该研究采用质性方法，对 26 名动物学本科学生实行了为期三年的跟踪研究。他们发现：一年级的学科教学主要着重于事实性知识的灌输，因此学习者难以体验到思辨的锻炼；随着二、三年级研究项目的展开，学习者的思维最近发展区（Zone of Proximal Development）得到扩展，为其思辨能力的发展提供了可能性。这些研究者由此建议：本科基础阶段教学应引入研究方法的培训。

结合上述三项研究的结果和发现，可以看出，大学生思辨能力发展轨迹并无固定模式，也不取决于学习者的年龄或成熟程度，但是学科教学内容及教学方式可能导致发展阶段和规律的不同。

2.3.2　思辨能力测评影响因素研究

除了标准化思辨测试，研究者们也尝试使用其他方式对大学生的思辨能力进行测评，并同时考察与思辨能力测评结果有关的其他因素。笔者将本节所综述的 7 项研究分为相关因素与干扰因素两种探究类型。前者主要观察对思辨能力具有预测力的其他因素，后者则主要论证哪些因素可能对思辨测评结果产生干扰影响。

2.3.2.1　相关因素

Singseewo（2011）对泰国大学"环境与资源研究"专业一年级学习者（70人）进行了环保意识问卷和思辨能力测试，发现研究对象整体上环保意识趋于中等水平，而思辨能力得分低于 50%；该研究者还发现，在思辨水平测试中，女性"预设识别"的能力略低于男性，而学业成绩高分学生在"演绎推理"方面的能力高于低分学习者。该研究关于演绎推理能力与学业成绩相关的结论符合经验常识，也与其他类似研究结果相符（如 Butler et al. 2012）。但是性别影响因素是否成立，还有待于更多研究论证。

Seker and Komur（2008）利用 Ennis-Weir 思维短文写作测试、问卷以及访谈，在土耳其大学教育专业 ELT（English Language Teaching）学生中考察了思辨能力与学习者提问行为方式之间的关系。研究发现：思辨能力高分学习者在提问时，不拘泥于澄清事实，而是更多地表现出对未知领域的好奇、对替代视角（alternatives）的探究和产生新观点的意愿。这一研究结果从侧面印证了思辨能力与思辨倾向之间的关联。

刘浩等（2016）中国研究者也就提问方式与学习者思辨水平进行了相关性探究，并得出与 Seker and Komur（2008）近似的结论。他们利用加州思辨测试将新闻英语学习者分为思辨高分和低分组，比较其在阅读英语新闻材料时所提出的问题的认知层级高低。研究发现，高分组更擅长分析和推理性提问，而低分组则更多关注对阅读内容的理解。

Butler et al.（2012）则独辟蹊径，在三个不同国家地区将大学学习者的 HCTA（Halpern Critical Thinking Assessment）思辨测试成绩与其在真实世界中的成就以及行为习惯（问卷调查）进行关联性分析，研究发现 HCTA 测试结果对学业成绩及日常行为模式均具有预测性。

为了更为全面地探究大学生思辨能力发展影响因素，Terezini et al.（1995）在其题为《学习者思辨能力发展影响因素》（*Influences Affecting the Development of Students' Critical Thinking Skills*）的研究中提出了一个包含 6 个核心要素的理论框架，用以解释"大学教育对学习的影响"。该理论模型图解如下：

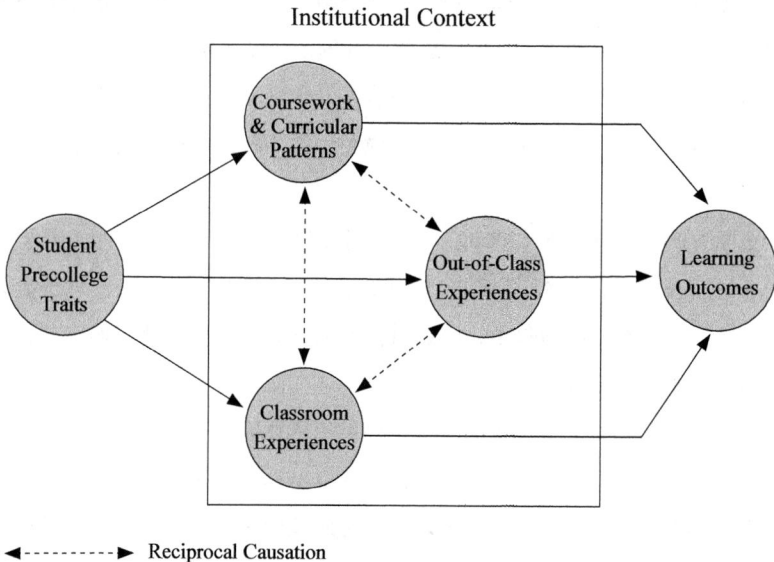

图 2.2 大学生学习影响因素模型（A general Conceptual Model of College Influence on Student Learning 转引自 Terezini et al. (1995: 26)）

图中的长方形代表着大学教育的整体环境，其中包含着课程模式、课堂活动、课外经历三大类影响学习者发展的因素，这三者之间存在着互相影响的关系。而在进入大学之前，学习者已经具备的思维能力和其他特征对大学学习也产生着直接的影响。上述因素的合力决定了学习者最终学习的结果。

根据这一理论模型，Terezini 和他的同事们通过思辨测试和问卷调查的量化数据收集方式，对 210 名美国大学一年级学生进行了跟踪研究，以考察大学教育中的各类因素对其思辨能力发展的影响力。该研究发现，大学教育环境中的三类因素均与大学一年级结束时的学生思辨能力具有显著的相关性。具体而言，父母受教育程度、入学前思辨水平、用于学习的时间、课外阅读量、人文学科教学效果、科学学习等因素具有正相关作用；他们也同时发现了与思辨能力呈负相关关系的因素，如数学学习和人际关系。

2.3.2.2　干扰因素

在进行思辨能力测试时，研究者还需要注意控制某些因素的干扰，以确保研究数据的客观性。Floyd（2011）为了探查母语与非母语因素对思辨测试表现的影响，分别使用华生 - 格莱泽思辨量具的汉语及英语版本对中国学习者进行了测试。研究发现，在不同的实验环境下，学习者在汉语测试中的表现均明显优于英语测试。这一研究结果有力地说明，语言能力对思辨测试结果有显著影响。

无独有偶，Stapleton（2001）针对不同文化背景学习者思辨能力差异的争论，通过写作测试，对 45 名来自日本的大学本科英语学习者进行思辨能力评估。研究发现，在二语写作中，受试对话题的熟悉程度极大地影响了其在写作中所体现出的思辨能力。

以上两项研究结果为思辨测试设计提供了重要启示——试题的拟定必须考虑如何有效地降低干扰因素的影响。使用非母语作为测试语言，或者话题涉及学习者不熟悉的知识背景，都可能增加研究对象的思维负担，从而导致测试结果的信效度降低。

2.3.3　思辨教学实证研究

在国际学术期刊中，有关大学生思辨能力发展的研究大多以教学实证研究为主，即通过一定方式的教学干预，观察其是否有效促进学习者的思辨能力发展。Niu et al.（2013）考察了发表于1994-2009年间的大学阶段（含研究生）思辨教学实证研究，共计31篇。其检索范围包括国际学术期刊、学术会议以及博士论文。这些研究均采用了被广泛认可的标准化思辨测试量具中的一种作为测试量具——华生 - 格莱泽思辨测试（WGCTA）、康奈尔思辨测试（CCTT）或加州思辨量具（CCTST）。根据研究设计中是否包含对比实验，这些研究又被分为前试验（pre-experimental，即一个受试组，前后测使用同一套量具）和（准）实验（quasi-experimental / true experimental，即有对比组和前后测）。这些研究所涉及的学科主要有医疗卫生和社会科学两大类，教学方法主要为沉浸式（immersion）和整体式（holistic）教学法。

Niu和她的同事们发现，从整体上看，这些研究取得了有统计学意义的教学效果，但学习者思辨能力改进幅度很小，这一结论符合"认知发展是一个逐渐累积的过程"的观点（Halpern 2001），说明通过长期干预而取得成效是更为现实的思辨教学理念。综述者们通过比较研究类型还发现：发表于学术期刊、由研究团队完成、专门的思辨课程教学、干预时间超过12周、前实验设计的研究更容易取得显著的教学效果——对其原因综述者们给出了较有说服力的解释。在研究启示部分，Niu et al.（2013：126）指出，高等教育阶段的思辨教学实证研究整体上仍较为匮乏，未来的研究者应更加关注具有学科特色的思辨教学，应考虑涉及具有延续性的系列课程教学，对教学干预方式的报告应更加详尽，同时应考察学习者的个体特点对思辨能力发展的影响。

Niu et al.（2013）的综述研究取材截止于2009年，并且未考虑采用标准化思辨测试以外评测方法的其他研究。在以下小节中，笔者将就相关文献的述评做出相应的补充。为便于比较和讨论，这些研究被划分为对比实验、前实验、非实验型研究三类。

2.3.3.1　对比实验研究

思维能力的对比教学实验早在 20 世纪 80 年代就已开展。美国与委内瑞拉学者曾进行一项"思维技能训练"项目（Herrnstein et al. 1986），通过对委内瑞拉七年级学生进行 60 节课的思维能力教学干预（内容包括排序、分类、分析语言、解决问题、做出决策、创造性思维等），实验组的学习者不仅在标准化测试中超过了对比组，他们在口头陈述推理过程、开放式短文写作方面也表现出显著的提高（转引自 Halpern 2001：278）。本小节将回顾的近期研究共计 6 项。

Bensley et al.（2010）探究了"融入法"（CT-infused approach）对心理学研究方法（Survey of Research Methods）学习者思辨能力的影响作用。研究发现：与单纯学习学科研究方法的控制组相比，同时接受显性思辨技能培养的学习者在推理分析（argument analysis）能力上取得了更为显著的提高。该研究中实验组的显性思辨教学涉及区分推理与非推理、识别和评价证据、识别预设等，在课程的前三周进行了结合教材的教学和练习。包含有 15 个单选题的推理分析测试结果显示，实验组取得了显著高于对比组的进步幅度，而后者未取得明显进步。该研究规模较小，实验组仅有 12 名学习者。另外他们也指出，显著的教学效果可能源于"近迁移"（near transfer），而不一定是实质性的思辨能力提高。

同样致力于学习者推理分析能力的培养，Harrell（2011）在历时一学期的哲学入门（introductory philosophy）课程中，利用"推理图解"（argument diagramming，即对推理的内容及过程进行图示化分析，见图 2.3）对实验组的学生进行教学干预。与通过非图示教学法学习推理分析的对比组相比，该教学法对低水平学习者帮助效果最为明显；而实验组与对比组中的高水平学习者之间并未出现差异。该研究中两组教学方法都属于思辨能力的外显式教学，差别在于实验组利用图示方式将推理分析进一步显化，为低水平学习者搭建了促进理解的"扶手"，但这种帮助并不是高水平者所必需的。此外，该研究的测试量具中包含了对推理进行图解的题项，这在一定程度上形成了有利于实验组学习者的练习效应（practice effect）。

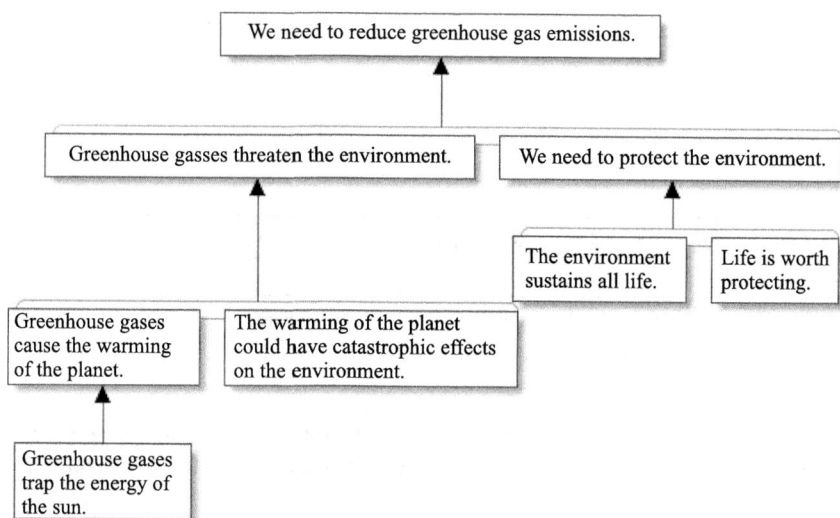

图 2.3 "温室效应与环境保护"推理图示（转引自 Harrell 2011：373）

与前两项研究的测评方法不同，Rickles et al.（2013）使用了更为整体、宏观的思辨能力评测标准。他们对美国大学社会学入门（Introduction to Sociology）学习者（共 101 人）进行了思辨教学干预实验。两名教师各自教授两个班级，形成两对实验组和控制组。两组教学目标和内容相似，唯一不同的是实验组学习者增加了两次以思辨为导向的写作练习，分析社会现实问题（如媒体信息对年轻女性外表意识的影响），并在课堂上进行教师反馈和讨论。本研究按照 SOLO 层级模型（Structure of Observed Learning Outcomes Taxonomy）对学生的前后测进行评分，将学生短文写作中对现实问题的分析及回应分为思辨能力的五个层级（详见表 2.4）。

研究结果表明，对比组后测比前测得分略有后退，而实验组取得少许进步，整体平均分从 2.14 提高到 2.23，即从"单结构"向"多结构"有所上升。虽然在一学期的教学干预中，实验组取得了有统计意义的进步，但也必须看到，这种进步是微小的，并且学习者整体仍处于测评层级的中低水平。这再次表明，思辨能力的提高是一个长期，甚至贯穿终生的学习过程。

表 2.4 "学习成效层级模型"（SOLO Taxonomy，Gerwing et al. 2007，转引
自 Rickles et al. 2013：274）

1. Prestructural: no understanding is demonstrated; response either restates question or does not answer the question 前结构：无法真正回应问题
2. Unistructural: limited understanding; response focuses on one item 单结构：有限、狭隘的理解
3. Multistructural: Understanding of several discrete components is demonstrated; response includes several different, unrelated items in the exercise 多结构：涉及话题中的多个因素
4. Relational: Understanding is demonstrated of several components that are conceptually integrated into the answer; response is appropriate to the scale of the question and prioritizes information 关联性：关联不同因素，对信息进行重要性排列
5. Extended abstract: Understanding is demonstrated at a level beyond what is asked for in the question; response generalizes beyond the scope of the question 抽象性：超越话题本身展开讨论

在测试题、议论文写作以外，思辨能力数据收集还可以采用口头表述的方式。Noblitt, Vance and Smith（2010）在法医学三年级（forensic science）"专家证人证词"（expert witness testimony）培训课程上，对比了传统的论文汇报法（paper presentation）与案例分析法（case study）对口头交际能力及思辨能力的影响——前者由学生向非专业人士解释法医学术论文研究发现；后者则让学生研究真实案例，观看录像，再模拟法庭扮演法医做出专家证词。研究发现，案例分析法不仅能更好地锻炼学习者的口头交际能力，也有利于提高其思辨能力。该研究中所使用的证词发言评分标准包含了四种思辨技能，分别是"有效研究信息"、"有效组织信息"、"有效融合信息"、"根据情境表述信息"，每类能力又分为"初级"、"发展中"、"合格"、"优秀"四个能力等级。研究结果发现，实验组的学习者整体上的思辨能力及口头交际能力进步更为显著，但是各思辨能力的进步幅度并不均衡——其中，融合信息和表述信息能力的进步最为突出。

思辨教学研究也不必拘泥于两种教学方法的对比。来自美国普渡大学的研

究者 Richardson and Ice（2010）在大学"教育科技"课程在线讨论中尝试比较了三种教学方法（辩论、话题讨论、案例讨论）对学习者思辨水平的影响。研究者所使用的 PIM 模型（Practical Inquiry Model）包含四个思维阶段——激发（triggering）、探索（exploration）、整合（integration）和决策（resolution）。通过对学习者的在线讨论进行分析、标注、频次统计，结合问卷调查中对教学方法和学习策略的反馈信息，该研究得出结论：大多数学习者所偏爱的开放式讨论对其高层次思维的激发作用不及案例讨论；学习者通常倾向于较为放松、愉悦的思维活动，但利用元认知能力对学习策略进行规划的意识不强。

最近发表的 Bensley et al.（2016）则进一步拓展了关于思辨的探索空间，在心理学入门课程中，他们从思辨技能、倾向、元认知三个角度考察接受外显式思辨教学的实验组与对比组的差异。其思辨技能测评采用了与心理学相关的推理分析测试，思辨倾向采用了问卷调查，而元认知测评则依据学习者对自身及同伴思辨技能得分的推断。该研究发现，实验组在思辨技能上的进步显著优于对比组。但该研究的元认知测评方法尚有待商榷。

上述思辨教学实证研究尝试了将思辨与学科学习相结合的不同方法，为教学实践提供了很多启发，如：对推理过程进行外显式解析、与现实问题相结合的任务设置、对认知能力形成挑战的教学方法，都有利于学习者思辨能力的培养。

2.3.3.2　前实验研究

前实验研究通常指对同一组研究对象进行前后测得分比较，但不包含控制组。与对比实验相比，这种研究方法对教学效果的论证力度略弱，但在思辨测试标准可靠的前提下，仍能得出有实践意义的研究发现。本节将要综述的 8 项研究在学科、干预方法和测评方法上也呈现出多样性，其中 3 项为中国外语类教师的研究成果。

首先是专门的思辨课程教学效度研究。Alwehaibi（2012）对沙特大学二年级的英语（EFL）学习者（女性，80 人）进行了为期 5 周的思辨教学干预，内容包含五项思辨技能（因果关系阐释、判断信息的可靠性、推理、预测、判断整体—部分关系）。前后测对比分析显示，此类有明确目标的培训能够显著提高学习者的思辨水平——这与 Niu et al.（2013）的综述发现有一致之处。该研究所使用的现实性案例（如有关"沙特如果石油资源枯竭该怎么办"的讨论话题）和思维图示（Thinking Maps）等教学方法具有较高借鉴价值。

更多的教学实证研究是将思辨培养与专业课程学习相融合。Rankey（2003）在历史地质学（Historical Geology）课堂上，选取了"进化论与创世论（Evolution v. Creation）"的争论话题，要求学生（16 名）在分级量表上注明自身立场之后，通过调查研究，为对立方观点找到理据，并写成论文。这一活动的主旨是推动学生摆脱自身信念的束缚，学会变换角度思考问题，尤其是关注不利于自身立场的理据。通过对学习者在练习及课堂讨论后提交的书面反馈进行量化及质性分析，该研究发现，这一换位思考的学习活动对学习者的信念及思考方式均产生了显著影响。

Cotter（2009）对美国大学本科发展心理学（选修）学习者进行思辨教学干预研究，探询课本中的思辨写作练习是否有助于思辨能力的提高。利用 GALT（Group Assessment of Logical Thinking）以及加州思辨量具（CCTST）作为前后测量具，研究者发现，经过一个学期的教学干预，学习者未取得思辨水平进步。这一研究结果与 Niu et al.（2013）的综述发现一致，短期的、隐性的思辨教学不易在标准化量具测试中得出显著效果。

另一个较有新意的研究是 Halpern et al.（2012）利用电脑学习游戏 Operation ARA（Acquiring Research Acumen），以心理学、生物、化学等领域的研究为范例，培养学生识别研究设计瑕疵的能力。教学实验结果发现，该游戏促进了学习者对科学概念的掌握和研究评价能力的提高。

还有的研究关注课外活动对思辨能力的影响。Loes et al.（2012）考察了美国 19 所大学 1354 名文科一年级学生所参加的多样化活动（diversity experience，包括课堂话题讨论的丰富性及与不同社会文化背景的同龄人的互动经历）对学习者思辨能力发展的作用。该研究利用调查问卷考察多样化活动，通过 CAAP（Collegiate Assessment of Academic Proficiency）中的思辨测试来评定学习者分析、评价和拓展推理的能力（ability to analyze, evaluate and extend argument）。研究发现，多样化活动对学习者整体影响并不显著，但是思辨能力发展较为明显的有两个学生群体：中学来自文化环境较为单一的白人学生和入学 ACT（American College Testing）成绩较低的学习者。这一研究结果说明，在思辨能力发展中，社会环境与个体认知水平都是重要的参照因素。

值得一提的是，我国思辨教学实证研究中采用标准化思辨能力测试的尚不多见。刘航、金利民（2012）通过加利福尼亚批判性思维技能测试（CCTST）和加利福尼亚批判性思维倾向测试（CCTDI）对某外语类大学英语专业本科二年级学生（N = 23）的批判性思维发展进行测评。结果表明，经过七个月的英语辩论课程教学，学习者的评价、推论、归纳推理和演绎推理技能均有显著提高，其中评价技能尤为突出，分析技能和思辨倾向前后无显著差异。通过半结构式访谈，研究者认为，教育传统、学生基础知识和能力的不足、学习方式等是导致分析能力及思辨气质变化不大的原因。

在不易获得的标准化量具以外，研究者们也尝试根据教学内容与目标，制定适用于具体课程的思辨能力测评方法。黄芳（2013）进行了一项针对 48 名非英语专业大学生的"商务英语"教学行动研究。根据德尔斐报告中的思辨双维结构模型，采用任务型教学法，将学习任务按难度排序，分梯度地对学习者的阐述、分析、评价、推理、自我反思五项能力进行针对性的培养。该研究的思辨测评采取了两种方式：针对商业案例分析作文的评分标准（"批判性思维技能指标"）和针对口头报告、PPT 展示、小组讨论、辩论、课堂表现、学习反思的综合模糊测评（黄芳 2013：67-72）。该研究共包含三轮教学行动，对学习者思辨能力培养的目标逐级提高。质性为主、量化为辅的数据分析最终显示，该课程学习者在阐释、分析两项能力上进步显著，但是推理、评价、反思能力变化不大。本研究对教学过程进行了详尽的报告，具有较强的实践价值。

林岩（2014）探究了英语专业国际关系简介选修课中密集读写型任务对思辨能力的影响，评估学生在学期不同阶段所提交的阅读报告，将思辨技能分为识别观点流派、阐述各流派主要观点、分析各派差异及原因、评价观点等四个方面。基于任课教师及研究者独立评分（单项按 1-5 分层级打分，一致性达到 90%），该研究呈现了学习者在不同教学阶段的思辨技能变化，如分析技能先于评价技能提高。同时，通过对学习者的一对一访谈，研究者验证了以学科知识为依托的思辨能力培养方法的有效性。

2.3.3.3 学习者自我报告型研究

在上述研究方法以外，不采用标准化测试或其他评测标准对思辨教学效果进行验证的研究者，通常代之以学习者对收获的自述报告（self-reported growth）。这种研究方法在国内思辨教学实证研究中一度较为常见，其主要价值体现在教学方法的探索和分享，但是在思辨能力测评的效度上则存在不足。

李莉文（2011）探讨了本科英语二年级学习者（N=24）议论文写作教学中读者意识的培养与思辨能力的关系，通过构思、立意、布局、识别逻辑谬误等专项练习，对学习者进行了教学干预。该研究结果主要通过期末调查问卷和访谈进行呈现：学习者认为自身在逻辑思维、读者意识、写作规范三方面进步最为显著，但是在选题、材料搜集和语言表达等方面存在困难。

桂清扬（2011）介绍了一所高校外国语学院推行数年的"以多元文化导入为特征的英语演讲 STUDIO 培训模式"，即以"情境化"（situated）、"思维"（thinking）、"全球视野的"（universal）、"辩论"（debating）、"即兴演讲"（improvisation）、"最优化"（optimization）为教学主旨的训练方案。该研究以问卷调查的量化数据及学生历年参赛获奖情况对教学效果进行了论证。

同样，在笔者重点关注的我国大学英语演讲课堂的实证研究中，问卷调查法占据了主流，即通过收集学习者的反馈意见作为主要或者唯一依据，以论证课堂教学对学习者思辨能力发展的影响（如王彤 2001；彭青龙 2000；张冬玉 2007；陈枫 2012 等）。

笔者认为，在标准化测试不易操作的情况下，通过增强数据收集方法的多样化（如拟定与任务产出相关的思辨技能测评标准、设立独立评分员等）仍可进一步改善此类研究的效度，而学习者对教学效果的反馈信息宜作为研究结果的补充信息。

2.4 结语：前人研究的启示与空白

本章主要对现有思辨理论模型、大学阶段思辨教学实证研究进行了分层次的梳理。教育研究者们关于"思辨"的本质特征已经达成了普遍的共识：1）

作为一种高层级的思维活动，"思辨"有别于凭借本能和直觉的思考，其目的是做出有理据支撑的判断；2）对于思考者个体来说，思辨认知技能与思辨倾向是彼此关联、相互促进的关系；3）思辨是一种反思性思考，既包含着对他人论断进行理性的质疑，也包括对自身的思维进行监控和审视，并做出必要的调整。

思辨能力具体包含那些认知技能子项？现存的理论模型各有偏重，各具特点。通过综述思辨培养教学实证研究可以看出，在实践领域，大部分研究者采取了将具有普遍意义的思辨分项技能（如识别预设、分析推理、评价论据等）与专业学科知识相结合的方法，根据具体课程的教学目标设计教学干预方案，并对学习者的思辨能力变化进行测评。从具体的研究方法来看，可初步得出如下启示：第一，思辨教学实证研究中，控制实验是最具说服力的研究设计，通过实验组和对比组前后测成绩的对照，可以更好地论证教学干预的效力（Halpern 2001：274）；第二，测试量具对研究结果影响至关重要——标准化测试如 CCTST 不易在短时间内测出变化，如欲提高标准化测试成绩，应增添以逻辑思维训练为目的的专项教学干预，或采取与教学内容结合紧密的测评方式；第三，非标准化思辨能力评测标准的制定取决于所依据的思辨理论框架、课程教学目的、教学方法、任务类型等，同时应注意保障内部效度（如评分员一致性）以及避免测试的练习效应。

通过综述已有的思辨教学实证研究，也可以归纳出目前存在的研究空白：

首先，研究者们已经意识到影响个体学习者思辨能力发展的因素复杂性（如民族、性别、二语水平、社会文化因素、"天花板效应"等），但是对学习者的个体特征及在学习过程中的主观能动性关注很少，探究个案发展的研究仍为空白（Halpern 2001：284；Niu et al. 2013）；

其次，与心理学、医学、社会学等学科相比，现有的思辨教学实证研究涉及外语学习的研究很少，对思辨能力在英语（EFL）语言技能课程中的具体体现缺乏全面详实的归纳；

第三，我国外语界的思辨教学实证研究尚处于探索阶段，研究方法上一度依赖学习者自述报告来评估学习者思辨能力的发展变化，近年开始向前实验研究转向。但学习者思辨能力的测评方式仍有待进一步多样化，并引入数据间的三角论证。

　　本研究在认真借鉴现有思辨理论及教学实证研究的基础之上，以在我国高校广泛开展的英语演讲课为切入点，对大学阶段英语演讲活动中的思辨分项技能进行理论构建。在一个学期的演讲课堂中，运用多维度的数据收集方法（思辨客观测试、思辨倾向问卷、课堂观察、演讲拟稿、演讲录像、反思日志、访谈等），对六位英语演讲学习者进行个案研跟踪，探究其思辨能力变化特点及相关影响因素。

　　本研究提出的"英语演讲活动中的思辨分项技能"（详见表3.2），既可为以思辨为导向的英语演讲教学提供参考，也能为演讲者思辨技能测评提供具有操作性的分析框架；同时，本研究将通过聚焦个体学习者的思辨能力变化及影响因素，将思辨教学实证研究进一步引向深入。

第三章　分析框架

3.1　思辨分项技能界定

经过第二章中的思辨理论及教学实证研究综述，我们已经看到，"思辨"并无完全统一的定义，但是理论家们达成了一些关键的共识。本研究所采取的"思辨"定义是"有目的的反思性判断"（Facione 2011：5），而"思辨能力"则定义为"依据标准，对事物或看法做出有目的、有理据的判断的能力"（文秋芳 2012：3）。笔者同时认为，在以培养学习者思辨能力为目的的实证研究中，研究者应根据具体的学科或课程教学内容、教学目标，进一步拟定思辨分项技能及相关子项——只有如此，才能有效保障思辨能力培养的目的性和有效性。

本研究的思辨能力框架（见表3.1）主体部分参照了德尔斐报告（Facione 1990）对思辨技能各子项的描述，但是对原有的六类分项技能（阐释、分析、评价、推理、解释、自我调节，详见表2.1）进行了归并——"阐释"作为分析的前提条件，归入"分析"能力；"解释"作为内在推理的外在表现，与"推理"能力合并；"自我调节"的核心内容是自我检验，与"评价"归为一类。归并后的思辨分项技能不再像"双维结构模型"具有线性的任务步骤顺序，但是对各分项技能的界定更为简要和清晰。

表 3.1　本研究思辨能力理论框架

	思辨技能分项及含义	
分析技能	阐释	解读并阐明观点、概念、行为、符号、修辞等的含义，消解歧义；
	解读	洞察并描述信息中所包含的内容、意义、功能、动机、价值观、规则等；
	归类	为理解、描述、总结信息提出划分类别的框架；
	比较	比较、区分观点、概念、论断；分析"整体—部分"关系；

（待续）

（续表）

		思辨技能分项及含义
分析技能	识别推理	探查一系列表述是否形成"推理"，并将推理过程分解为预设、前提、结论；
推理技能	组织理据	识别、搜寻、筛选支撑论断的理据；
	预见	形成多样化解决问题的方案，预测可能性结果；
	推理	运用恰当的推理方式，确定对特定事物所采取的立场和观点；
	解释	呈现概念、方法、标准、情景等方面的信息，以便自身或他人检验已做的阐释、分析、评价、推理等过程；
评价技能	检验推理	检查、质疑、评判理据力度和推理合理性；
	自我监控	反思推理过程，检验自身观点和理据，反省个人的知识局限、成见、偏见、情感、动机、价值观、态度等影响公正客观判断的因素；
	自我调节	反思过程中发现问题时，以合理的方法进行补救和纠正。

　　本框架未包含单独的元思辨能力，而是将其并入"评价"能力，换言之，"评价"能力既包括评价他人，也包括依据理性的标准对自身思维过程进行客观的评价。本框架也暂时未包括"技能标准"——笔者认为，"思辨三元结构模型"（Paul and Elder 2006：56；详见表 2.2）所创立的"思维标准"（intellectual standards）非常有建设性，但这些标准并不能足够契合地应用于每一项思辨分项技能，如"识别推理"技能应符合"清晰"、"准确"的标准，但是其"深度"、"广度"、"公正性"却难以界定。在本研究中，笔者将在具体的演讲评分中参考这些标准，但是在目前的框架中，则主要聚焦思辨分项技能的描述。

3.2　英语演讲活动中的思辨分项技能

　　根据已经成型的思辨分项技能理论框架，笔者结合先导研究阶段的课堂观察、合作教学以及学习者演讲分析（背景信息介绍详见附录 1），拟出"演讲活动中的思辨分项技能"（见下页表 3.2）。

表 3.2 英语演讲活动中的思辨分项技能（修订自孙旻等 2015）

任务类型及阶段			思辨分项技能	
发言者	定题即兴演讲		阐释题干／明确问题的真实含义	分析
			分析题干所包含的推理过程	分析
			评价题干推理的合理性	评价
			呈现自身立场并解释理据	推理
	自选题有备演讲	选题	分析听众的构成特点、知识背景、态度及需求	分析
			推断话题与听众的相关性	推理
			确定具有现实意义的演讲目的	推理／评价
		研究	探询对选定话题进行讨论的多种角度	分析
			检验信息来源相关性、准确性	评价
			区分客观事实与主观观点	分析
			定义核心概念	分析
			（根据听众需求）阐释信息	分析
		论证	阐述中心论点（thesis statement）	分析
			阐述并合理组织要点 (main points)	推理
			提供次要点（sub-points）和理据支持要点	推理
			回应、评价、反驳对立方观点及理据	评价／推理
		反思／改稿	检验中心论点是否准确、凝练	评价
			评价要点及其对中心论点的支撑力度	评价
			检验核心概念的清晰性和一致性	评价
			检验预设并识别、防范逻辑谬误	评价
		预演	分析现场环境、听众兴趣、语言能力等因素	分析
			拟定语言形式、体势语、视觉辅助等呈现方式	推理
			根据预演效果相应调整演讲内容与节奏	评价
			预测听众提问	分析
		发表	回应观众提问及反馈	分析／推理
			反驳对立观点	评价／推理

（待续）

（续表）

	任务类型及阶段	思辨分项技能	
听讲者	听讲	理解、阐释演讲目的、观点、理据	分析
		评价观点、理据和论证力度	评价
	回应	寻求澄清信息或从补充视角提问	分析
		质疑观点或推理中的错误	评价

在目前高校英语专业演讲课程教学中，最核心的教学目标是培养学习者有备演讲的能力，即说解性与说服性演讲，同时即兴演讲因其任务的难度也日益受到重视。笔者首先区分了"演讲者"和"听讲者"的角色任务，其次将演讲类型分为"定题即兴演讲"与"有备演讲"。按照常规准备流程，有备演讲划分为选题、研究、论证、反思（改稿）、预演、发表六个阶段，每个阶段对应着确切的思辨分项技能。

值得说明的是，此表所包含的演讲准备程序较为"理想化"，并不能代表任意一次演讲的必要流程。尤其是定题即兴演讲，题干的形式多种多样，演讲者既可能被要求对某个事物或现象提出阐释或解释，也可能是对某种观点发表支持或反对的回应，或者是对一幅图片发表感想。表中对思辨分项技能的归并主要是针对第二种题干，即演讲者面对一个包含前提和结论的论断，对其推理过程进行分析和评价，然后给出自己的观点并呈现推理过程。

作为一种具有操作性的分析框架，表 3.2 对演讲实践中的分析、推理、评价等思辨技能进行了人为划分，但是仍能看出，这些技能的应用是交错出现的，彼此之间并无泾渭分明的界线。同时，也有一些思辨技能是与演讲这一交际活动的特点紧密相连的，或者是在本研究先导阶段学习者的演讲中出现的较有代表性的重点和难点，笔者将在接下来的小节中对这些关键技能进行介绍，并结合先导研究中的实例加以说明。

3.2.1　选题：听众分析与演讲目的

Paul & Elder（2006：64）在其"思辨三元结构模型"中指出，"目的"是思维的第一要素，并且在思辨的过程中应达到清晰、相关、有意义等标准。由于演讲是针对特定群体的信息和观点发布，其是否具有现实意义，主要体现于在多大程度上填补听众的知识空缺、修正其现有立场，或者激发其在某个话题上进行更加深入的思考或采取特定的行动。"好的演讲者是以听众为中心的"(Lucas 2010：59)，演讲的意义并不在于仅仅满足说话人的表达欲望，更不是只重形式不重内容的"表演"。

基于这样的原因，选题阶段的"听众分析"(audience analysis) 是演讲准备中非常关键的步骤。听众由哪些成员构成？他们的知识、态度、观点有什么特征？什么样的话题对于他们是有意义的？这都是一个负责任的演讲者需要考虑的问题。在这一点上，"听众分析"与写作活动中的"读者意识"相似，但更不易掌控，因为演讲不像书面语篇那样可以由来自不同时空、具有不同特点的读者对其进行解读[1]。

在对听众进行分析时，演讲者既可以利用自身的常识和信息渠道对听众的需求或知识与见解的欠缺进行推断，也可以采用"问卷调查"的方式对其进行确切的了解 (Lucas 2010：64-66)。例如，X 同学通过对校内 100 多位同学发放问卷，了解到大家对学生会讲座的普遍态度和相关影响因素。以此为起点，她将演讲目的确定为有针对性地说服听众关注一个特定话题——手语讲座。问卷调查不仅帮助她确定了选题的相关性，也为她进一步规划演讲内容提供了有益的参考。

除了分析听众，对话题本身进行深入思考也有助于确定有意义的演讲目的。关注饮食健康的 F 同学通过剖析垃圾食品的营销方式确定了选题：著名品牌供应商通过大量、持续的广告维持其知名度，限制其推销活动则有助于减少垃圾食品的消费。在考虑到不应干扰商业自由的原则后，F 同学意识到，反对特定类型的营销方式更具有说服力和可操作性。最终，她将演讲中心论点聚焦为"垃圾食品品牌不应出现在奥运会广告中"。

采取上述方法，经过认真的听众分析，在先导研究的演讲课堂实践中，"有机食物"、"周一素食"、"奢华校庆"、"自主创业"、"瓶装水消费"等话题

---

[1]　虽然录像可以令演讲具有流传性，但是对一个演讲的分析与评价始终应以发表当场的情境及听众视角出发。

都得到了听众普遍的认可和赞许。

3.2.2　研究：检验信息

位于第二阶段的"研究"主要是指查询和整理与话题相关的信息资料。在教学实践中我们发现：年轻一代网络检索的能力普遍很强，但面对互联网所呈现的海量资讯，多角度探查信息以及检验信息的相关性、准确性成为演讲者更为重要的任务。

信息采集需要兼顾广度和深度——这在"三元结构模型"（Paul and Elder 2006）与"思辨能力层级模型"（文秋芳等 2009）中均有论述。广度（或称"灵活性"）指考虑与问题相关的多个视角，尤其体现在对待相反立场的态度上。Facione（1990）明确指出，在呈现论证方法和论据的"解释"环节，理应包含对反对立场及其理据的回应———这是思辨者不可或缺的思维习惯。在国外学者提出的学习者思辨能力测评方案中（如 Stapleton and Wu 2015），承认对立立场的存在并针对其理据提出驳论，是评价论证质量重要的参考指标。然而，在演讲学习的初期，许多学习者都习惯于一旦确定了观点立场，便屏蔽任何与之相左的观点和理据。例如，C 同学在比较纸质书与电子书的优劣时，将电子书的盗版风险与纸质书便于复习的优点放在一起对比，却不提及正版电子书相较于传统纸质书可能存在的优势。在拟稿阶段，首先将各种可能的视角进行梳理和比较，尤其注意查阅对立视角的相关理据，有助于解决这一问题。

在确保信息多样化的同时，如何督促学生在众多的信息来源之中，根据时效、可信度进行甄别和筛选，也是演讲教师需要重视的一项工作。在本研究先导阶段的演讲课堂，除了讲解检索方法和引用规范，同时还推介了一些基本的信息甄选原则，其中包括：一手信息优于转述信息、学术报告优于普通报道、权威机构优于一般媒体、正式出版物优于网络博客等。为了实践这些原则，我们安排给定几个话题（例如春运、房价），让学生搜索并转引与之相关的数据，然后在课堂上互相分享、比较、评价。实践证明，这个"在做中学"的方法得到了学习者的广泛认可。

3.2.3　论证：组织结构与推理逻辑

论证环节是演讲拟稿过程中最为核心的部分，演讲者既需要在宏观上搭建支撑中心论点的论据框架，在微观上，每一个要点和次要点内部也要做到有理有据，符合逻辑。大学阶段的学习者虽然能依据课本上的提纲模板，比较轻松地掌握编号、字符等显性标注方法，在卷面格式上区分要点、次要点及论据的不同层级，但仔细探究其逻辑关系时，却常常发现要点之间互相不独立，内容彼此涵盖（overlap），或者排列顺序较为随意，体现不出逻辑上的递进。

具体的演讲目的不同，要点的组织形式也各有差别。演讲教学通常建议学习者首先考虑典型性的组织结构，如依据时空关系、因果关系、主次关系、对立关系等。演讲课程教材也推介了可供选择的说服性演讲组织策略，如"问题—解决方案"（problem-solution）、"问题—成因—解决方案"（problem-cause-solution）、"优势比较"（comparative advantages）、"动机驱动程序"（motivated sequence）等模式（Lucas 2010：200-205）。

根据演讲目的和已有信息资料，演讲者可以比较有效地确立演讲的宏观结构。以"义务献血"话题为例，如采纳上述第一种组织策略，可以先描述问题（血源匮乏）的严重性，然后给出解决办法；第二种策略则需要加入对问题形成原因的分析（普通民众为何缺乏献血积极性）；第三种策略适合对两种鼓励献血的方案进行比较（如无偿献血 v. 有偿献血），以论证哪一个更具可实施性；第四种最适合直接号召听众参与献血——先摆明问题，阐明其紧迫性，再给出解决方案，展望预期效果，最后敦促听众采取实际行动。本研究的教学实践证明，这种有的放矢的方法有利于提高篇章组织的效率。

在教学中，我们观察到的另一个问题则是论证视角的狭窄，即忽视对讨论具有重要意义的视角，或对反方立场及理据"视而不见"。如，E 同学为了说明"无期徒刑比死刑更为人性化"，例举了北欧国家为因徒提供的生活设施条件，却对实施此类政策的社会经济成本避而不谈。如何承认、评判对立方的视角和理据，是培养思辨技能的一个重要课题。

另外，演讲拟稿还涉及微观层面的推理能力，主要指在段落要点与论据之间的逻辑关系。作为教学要求，演讲提纲拟定者需要为每个要点提出"主题句"（topic sentence），并在主题句下列出具体的次要点或者理据（evidence）。简言之，就是包含"因为……，所以……"的论证过程，这就涉及到归纳与演绎推理以及演讲者防范自身逻辑谬误[1]的能力。在本研究先导阶段学习者的演讲中，逻辑谬误虽然总数不多，但当学习者过于急切地想要论证自己观点的时候，往往察觉不到自己的逻辑问题。B同学在演讲中反对取消奥赛保送政策。根据 Moore and Parker（2012）所使用的推理解析方法，其论证分解如下：

> **隐含预设**：学生的学习积极性理应受到保护。
>
> **前提**：奥赛获胜者不再享有保送大学的待遇后，报名参加奥赛的人数急剧下降；
>
> **结论1**：取消奥赛保送明显打击了学生的学习积极性；
>
> **结论2**：不应取消奥赛保送制度。

上述推理中有一个偷换概念的错误，即将"报名参赛的积极性"等同于"学习积极性"，并以此来反驳新政策。该同学还在演讲的后半段论证奥赛的积极意义，称其"能够帮助拓宽学生的视野"，推理解析如下：

> **隐含预设**：出国旅行是一种拓宽视野的方式；
>
> **前提**：一名高中同学在获得奥赛保送后，不必参加高考，因此得以出国旅行；
>
> **结论**：奥赛能够拓宽学生视野。

以上推理包含了一个明显的"错误因果"谬误。从前提中我们能够得出的结论不过是"一旦获得奥赛保送，就有机会将原本用来准备复习高考的时间用于扩宽视野（如出国旅行）"，但并不能论证此类比赛本身有何"拓宽视野"的作用。

在课后辅导中，语音标准、表达流利的B同学坦承，虽然知道自己的逻

---

[1]　逻辑谬误（fallacy）：即推理错误（a mistake in reasoning），即不能为结论提供合理支持的推理（Moore and Parker 2012: 185）。

辑思维不强，但是在写稿过程中自己难以发现问题，而她并不是班级里唯一受此困扰的学习者。从教学反思的角度来看，借鉴国外研究者的实证经验，通过推理解析(argument analysis，如 Bensley et al. 2010）或推理图解(argument diagramming，如 Harrell 2011）的方式或许可以加强学习者检验推理质量的意识和习惯——对推理过程提出以下问题：前提和结论分别是什么？前提是否为真？能否有效推导出结论？这样的练习既可以帮助学习者在接受信息时解析推理，评价推理，也可以在产出信息时实施对自身推理的监控。

3.2.4　反思：目的与概念的一致性

一稿完成后，演讲预演之前，是改稿反思阶段。这时候演讲者需要从观察者和批评者的角度对讲稿的整体进行自我审视。除了文字层面的句法、拼写、衔接等检查和润色，更为重要的是对篇章逻辑再次进行检验。除了发现和规避逻辑谬误，演讲者还需对演讲的目的、核心概念等进行宏观上的检验，即反思演讲目的或概念在整个篇章中是否保持了前后一致。

根据演讲课程教学要求，演讲准备提纲应包含中心论点陈述。演讲者在演讲过程中并不需要朗读中心论点。但当拟稿完成时，准确、清晰地提炼和表述自己的中心论点可以帮助一个演讲者反思其演讲目的，并且检验篇章内容是否始终围绕着这个目的展开论述。

演讲教学中对于中心论点有以下要求：以陈述句表达；阐明与话题有关的立场；概括核心论据。在先导研究中发现，很多有能力对背景信息侃侃而谈的学习者并不习惯直截了当地亮出观点，同时也不善于简要地概括核心论据。试比较下列中心论点的不同表述方案：

1a. The young generation, especially the students' physical quality is in a low level. The existence of the long-distance test can remind us of the current situation and help us do exercises. (年轻一代，尤其是学生群体的身体素质令人堪忧。长跑测试能提醒大家重视现状并有助于锻炼。)

1b. With proper management, long-distance running tests can be safe and beneficial to the Chinese teenagers as a compulsory subject of physical education.（长跑作为运动项目益处多多，应作为中国青少年体育课的必修项目。）

E 同学的演讲主要是针对青少年长跑测试发生猝死、引发质疑的大背景，试图论证长跑活动的多种益处，呼吁坚持长跑的同时采取措施避免悲剧重演。与 1a 的论点表述相比，1b 更加简洁、准确、完整地体现了原稿的核心思想。

下面 2a 是 I 同学为支持在公共场所普及安装摄像头的演讲所拟定的中心论点，2b 为修订版：

2a. Installing CCTV cameras is an unavoidable trend.（安装监控摄像头是不可避免的趋势。）

2b. Due to their effects in searching for missing people, deterring criminals, and guaranteeing public security, CCTV cameras should be further promoted.（公共场所监控摄像头在寻找失踪人员、监视犯罪分子、维稳等方面都具有强大的作用，因此应当得到进一步推广。）

鉴于演讲内容本身并非论证摄像头的"不可避免"，而是通过论证其多项有益的社会功能，消除听众对隐私的顾虑，进而支持在公共场所继续推广摄像头安装，2b 能够更为准确全面地表达演讲要点。

演讲反思时另一个较为隐蔽的问题关涉"概念"。每一个演讲都会涉及某些特定概念，其中有的因含义约定俗成而不需再做解释，而另一些因其新颖性、特殊性则需要给予说明，如"有机食物"、"高调慈善"、"地球一小时"、"图书漂流"等。在教学过程中，演讲者理解这一要求并无困难，基本都能考虑到听众的需要，在恰当的时候给出相关定义。然而，我们在先导研究中发现了一个不易被察觉的现象：概念的"游移"。C 同学在演讲中提出了"媒体暴力"（media violence）的概念，在此基础上呼吁"我国应建立影视作品分级制度"。她对"媒体暴力"的定义如下：

Every day we are bombarded with massive media information: news briefings reporting a terrorist attack in Middle East, thrillers in the cinema presenting bloody plots, computer games giving us the chance to "kill" someone a thousand time——all of these are so called media violence. （每一天，我们都遭受着媒体信息的轰炸：关于中东恐怖袭击的报道；恐怖电影中的血腥场面，还有电脑游戏所赋予我们的杀人如麻的淋漓快感——这些，都属于"媒体暴力"。）

演讲者以举例的方式阐述了她的核心概念——出现在大众传媒中的血腥暴力场面，都属于"媒体暴力"。这也奠定了听众对这一概念的认知基础。接下来，演讲者通过更多的例子来阐述"媒体暴力"的危害，如战争新闻令儿童产生心理焦虑；某七岁女童因观看《还珠格格》，误以为女主人公自杀总有王子前来营救，不幸模仿并导致悲剧发生。纵观整篇演讲，"媒体暴力"从最初新闻、电影、游戏中的血腥场面，不知不觉转换为误导儿童的虚构情节，甚至是少儿不宜的色情画面——这就导致整个演讲的核心概念偏离了最初的定义。

针对概念偏移这种潜伏性较强的问题，需要在教学中进行显性的分析与干预——即将概念一致性作为审稿阶段的一项技能要求，实质性地提高学习者的自我监控意识，从而增进演讲的整体逻辑性。

3.2.5　预演：匹配展示方式

在演讲发表之前的预演阶段，分析、推理、评价的能力仍然发挥着作用——根据演讲场地、观众人数与构成等信息，选择恰当的节奏、语言形式以及视觉辅助（visual aids）来呈现自己的观点以及论据。场地的大小和听众人数直接影响到演讲者对音量和节奏的控制；通过分析听众的英语词汇量以及理解水平，可以做出简化信息的决策，如将复杂的多位数字简化为一听就懂的整数，利用照片、实物、图表等对信息进行阐释，设计恰当的手势促进听众的理解，练习与听众的眼神互动，预测听众提问等等。

3.2.6　发表：综合能力

在演讲发表现场，听众的现场反应与提问具有很强的不可预测性，这就对演讲者综合性的思辨能力提出了要求。对于要求提供信息补充和澄清的提问，需要演讲者在准备阶段就有较好的信息储备，对于未包含在演讲中的细节也能提供或者做出说明；对于具有争议性的话题，立场鲜明的演讲往往受到反方观点和理据的挑战，这就特别要求演讲者在拟稿期间考虑到不同视角对同一个问题的看法有何种区别，并在认真思考和权衡的基础上确立自己的观点和理据，同时做好回应对立观点的准备。整体而言，准确无误地理解提问、对其进行判断并给出合理的回应，需要演讲者发挥综合的分析、推理、评价能力。

3.3　学习者思辨能力影响因素理论框架

除了上述用以指导教学和思辨技能评测的"英语演讲活动中的思辨技能理论框架"，本研究还确立了一个分析学习者学习成就（learning outcomes，在本研究中主要聚焦于思辨能力发展）影响因素的理论框架。该框架主要借鉴了两类前人研究的发现。

3.3.1　源自 Terezini et al.（1995）的初步框架

Terezini et al.（1995）在其题为《学习者思辨能力发展影响因素》（*Influences Affecting the Development of Students' Critical Thinking Skills*）的研究中提出了一个包含 6 个核心要素的理论框架，用以解释"大学教育对学习的影响"（见图 2.2）。该研究发现，入学前的思维能力、性格特质以及大学教育中的三类因素（课程模式、课堂活动、课外经历）均与学生思辨能力发展具有显著的相关性。具体而言，父母受教育程度、入学前思辨水平、用于学习的时间、课外阅读量、人文学科教学效果、科学学习等因素具有正相关作用；他们也同时发现了与思辨能力呈负相关关系的因素，如人际关系。

Terezini et al.（1995）的研究结果较为有效地论证了其理论框架，并为本研究提供了重要的参考。本研究与 Terezini et al.（1995）的宏观目的相似，都旨在发现影响学习者思辨能力发展的因素。就理论预设而言，笔者认同他们所提出的"学习和发展的整体性"（to learn and change in a holistic way）以及大学经历对学生影响的"网状特性"（web-like character of college's effects on students）（Terezini et al 1995：36）。并且在本研究的数据分析过程中，笔者也发现了与该理论模型及部分研究结果相互契合的现象，如学习者的思辨能力起点的关键作用。

但同时，具体的研究问题、教学环境、数据类型又决定了两个研究的差异。首先，本研究聚焦于一个具体的课程，因此有机会更深入地观察课程教学的各个方面对学习者的影响；其次，个案研究更关注学习者的个体特点，意图论证思辨能力发展是内外因素互动作用的结果；第三，本研究中数据类型的丰富性有助于增加对教学效果的探究深度，而在 Terezini et al.（1995）中，对"课程教学效果"的评价仅依赖学习者的主观判断，一定程度上有失客观。

3.3.2　社会认知理论视角下的"演讲学习者自我调节学习"

为了加深对学习过程的探究，本书还参考了教育心理学理论，尤其是动机理论。在过去的 50 年中，学习动机理论在教育心理学中从边缘走向核心地位。在这一过程中，认知观和社会认知观逐渐取代了早期的机械论，并将学习与学习者环境、认知要素结合起来进行研究（范春林、张大均 2007；赵蒙成、刘琳 2012）。笔者将在本节中介绍社会认知理论的核心观点及对本研究理论框架的启示。

3.3.2.1　社会认知理论与三维交互决定观

社会认知理论起源于美国心理学家班杜拉（Bandura）在 20 世纪 50 年代所提出社会学习理论，其早期理论强调经由示范、强化或惩罚而习得某些特定行为。随着时间的发展，他开始关注通过认知因素（如期望和信念等）来解释学习。到 80 年代，班杜拉将自己的观点命名为社会认知理论（social cognitive theory，Bandura 1986），以示与其他学习理论的区别。美国斯坦福大学教育心理学家安妮塔·伍尔福克（2010/2012：299-300）这样评价社会认知理论对学习理论以及动机理论的推动作用：

> 社会认知理论超越了行为主义，认为人们是自我导向的学习者，能够做出选择并调配资源，以实现目标。……今天的社会认知理论既强调充当榜样和教师及他人的作用（社会认知理论中的社会学部分），同时也包括了思维、信念、期望、预测、自我调节以及进行比较和判断等概念（社会认识的认知性部分），……是一个用来解释人类适应、学习和动机的动态系统，……是当今一个主要的解释动机的理论。

社会认知理论的核心是三维交互决定论（triadic reciprocal causation）。班杜拉（Bandura 1986）认为，人的行为不是外界刺激的单向作用产物，而是环境、个体特征、行为三者相互影响的结果——"个人的行为既受个体遗传因素（心理特征，特别是认知活动）的制约，也受到环境（包括物理环境与社会环境）的影响，同时个体也会根据行为所产生的后果来调整后续的行为"（范春林、张大均 2007）。下页图 3.1 展示了三维交互观的核心概念和运作机制（转引自 Schunk 1999：222）。

如图所示，"社会影响（环境变量）"主要包括来自教学环境的示范、指导、反馈，而"自我影响（个人变量）"则通过目标、自我效能感（self-efficacy）[1]、结果期待、归因（attribution）[2]、自我评价、自我调节等对社会影响进行内化，并由此形成"成就结果（行为）"——体现为目标的重新设定、动机性行为（motivational behaviors，如选择任务、付出努力和保持坚韧等），以及学习策略的实施。但上述三者之间的互动关系并非单向循环。学习者的行为也会反过来影响其他两方面因素。例如，在学习者完成任务的过程中，他们会评价自身所取得的进步程度——积极的自我评价会推动学习者形成高水平的自我效能感，并进一步推进学习动机和策略的使用。这三类元素之间交互的方向及其力度取决于学习技巧的掌握水平和自我调节发展所处的阶段（Schunk 1999：219-222）。

---

[1]　自我效能感：个体对自己是否有能力有效完成一项特定任务的信念（伍尔福克 2010/2012：301）。

[2]　归因：学习者关于造成失误或导致成功的原因的信念（Zimmerman 2002：68）。

Social Influences
(Evironmental
Variables)
Models
Instruction
Feedback

**Achievement
Outcomes**
(Behaviors)
Goal progress
Motivation
Learning

Self-Influences
(Personal Variables)
Goals
Self-efficacy
Outcome expectations
Attributions
Progress Self-evaluations
Self-regulatory progresses

Social-self interation in achievement settings

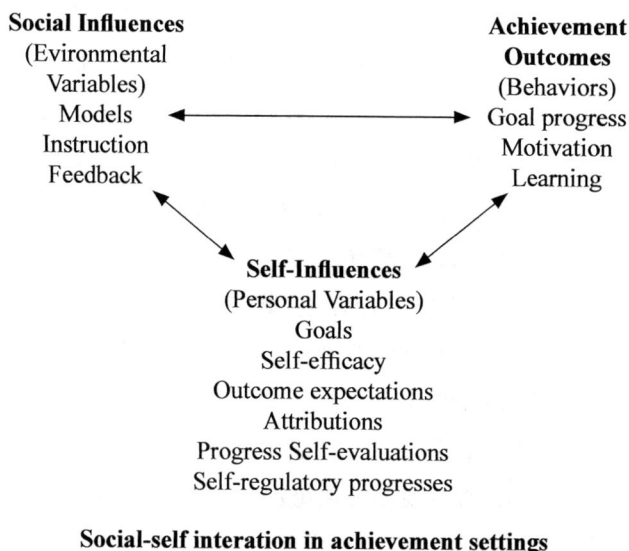

图 3.1　成就环境中的社会—自我互动（转引自 Schunk 1999：222）

3.3.2.2　自我调节的学习

出于对学习者主观能动性（human agency）的强调，在社会认知理论的视角下，个体学习被看作是一个自我调节的过程（self-regulated learning, SRL）。Zimmerman（2002）将自我调节（self-regulation）界定为"人们用于激发并维持自身的思维、行为及情绪以实现目标的过程"；班杜拉将其总结为"设置目标并动员达成目标所需的努力和资源"。伍尔福克（2010/2012）则赋予自我调节的学习一个更加确切的定义："一种技能性的、可以被用于分析任务、设置目标并制定如何达成目标的计划、运用技能并对学习进展做出判断的学习观。"

尽管研究者们所给出的定义各有不同，他们的自我调节学习观建立在共同的认识前提之上：1）"积极建构预设"（active, constructive assumption），即学习者是学习过程的积极参与者，能够根据外部环境及自身已有信息来建构属于自己的意义、目标、策略；2）"控制潜能预设"（potential for control assumption），即学习者具备潜力，能够在一定程度上监控、掌握、调整自身的认知活动、动机以及行为，也能对环境进行一定的选择和影响；3）目标与标

47

准预设（goal and criterion assumption），即学习者可以依据某些目标和标准对学习过程进行评价，以决定是否应做出策略调整；4)"三维交互假设"（self-regulatory activities as mediators between personal and contextual characteristics and actual achievement or performance），即个人对自身的认知、动机、行为进行自我调节，在人、环境、成就三者之间形成中介（Pintrich 2004：387-388）。以上四项预设明确体现了社会认知理论对人的主观能动性的重视——学习者并非被动地接受环境的刺激和影响；其行为是主观因素与环境因素共同作用的结果；人有选择和改变环境的机会，也可以通过反思调整未来的行为方式。

（一）自我调节能力的发展阶段

为了进一步探讨自我调节学习的内部机制，Schunk and Zimmerman（1997）及 Zimmerman（2000）将自我调节能力的培养划分为四个阶段：在"观察（observational）"和"模仿（emulative）"阶段，学习者主要受到社会因素影响，通过观摩示范（models）和聆听语言描述（verbal description）、参考来自教学环境的指导（guidance）和反馈（feedback），形成初步的自我调节概念；在"自我控制（self-controlled）"与"自我调适（self-regulated）"阶段，学习者则更多地受到个人因素的影响，通过设立内在目标（internal standards）、自我强化（self-reinforcement）、自我调节的过程（self-regulatory processes）、自我效能感（self-efficacy beliefs）等发挥自身的主观能动性。笔者认为，与主要依赖观察和模仿进行学习的儿童相比，大学生经过了长期的学习经历，应已具备自我控制和调试的能力，但是在具体的调节行为上仍存在个体差异——这也是本研究期冀探讨的问题。

（二）自我调节学习的过程阶段

另一为本研究提供有益借鉴的是在实证基础上建立的"自我调节学习的阶段模型"。Zimmerman（2002：178）提出了"三阶段循环模型"（cyclical model），即前瞻（forethought）、行动（performance）、反思（self-reflection）依序发生，在每个阶段个人、环境、行为因素都进行着双向互动。Pintrich（2004）则将自我学习划分为"前瞻 - 计划 - 启动（forethought-planning-activation）"、"元认知监控（monitoring）"、"调控认知策略（control）"、"反应与反思（reaction and reflection）"四个阶段。两个理论虽然使用术语不同，但是主旨相近，主要的区别在于任务实现阶段是否进一步分隔为元认知监控及认知策略的实施。在以上前人理论的启发之下，本研究拟将演讲活动中的自我调节学习看作三个阶段，阐释如下：

前瞻阶段发生在演讲准备之前，是指学习者面对具体的演讲任务要求（如演讲类型、选题范围等），启动已有的内容知识，分析任务难度和价值，为自己设立成就目标（achievement goal），形成自我效能感，同时为达成目标而拟定初步的策略规划，并在此基础上对任务的完成结果做出预判（Pintrich, 2004：399；Zimmerman 2002：67）。

实施阶段是指学习者通过实际行动完成学习的过程。在这个阶段，自我调节的学习主要体现学习者对三类学习策略的使用——认知策略、元认知策略及资源管理策略（Pintrich 1999：460）。演讲学习者应用到的认知策略主要是阐释和组织，前者指对所采集信息的理解、总结、归纳、转述等，后者则主要是对演讲篇章的结构规划。元认知策论主要是指学习者对学习过程进行计划（planning）、监控（monitoring）、调整（regulating）时所采取的策略（Pintrich 1999：461）。在本研究的演讲学习中，"计划"即学习者为完成特定的演讲任务，对各个步骤做出时间、精力的分配与安排；"监控"指根据既定的目标与标准对演讲的准备过程进行自我观察和检测；"调整"主要是指在监控中如发现问题，及时对自身的学习行为做出改变，以达到既定的标准和目标。资源管理策略则主要包含对有助于演讲准备和发表的信息、材料、教师指导、同伴合作等资源的利用。

在完成阶段性学习任务之后，具有自我调节意识的学习者通常会回顾任务的完成情况，对自身表现做出评价，并总结成功的经验或失败的教训，为下一次完成任务提供参考。Zimmerman（2002：68）指出，这个阶段的反思包含"自我判断"（self-judgment）与"自我反应"（self-reaction），前者指对自身任务表现进行评价并对其进行归因（causal attribution），后者则指学习者是否保有自我满足感（self-satisfaction）、对未来新的学习任务形成适应性或抵御性反应（adaptive or defensive responses）。反思结果将为下一轮学习任务的前瞻阶段造成影响，从而形成贯穿于多个任务中的循环系统。

3.3.2.3　演讲学习者的自我调节学习及思辨能力发展

鉴于本研究的研究问题、数据收集及分析结果，笔者对 Terezini 等学者 (1995) 所提出的大学生思辨能力影响因素理论框架进行了调整和补充，并在借鉴社会认知理论的基础上，提出了"中国英语演讲学习者思辨能力发展影响因素"概念图示（见图 3.2）。

大学英语专业学习环境

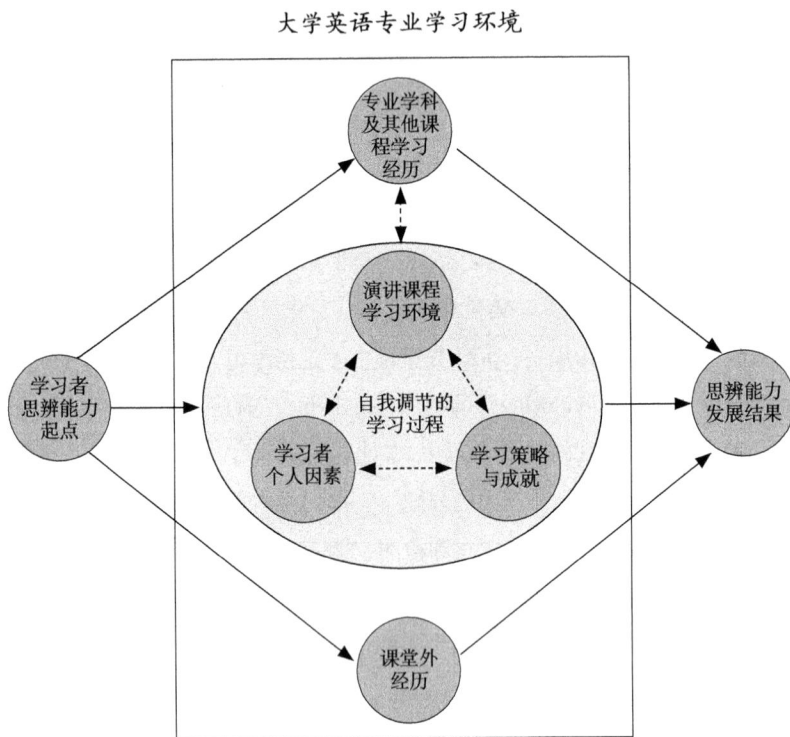

图 3.2　中国 EFL 演讲学习者思辨能力发展影响因素

图中共包含 9 个元素：左右两端为演讲课程前后两个节点上的学习者思辨能力，即本研究中学习者思辨发展的起点和终点；位于图中的长方形代表了大学英语专业学习的整体环境，其上下两端为演讲以外的其他课程及课堂外学习经历——虽然不作为本研究的重点，但是也对学习者的思辨发展产生作用；本研究的核心探究体现在位于中心椭圆形内的"自我调节的学习过程"——基于"环境"、"个人"与"行为"之间的三维交互关系，学习者发挥自身的主观能动性，在具体的学习情境下，激发动机信念、制定计划、监控并调整行动、评估学习成就并做出归因和反思。演讲学习和其他类型学习之间也存在双向互动,并最终形成合力,影响学习者的思辨能力发展结果。在本书的第七章,笔者将在上述理论框架的指导下,对影响个案学习者思辨能力发展的因素做出分析。

第四章 研究设计

如前文所述，本研究试图探讨以下两个问题：

1）本研究中的英语演讲个案学习者是否取得了思辨能力的发展变化？

2）导致这些变化或者致使其不变的影响因素有哪些？

本章将介绍个案研究的总体设计，主要内容包括课程教学背景、个案选取、数据收集和分析方法等，同时也将报告对效度[1]进行保障的措施。

4.1 演讲课程教学背景

4.1.1 合作教学

2013 年春季学期，我在一所综合性国家重点大学外语学院英语系开始了演讲课程的合作教学。这是该学院首次为二年级英语专业学生开设"英语演讲"选修课，任课教师为具有演讲比赛指导和评委经验的美国外教 J。我获准以教学助手的身份进入 J 的演讲课堂，不领取工作报酬，并在辅助教学的过程中收集研究数据。

在开课前的两个月中，我与 J 就课程目标、内容、进度等进行了多次探讨，协助他确定课程教材并参与制定了课程计划。与先导研究相比，我在个案研究阶段担任了更为积极主动的角色，这为后期深入观察课堂以及研究对象创造了较好的条件。

在 J 所在的外语学院英语系，他担任的主要课程是英语口语和英语国家概况。他同时是该校英语辩论队的教练。作为外国专家，J 多次获邀在省市级、国家级英语演讲比赛中担任评委或提问嘉宾。J 拥有社会学博士学位，曾在中国多所大学任教或担任客座教授。在中国工作的八年时间令他对中国社会文化、中国学习者的语言特征有了较为深入的了解。作为一个曾经的社会学学者，J 也

---

[1] 效度（validity）：是指描述、结论或者解释的准确性或可信度，是研究者用以反思和检验研究质量及意义的准绳（马克思威尔 2005/2007：9）。

展现出对中国社会极强的适应能力，这在他所扮演的多元职业角色中可见一斑。他爱好音乐，在教学以外，同时还是某演艺公司的签约歌手，主要演唱中文经典民谣和他创作的有关中国的歌曲，因其作品在当代中国社会的主流性，他本人的经历和艺术创作受到包括中央电视台在内的媒体的广泛关注。从学术角度，J 热衷于探究曾经见证并投身于中国革命的西方人（如白求恩和爱泼斯坦）。

我与 J 的合作关系建立在协商合作的基础之上，我担任他的教学助手，帮助设计教学方案，准备印发材料，收发作业；他配合我收集研究数据，但前提是不影响正常的教学计划。演讲课程要求以外的任务或测试由学生自愿参加，并按照计时支付费用。

按照 2013 年春节学期的日程，除去假期，本演讲课共进行了 15 周，共计 30 课时。我在其中担任了两周 4 课时的教学讲座教师。此外，针对课堂观察中发现的英语发音问题，我做了总结性笔记，并利用午休时间，为班里同学进行了两次语音语调小讲座。在教学过程中，我还积极参加课堂互动，提问、答问。在课余，我和 J 经常讨论教学问题，互相分享课堂教学和观察心得。但是为了让研究与教学保持独立，我不参与课程评估，学习者课程评分由 J 独立完成。

4.1.2　班级构成

作为一门英语专业基础阶段选修课，演讲课的功能旨在英语口语课之外，培养学生进行目的更加明确、内容更完备的口头表达的能力。由于是首次开设，并且考虑到尽量保障学习者的课堂演讲实践机会，J 采纳了我的意见，将选课人数限制在每班 20 人。同时为了确保学习者的积极性，J 要求所有报名选课的同学以信件的形式提交一份选课申请，内容包括自我介绍、选课动机、能力评价以及按要求完成课程任务的承诺。

依据课程选报结果，共开设了两个演讲班，后有一人因选课系统故障，一人因开学试听后退出，最终完成课程选修的人数总计 38 人（女生 35 人；男生 3 人），其中翻译专业 20 人，文学专业各 18 人。演讲班的学习者来自同专业不同自然班级，因此构成了新的学习群体。作为 985 高校，这批学习者来自全国各地，其中也包括少数民族学生。学生年龄在 19-21 岁之间。

4.1.3　教学内容和方法

4.1.3.1　思辨融入的教学内容

在演讲教学大纲中，本课程的教学目标包含以下五项（按照重要性依次排列）：演讲拟稿技巧；演讲发表技巧；评价演讲篇章的思辨能力；有效的演讲听讲能力；研究方法与策略（课程大纲详见附录 2）。其中前三项为教学重点，分别对应着特定的阅读任务和课堂讲座。听讲技巧以课堂辅助练习形式进行了少量训练，研究方法则融于拟稿指导中，但不作为本课程的教学重点。以下重点介绍和分析拟稿指导及思辨教学两项内容。

（一）演讲拟稿

演讲拟稿，作为核心教学目标，也是融入思辨培养最多的部分。依据演讲类型，对应教材中的章节主题，拟稿任务包括听众分析、选题、收集资料、确立观点、组织理据、文字表述、反思改稿等多个步骤。

按照教材建议，演讲稿以准备提纲（preparation outline）的格式提交。相较于一篇普通的短文写作，准备提纲可以更加外显地体现演讲者的思路，也更利于对其论证方法进行评价和反馈。例如，准备提纲中要求阐明的"演讲目的"和"中心论点"非常有助于演讲者保持论证目标的一致性；听众分析的策略能帮助学生确定话题的相关性与现实意义；提纲中的分级番号以及段落主题句则体现各部分之间的逻辑关系；引言与结论的呼应形成或加强了篇章的连贯；文献列表和引注的要求则督促学习者注意检验理据来源的可信度。总体而言，以准备提纲的形式进行演讲构思，有助于演讲者在拟稿过程中有意识地增加"关于思考的思考（thinking about thinking）"，从而为思辨能力的发展提供条件。

除去准备提纲在格式上的整体要求以外，一个比较有典型意义的教学环节是关于演讲结构策略的学习，特别是说服性演讲的结构策略。在教材第 14章，编写者提供了依据演讲目的匹配论证结构的策略建议，如：提出解决现有问题的方法可选用"问题 - 解决方案"（problem-solution）或"问题 - 成因 - 解决方案"（problem-cause-solution），不同事物进行对比可选用"优势比较"（comparative advantages），而推动听众采取直接行动则可以采用含有五个步骤的"动机说服"（motivated sequence）策略。在 J 的课堂讲座中，逐一结合实例介绍了这些策略，使学习者根据自己的选题较为快捷地确定内容结构。

拟稿训练主要通过三种教学手段逐步达成：首先，由学生在课前完成课文预习，建立内容性知识基础，掌握演讲的基本体例和相关要求；其次，在由 J 主讲的课堂讲座中，对重点进行讲解，并辅以演讲案例分析；最后，在拟稿实践中，由笔者作为助教，在课下通过电子邮件对学生进行一对一指导。上述三种教学方式相互结合，由浅入深，由理论介绍逐步过渡到实践操作，使学习者能够比较有效地掌握关于拟稿的基本技能。作为曾经的社会活动家和现在的英语演讲评委，J 对公共发言富有经验，如在讲解演讲选题时，他告诫同学们注意避免"preaching to the choir"（向唱诗班布道），即不要在听众已经达成共识的话题上做更多的论述。在课下讨论和反馈指导中，笔者曾不止一次地利用这个比喻，引导学习者反思自身的演讲目的，增进其选题意义。

本课程演讲拟稿过程中包含一稿到终稿的改稿要求。演讲者通过邮件将初稿发送给助教，由助教予反馈意见。就这种指导方式的具体实施，笔者与 J 约定，避免帮助学生改写，尽可能以质疑或提问的方式提供反馈[1]。在这一环节，笔者有机会依据自身对思辨的理解，对学习者演讲稿给出简要的参考建议。虽然受限于能力、经历和篇幅，这些批注意见并不能使每一篇演讲稿都发生改头换面的大变化，有时也可能出现拟稿者盲从指导意见，或者最后一刻放弃选题在重新拟稿时又出现新问题的现象，但总体上这一教学环节能够帮助学习者比较有计划地进行拟稿。与先导研究中的教师反馈方式相比，该方法有所进步——将演讲后的反思辅导提前到拟稿阶段，有助于增强教学干预的有效性。

相较而言，文献检索能力的培养在本课程教学中体现得比较薄弱。按照教材要求，信息来源应尽量丰富，文献格式则需严格遵守 APA 格式，并且在文内引用时需说明出处。虽然同期开设的英语写作课已初步介绍了文献格式，但因为缺乏学术写作实践，学生并未系统掌握，严谨地标注信息出处的意识不足。此外，在主讲教师 J 本人更为关注和熟悉的竞赛型演讲中，信息的可信度检验尚未成为评分标准，而流利准确的英语口语、熟练的肢体语言以及幽默感

---

[1]　J 希望助教反馈中避免过多的语言指导，主要是为了不干扰演讲评估的公正性。但后期研究发现，这也导致部分学习者认为自己在拟稿过程中得到的语言指导不够多。

是征服听众更为有效的手段。但是笔者在演讲分析过程中，也注意到，凡是认真履行文献格式要求、能够关照到信息来源多样性的学习者，通常演讲的论证力度也更好。

(二) 思辨教学

根据笔者与 J 达成的合作教学协议，在全班完成第一轮说明性演讲之后，J 分配给笔者 4 课时课堂时间（每课时约 50 分钟），用于两轮主题讲座——第一次为结合教材内容的"说服的方法"（Methods of Persuasion），针对说服性演讲的论证策略进行讲解；第二次是对思辨三元理论模型（Paul and Elder Model of Critical Thinking，PEM）的介绍与应用。两次讲座都以英文进行，配发了讲义，并结合演讲实践进行分析。

在第一次讲座中，笔者增加了"同伴演讲点评"，选择先导研究中的四位学习者演讲作为分析对象，讲解如何区分演讲内容(content) 与演讲发表(delivery)的评价标准，引导听众在关注发音、流利度等表层语言能力之外，客观地评价演讲内容，引导大家培养"公共发言并非口语表演，重在思想交流"的意识。

在第二次讲座中，从"Good speaking is good thinking"入手，介绍"思维"与"思辨"的内涵差异，并根据 PEM 的理论框架，介绍思维元素的分类、思辨标准以及思辨者的思维气质倾向。针对八个思维元素（目的、问题、概念、视角、预设、信息、推理、结果与启示），笔者逐一介绍其含义，并给出实例阐释如何在思维活动中依据标准对它们进行检验。这些事例均选自学生所熟悉的新闻话题或者他们自己的演讲选题。其中，笔者从美国大学思辨教材中摘取材料，着重讲解了归纳推理与演绎推理的特征，介绍了前提与结论的解析方法，并结合即兴演讲前测题目，演示了先解析对方推理程序再确定自身观点立场的思路（见附录 3）。

在思辨讲座的最后部分，笔者与同学们一起尝试用 PEM 理论评价杨澜的 TED 演讲"改变中国的一代"（The Generation That Is Remaking China）[1]。在讨

---

[1] 该演讲介绍了网络时代的中国网民如何通过微博等新媒体形式表达自己的诉求，并推动中国的改变。演讲于 2011 年在苏格兰发表，时长 16 分钟，在国内外取得了一定的知名度。按照任务安排，学生提前两周在课下观看该演讲录像，完成提纲，并记录评价意见，以备课堂讨论。

论中，大家既肯定了演讲在选题和观点的现实批判性、案例的典型性、语言表述、篇章衔接、视觉呈现等方面的可取之处，也对其中较为深层的问题进行了质疑，如：杨澜在演讲中所介绍的个人成就是否能够代表 60 后这一代人对中国的影响（预设的合理性）？网民群体是否可以用以指代"中国年轻一代"（概念的准确性）？暴露中国现实社会中的种种问题与"改变中国"的因果关系是什么（推理的深刻性）？

从内容上，上述讲座都与思辨能力的培养有紧密的关系。笔者凭借有限的个人能力，对教学内容进行了精心准备。但是将所有关于思辨理论的讲解全部压缩在一次课之内，也造成了学习者输入信息负担过重，理解不充分。其次，讲座之后的后续教学与之缺乏衔接，未能让思辨理论对学习者产生足够深刻的影响。与 Rybold（2011）的教学实证研究相比，本研究对思辨理论的灌输力度大大减弱。虽然作为助教对演讲拟稿进行指导时，笔者根据所掌握的思辨理论给出了相应的修改建议，但是仍然不及学习者主动掌握思维评价标准对拟稿过程进行积极自主的监控效果好。

4.1.3.2 任务设置

演讲课程以交替进行的教师讲座和演讲实践为主要内容。为了在有限的时间内为学习者提供尽量充分的练习机会，本课程内共设置了四次演讲任务，其中有备演讲三次，即兴演讲一次。此外，为研究需要，在开课第一周和结课后一周，利用课下时间组织了同题即兴演讲的测试。各演讲主题及详细要求见下页表 4.1。

这些演讲任务的类型体现了较好的多样性，两次主要的计分演讲均为自选题，给予了演讲者充分的自主权利。时事话题则由两位教师从近期新闻中选取具有争议性的话题，用于课堂演练。所有的演讲均进行了录像记录，包括演讲后的答问环节。每轮演讲结束后，笔者将剪辑好的演讲录像发送给个人，学习者观看后完成反思日志或问卷。

表 4.1　学习者演讲任务概况

	即兴演讲前测	有备演讲 1	有备演讲 2	即兴演讲练习	有备演讲 3	即兴演讲后测
类型	说服性：评价引言	说解性	说服性	说服性	说服性	说服性：评价引言
话题	Garfield；Gates	自选	我的中国梦	时事话题抽选	自选	Einstein
发表时间	第 1 周	第 4-5 周	第 10-11 周	第 12-13 周	第 14-15 周	第 16 周
是否录像	✔	✔	✔	✔	✔	✔
是否反思	✔	✔	✔	✔	✔	✘
是否计入成绩	✘	总评30%	总评 10%	✘	总评50%	✘

　　反思任务的布置和信息收取由笔者负责。每一次反思都以半结构式问卷形式呈现，根据当次演讲任务的主题设计，每一次都有所调整。其主要目的是鼓励学习者回顾选题和拟稿过程，总结经验，反思可改进方面。对于即兴演讲和答问部分，通常要求学习者做出转写并进行自我评价，并对下个阶段课程教学提出建议。值得说明的是，由于临近期末，学生课业繁忙，即兴演讲后测未做反思日志。

　　以下对每个类型的演讲任务进行简要介绍。

　　（1）即兴演讲前后测

　　为了客观地测评演讲学习者的真实水平，本研究在课堂有备演讲任务以外，设置了对演讲准备各相关变量实现有限控制的即兴演讲前后测。这两次演讲测试均采用了"评价引言"的题型，但内容不同，演讲者需要在 15 分钟的时间内准备一个 3 分钟的演讲，表述是否同意该论断并提供论据。前后测均采取了严格的监考制度（由 J 与班长协助），演讲者按照顺序领取题目，在规定时间内完成准备（可以草拟演讲提纲），然后在单独的会议室中由研究者进行演讲录像。每人演讲计时 3 分钟。每个班级用时 1 小时完成全部测试。

　　前测时由于两个班级安排在不同时间测试，为防止泄题，我们准备了两道题目，分别如下：

① Bill Gates once said, "Success is a lousy teacher. It seduces smart people into thinking they can't lose." Do you agree with him? Why or why not?

② Garfield, the cartoon cat character, once said, "The more you learn, the more you know, the more you know the more you forget. The more you forget, the less you know. So why bother to learn?" Do you agree with Garfield? Why or why not?

后测则全体学习者使用了同一题目，如下：

Albert Einstein once said, "The world is a dangerous place to live; not because of the people who are evil, but because of the people who don't do anything about it." Do you agree with him? Why or why not?

前后测均以引言形式出题，要求演讲者对引言内容发表评论并提供理据。

（2）说解性演讲

说解性演讲是指"以传递知识和理解为目的的演讲"，具体话题可以介绍某种物质或物体、某个行动流程或制作过程、某个事件的发展，也可以介绍某种概念、理论、主张等（Lucas 2010：177）。这是在开课三周后学习者了解了演讲基础知识和要求以后的第一次实践。该演讲拟稿经历了 2-3 次修改。为锻炼学习者的英语表达能力，演讲中可携带提示卡或相关的图片、实物，但不允许念稿，也不允许使用 PPT。

（3）"我的中国梦"

2013 年 4 月，"我的中国梦"校园演讲比赛通知发布，J 老师临时做出决定，为鼓励同学们报名参赛，增加登台经验，特从"课堂表现分"中抽出 10% 的分值，用以奖励给参赛学生。在赛前的演讲课堂上，J 做了一次集体指导，提出了几项建议：演讲应有明确的目的，应针对中国社会的现状及演讲者个人视角确定选题，并反映在演讲副标题当中；演讲体例为说服性演讲，应尽量提出具体的解决问题的方案，并且从演讲者个人能力角度表达出如何"实现中国梦"。

在这一轮演讲中，同学们分别讨论了自己最关心的社会问题，这其中既包括关乎国家整体发展的问题，如政府诚信、言论自由、创新能力、文化遗产保护、奉行节俭、地区差异、和平统一台湾，更多则是从普通民众的利益出发，关注教育平等、平抑房价、空气污染、食品安全、建筑质量、民工权益、福利保障等话题。在38名演讲学习者当中，约五分之一的同学选择了关注弱势群体，特别是农村儿童的权益，他们所选择的视角包括如何杜绝儿童乞讨、维护城市打工学校、关爱留守儿童、乡村支教等。

（4）时事话题即兴演讲练习

为了体现演讲活动对公共事务的关注，并且演练定题即兴演讲，我们还特别设计了16个时事话题，分两周在课堂上练习——同学们按照顺序抽取题目，开启题目后在教室走廊里准备15分钟，然后回到教室直接登台发表演讲。这些话题大部分来自2012-2013年的时事话题，如"《甄嬛传》登陆美国"、"献血换学分"、"火车站票打折"、"高考录取男女不同分数线"、"复旦投毒案"等（详见附录4）。在演讲发表之后，大家还就话题进行了讨论。

（5）说服性（期末）演讲

作为整个学期测评分值最高的期末演讲，此次说服性演讲是学习者们的收官之作，大家也普遍进行了较长时间的准备。这次演讲的定时比前期演讲稍长，为4-6分钟。在此次演讲之后的期末问卷中，同学们不仅对期末演讲进行了选题、拟稿回顾及演讲发表了自我评价，同时对整个学期的教学进行了评估反馈。

4.1.3.3　课堂合作学习

在演讲课堂中，合作学习的方式主要有两种，一是选题阶段的小组讨论，另一个是演讲环节的听众提问。例如，在说服性演讲的选题阶段，主讲教师J要求同学们每人准备1-3个演讲话题，然后到课堂上以小组为单位进行讨论，以确定其可行性。在讨论期间，两位教师分头参加各小组讨论，参与提供意见。在讨论中，拟题者主要负责陈述中心观点和主要理据，小组其他成员则对选题意义和理据的可靠性给予点评或建议。另外，在一般情况下，每一段演讲之后，会有 3 分钟左右的答问时间，由听众自由提问。提问不仅使听众有机会了解尚未明了的信息，也可以提出新的视角或反对意见。在时间允许的情况下，任课教师会对演讲给予点评。点评和答问部分包括在演讲录像中，便于学习者转写和反思。

4.2　个案研究对象选取

在对全体学生进行两个月的课堂观察后，我们初步确定了 8 位个案研究对象，其选拔原则主要考虑了学习者背景的多样化因素：性别、生源地、专业、英语语言能力、个性特征、学习动机以及思辨能力客观测试成绩。

除以上七项因素以外，在进一步筛选受试时，研究者还注意到通过课堂观察和个体交往，排除了英语口语水平过低、学习动机弱、沟通渠道不畅通的学习者。由于个案研究需要对研究对象进行持续观察和深入访谈，在接触过程中表现出抵触和躲避的学习者也被排除在外。经过谨慎权衡和逐一征得研究对象的同意，最终确定纳入个案研究的 6 位学习者概况如下：

表 4.2　个案研究对象背景信息概览

英文代名	Danny	June	Mac	Iris	Sarah	Mary
性别	男	女	男	女	女	女
生源地	东部直辖市	西南村镇	华北省会	西南直辖市	华中小城	西北省会
年龄	20	22	21	20	20	20
专业	文学	翻译	文学	翻译	文学	翻译
英语发音及流利度	高	中	中	中高	中高	中高
思辨技能客观前测	中	中	高	高	中低	中低
思辨倾向问卷前测	中	高	高	高	中	中高

以上受试均自愿参加了思辨技能测试，在了解研究需要和各自权责的基础上同意成为本研究的研究对象。他们均同意，在完成学习任务之外，接受笔者

学期中和学期末的采访。笔者也承诺，在能力范围内给予他们英语学习方面的建议与指导[1]。

4.3　数据收集

本研究采取了多样化的数据收集方式，既包括量化的思辨能力标准化测试，也包括大量的采集自演讲课堂的真实学习者演讲活动数据。

4.3.1　思辨能力客观测试

本测试使用了文秋芳研究团队所研制的中国大学生思辨能力客观测试量具（文秋芳等 2010a；文秋芳 2012），前后测采用了题型相同、难易度（60%）和区分度（30%）基本持平的两套平行量具，避免了练习效应（practice effect）。该测试包括十个题型，题型介绍见表 4.3。该测试满分 40 分，研究对象得分可提供两个方面的参考——一是对其思辨水平的预估，二是为演讲中的思辨分项技能分析提供可对应的佐证。思辨能力前后测分别在开学之初和学期结束后进行，未占用课堂时间；受试在自愿基础上参加测试，测试每次历时 50 分钟，每人每次获酬 20 元。

表 4.3　思辨能力客观测试题型分类

思辨技能分类	题型	示例 / 说明
分析	识别预设	以上结论基于下列哪一项预设？
	匹配相似概念 / 推理 / 运用潜在原则	以下哪一项和上述推理最相似？ 下面哪个例子最符合上述论证的潜在原则？ 以下哪句话表现了 / 属于典型的……效应？ 以下哪项中的逻辑错误与上述观点最相似？

（待续）

---

[1]　后来在访谈中发现，这些研究对象最感兴趣的是考研或者就业方面的建议和信息。

（续表）

思辨技能分类	题型	示例／说明
推理	推断论点	下面哪句话可作为上述言论的结论？ 以上论述想要说明的观点是……？
	推论／形式推理	由此可以得出以下哪一项推论？ 以上如果为真，则以下哪项一定为真／为假？ 已知以下三个表述中只有一个是真的……下列选项中哪项为真？
	分析案例／评价推论	A. 推论正确 B. 推论缺乏足够信息依据 C. 推论错误
评价	辨别推理错误／评价推理	下面哪句话指出了上述言论的推理错误／推理中的漏洞？ 对上述推理的最佳评价是……？
	评价附加证据对结论的影响	以下最能解释这一现象／最无助于解释／不能反驳这一现象的是……？ 以下哪项最能加强上述论断？ 以下各项能最严重地削弱上述结论？
	根据争论内容评价结论	A. 论点是所给论据的必然结果。 B. 论点与论据相互矛盾。 C. 既不是 A 也不是 B。
数字推理	数字题	计算
	图表题	解读饼形图／柱状图／表格等
	实验报告	根据实验报告数据得出结论

4.3.2 思辨倾向调查问卷

该调查问卷的设计基于文秋芳研究团队的研究成果（文秋芳等 2011），其内容主要涉及对受试观念、态度、行为习惯的探究，不涉及认知能力。基于研究者对思辨倾向的研读和理解，本研究中对原问卷做出了部分题项的调整。该问卷包含七个思辨倾向的维度。

该调查问卷的选项为六级量表，与思辨客观测试同批进行，未设完成时间要求，一般受试在 10-15 分钟内即可完成全部 54 个题项的选择。该问卷呈现了研究对象在七个情感维度上的特征及变化，为本研究中的个案观察提供了验证参考。由于修改后的问卷并未经过信度、效度验证，而且本研究的主要目的是聚焦思辨技能，因此问卷结果除提供参考外，在期末访谈中，笔者根据每位学习者在前后测中的答卷选项变化，进行了有针对性的访谈，由此对学习者的经历、学习策略和态度变化进行深入了解，以丰富个案数据。问卷中思辨倾向分类及题项示例见表 4.4。

表 4.4　思辨倾向维度类型及问卷示例

思辨倾向类型	问卷题项示例
对待知识和真理的谦卑（求知）	不能帮助我谋得更好的生计的知识，都是没用的知识。（反向）
质疑主流思想和自身信念的勇气	对我所持有的信念进行反复思考的过程，比被持有的信念本身更重要。
对待不同观点的开放态度	要让自己的观点站得住脚，最好忽视那些与之相左的证据。（反向）
面对复杂任务时的坚韧	我很少有耐心读完一篇关于社会热点问题的长篇报道。（反向）
对理性思考的信心	"爱，不需要理由"非常适用于我的感情观。（反向）
不轻易受干扰的思维独立性	即使是权威人士的观点，我也会有意识地检验其思路是否存在问题。
为自己和他人设立标准时的诚实和公正	对我自身言行中的不一致，我始终保持着警惕。

本课程学习者共有 25 人完成了思辨客观测试和思辨倾向测试的前测和后测，其中包括全部 6 名个案研究对象。

4.3.3　演讲转写、准备提纲及录像

如前文介绍，本研究共采集了 2 次课堂外定题即兴演讲测试和 4 次课堂内

演讲。课堂内演讲包含三次有备演讲和一次抽选题即兴演讲。三轮有备演讲的选题难度依次递增。在每轮演讲之前，每位学习者均通过电子邮件向助教（笔者）提交了演讲提纲的初稿和定稿。

在拟稿过程中助教为学习者提供书面反馈意见——主要针对演讲题目的选取、资料的真实度、视角的合理性、逻辑性等提出问题，包含少量的文字表述指导，但避免了直接为学习者改稿、写稿。有备演讲既是本课程的主要教学目标和练习项目，也是本研究中的数据主体，为观察演讲学习者思辨能力的变化提供了最为重要的分析数据。表 4.5 呈现了 6 位个案学习者在各次演讲中的话题。

表 4.5 演讲任务主题一览表（从左至右按时间顺序排列）

	即兴前测	说解性	我的中国梦	即兴练习	说服性	即兴后测
Danny	Garfield on Learning	Positive Energy	Healthy Life	Empty Plates Movement	Psychological Education	Einstein on Evil
June	Bill Gates on Success	Naxi Culture	Equality in Education	Discounts on Standing Tickets	Importance of Internship	Einstein on Evil
Mac	Garfield on Learning	Movie Making	No More Beggar Children	Gender Discrimination	Box Office Doesn't Have the Say	Einstein on Evil
Iris	Garfield on Learning	Chong qing	Trustworthy Government	Gender Discrimination	Reforming Sex Education	Einstein on Evil
Sarah	Garfield on Learning	Happy Hormone	Helping Migrant Workers	Risks of Studying Abroad	Legalization of Same Sex Marriage	Einstein on Evil
Mary	Bill Gates on Success	Whitney Houston	Simpler Weddings	Higher Degree, More Children	Helping the Prodigies	Einstein on Evil

4.3.4 反思问卷 / 日志

本研究共采集了 5 次学习者反思日志 / 问卷。在数据收集过程中，随着教学观察的深入和研究目的的明晰，笔者将促进学习者反思的形式逐步由开放式调整为结构式，即从最初的转写即兴演讲并发表感想，转变为有确切选择项的问卷，内容涉及选题依据、查阅文献方式、资料验证、演讲组织结构考虑等等。具体问题的设计依据教学重点的变化而调整。

第 6 次演讲（即兴演讲后测）正逢学期末考试的紧张时期，完成测试后没有再要求学习者对其进行反思。对个案研究对象的相关反思主要通过访谈进行补充了解。

4.3.5 课堂录像及观察笔记

笔者对整个学期的全部课堂内容进行了录像，并在整个过程中积累了大量的观察笔记，这其中包括各个阶段教学的目标和重点，也包括课堂中学习者的吸收情况、在演讲中的表现、师生之间与生生之间的互动讨论等等。

4.3.6 个案学习者访谈

6 位个案研究对象确定后，我对他们进行了第一次访谈。访谈前每位研究对象签署了受试同意书，研究者也做出书面承诺尊重其个人隐私及权益（访谈协议见附录 5）。首次访谈，每人在 1.5 到 2.5 小时之间，主要涉及研究对象的成长背景、大学学习生活的基本情况、对演讲学习的感受、对自身演讲能力的评估等（访谈提纲见附录 6）。

在学期结束以后，笔者又先后约谈了这些研究对象，主要对其思辨倾向答卷的前后测选项进行了采访，同时了解了他们对整个课程的评价反馈以及他们各自未来发展的计划。第二次访谈时间每人约 2-3 小时。个别受试因事或因病未参加第二次访谈，笔者在 2013 年秋季学期对其进行了补充访谈。

4.3.7　其他数据

在上述数据以外，笔者还收集了学习者们的选课申请、双方往来邮件、对个案受试以外的其他同学的访谈，作为补充数据。

4.4　数据分析

结合两个研究问题，本研究采用量化与质性数据分析相结合的混合方法，力图从多个角度探查个案学习者的思辨能力变化情况。除思辨能力客观测试以外的其他测试需要人工评分，其评测标准说明如下。

4.4.1　自选题系列有备演讲评析

根据思辨客观测试的不同起点，首先将 6 名个案学习者分为 3 组 (高水平；中等水平；中低水平)。对照"英语演讲活动中的思辨技能"理论框架，从助教指导的视角切入，对演讲课程中 3 轮有备演讲进行依托情境的微观分析 (每位学习者选择具有代表性的改稿过程)，描述他们在不同阶段思辨技能 (选题意义、听众分析、信息检验、逻辑推理、结构组织等) 的发展变化，并评价其取得的进步和尚待解决的问题。

由于研究条件所限，有备演讲文本未采取多个研究者独立分析的方法，其研究结果主要依据笔者单一主观的判断。为了尽可能降低效度威胁，在为期一年的博士论文数据分析及后期书稿拟写过程中，通过间隔期的方式，笔者对数据进行了多次分析，通过不断反思、调整分析结果，力求呈现客观的研究发现。

4.4.2　定题即兴演讲测评

思辨能力客观测试的目的是，通过标准化测试的量化数据对比，描述非演讲情境下的思辨能力变化。根据题型，将思辨能力划分为分析、推理、评价三类技能（见表 4.3）。将每个类型得分转化为百分制后，对 6 名学习者的分项能力前后测得分进行对比和分析，同时对测试内容与教学内容的关联性做出分析。

表 4.6　定题即兴演讲评分标准

I. 演讲发表（Delivery）		
语言能力（30%）	英语发音	10%
	语调自然度与语句流利度	10%
	语言表述（用词、句法）	10%
表现能力（20%）	眼神与肢体语言	10%
	脱稿能力	5%
	时间掌控	5%
II. 演讲内容 (Content)		
分析能力（15%）	阐释原文话题	10%
	演讲目的（中心观点）陈述	5%
推理能力（35%）	篇章整体逻辑连贯	10%
	要点（main points）对中心论点的支撑力度	10%
	要点得到理据（supporting materials）佐证　1）理据相关性（5%）　2）理据准确性（5%）　3）理据典型性（5%）	15%

定题即兴演讲测试的目的在于，通过控制演讲准备中的相关变量，观察演讲学习者在不借助参考资料和外部帮助的情况下，在特定类型演讲任务中所表现出的思辨技能变化。重点观测以下思辨分项技能：阐释题干；陈述中心论点；篇章整体逻辑；由理据到观点的推理。评分标准经研究者和 2 位有经验的演讲教师协作拟定，经过试评分和修订后最终成稿。

该测评标准参考了演讲课程中的评分细则，将演讲能力划分为发表（delivery）与内容（content）两部分，各占 50% 分值。发表部分包含的英语语言能力分别对应发音准确度、语调及语句的自然度和流利度、语言表述的准确程度及地道性。演讲发表技巧则包含肢体语言、脱稿能力、对发表时间的掌握等。

为了体现对思辨能力的识别以及测评，本测评表融合了德尔斐报告中的思辨分项技能描述以及常见的演讲语篇组织结构，将演讲构思能力划分为分析与推理能力。在即兴演讲中，分析技能主要针对原文阐释，并且一定程度上受到演讲者英语语言能力的影响，例如对个别词汇或者习语的理解。推理技能则主要指使用理据支撑观点，是思辨能力最为重要的部分。本研究所使用的即兴演讲题目中包含着前提和结论，演讲者的任务是在解析的基础上明确自己是否支持，并给出理由——这个过程其实符合评价能力中对"检验推理"的描述。但为了更加精细地评析演讲学习者的思辨分项技能，本研究着眼于分析和推理两方面能力，而不再对整体的评价能力进行重复评价。

4.4.3 个案演讲学习者思辨能力发展影响因素分析

结合思辨客观测试和即兴演讲测评结果，以系列有备演讲评析为主要依据，笔者归纳出每位个案学习者思辨能力的变化特点，并将其归为相应的发展类型。在社会认知理论视角指导下，依据课堂观察、反思、访谈等数据，分析和论证任务完成过程中环境、个人、行为各方面因素交互作用对学习者思辨能力发展的影响。重点观察学习者的个体特征（思辨能力起点、学习动机、社会情境意识、自我效能感等）如何与环境因素（教学方法、任务要求、同伴合作等）以及行为因素（学习策略、学习成就等）双向互动，促进或者阻碍其思辨技能的发展。

4.5 效度验证

关于如何保证研究效度，马克思威尔（2005/2007：81-90）、Somekh and Ledwin（2011：54）、Tracy（2013：235-240）等学者都提出了多项建议。在前人观点的指导下，为了保障数据收集、分析以及结论的准确性与可信度，本研究的设计做出了以下努力。

　　首先，个案研究对象的多样化背景（思辨能力水平、英语口语能力、性别、生源、性格特点、社团活动等）有助于增强本研究发现对中国当代大学生的代表性；

　　其次，贯穿整个学期的课堂观察和记录以及建立在研究者与研究对象平等互信关系上的访谈，有助于研究者做出较为客观的判断，进而描述和解释学习者能力的变化轨迹；

　　第三，数据的多样性及混合型研究方法：思辨能力客观测试、即兴演讲量化评分与有备演讲质性分析相互结合，多维度描述演讲学习者的思辨能力变化情况；

　　第四，为确保评分员即兴演讲前后测的题干解读准确无误，邀请英美人士（14 人）对题干进行释义解读。

　　第五，邀请富有教学经验的演讲教师参与审核"英语演讲活动中思辨分项技能"理论框架（1 人），并参与演讲评分标准的制定及试评分（2 人），评分结果达到了内部一致性要求。

第五章 学习者思辨能力变化（1）：基于系列有备演讲评析

本书第五和第六章将致力于回答本研究所提出第一个问题：英语演讲课程学习者的思辨能力是否有所变化？笔者拟从三种数据类型的角度，对学习者在演讲课程学习过程中的思辨能力做出跟踪对比分析。这三种数据代表着不同的思辨能力测评方式，也分别具有优势和缺陷：1）自选题有备演讲是与演讲课程教学结合最为紧密的任务形式，最能体现学习者在真实的学习情境中思辨能力的运用及变化，但是涉及的影响因素（如话题选择、外部资源利用、准备时间等）较为复杂，增加了论证难度；2）定题英语即兴演讲控制了话题难度、准备时间、参考资料等影响变量，可以同时体现英语语言能力和与演讲相关的思辨分项技能，但是其测评效度需要谨慎的验证；3）思辨技能标准化客观测试（汉语）排除了人为评估的主观性，数据结果简洁、直观，避免了外语语言能力造成的干扰，但是易受做题环境、参试动机、身心状态等因素的影响。

对思辨能力客观测试数据进行分析，配对样本T检验显示，参试整体（n=25）在后测中成绩略有提高，但前后测差异接近但未达到显著意义（p=0.059）。这与前人研究结果相似，即标准化测试不易探查到短期教学干预的思辨培养教学效果。但是在本研究中，客观测试数据将作为一个较为可靠的参照点，与其他数据进行比较。

表 5.1　思辨能力客观测试前后测差异对比

前测				后测				成对差分均值	t	Sig.
极小值	极大值	均值	标准差	极小值	极大值	均值	标准差			
13	31	22.16	4.607	16	31	23.56	3.453	-1.4	-1.98	0.059

思辨能力客观测试的前测成绩是本研究选取个案学习者的主要依据之一。按照测试学中区分度的计算方法（Brown 2006：68，转引自文秋芳 2012：86），

6 名学习者分别划入三个不同的分数段，每组两人。得分在班级中排名前 27%
的为高分组（Mac 与 Iris）；后 27% 为低分组（Sarah 和 Mary）；中间为中分
组（Danny 和 June）。

本章将从助教的角度，通过分析演讲课程中各位学习者完成有备演讲的情
况，对其思辨能力变化进行形成性的描述和评价。"有备演讲"是演讲课程中
最主要的任务类型，通常有 2-3 周的准备时间。在此期间，演讲者可以自主选
题，同时借助网络、书籍等资源对相关信息进行搜索、整理，并且对演讲目
的、内容、结构进行修改与调整。有备演讲的改稿过程是观察学习者思维轨迹
的有利机会。作为助教，笔者所承担的教学任务包括拟稿指导——学生通过邮
件提交电子稿，由助教在文稿中批注反馈意见，由此可以收集到学习者从初稿
到定稿不同批次的演讲准备提纲，为分析其思辨技能的变化提供了便利。

本章将以演讲课程中三次有备演讲作为分析数据，主题概况见表 5.2。这
三次演讲中，第一轮说解性演讲为期中测评，第三轮说服性演讲为期末测评，
因所占分值高而更受学习者重视。"我的中国梦"主题演讲是按照校园英语演
讲比赛的要求临时添加的任务，准备时间较为仓促，未经教师指导。三轮任务
均为自选题演讲，其中"中国梦"要求演讲者根据选择讨论的具体话题（issues）
添加副标题。

表 5.2　有备演讲任务主题一览表

演讲轮次	有备演讲 1	有备演讲 2	有备演讲 3
类型 / 分值	说解性 (30%)	我的中国梦 (10%)	说服性 (50%)
发表时间	第 4-5 周	第 10-11 周	第 14-15 周
Danny	Positive Energy	Healthy Life	Psychological Education
June	Naxi Culture	Equality in Education	Importance of Internship
Sarah	Happy Hormone	Helping Migrant Workers	Legalization of Same Sex Marriage
Mary	Whitney Houston	Simpler Weddings	Helping the Prodigies
Mac	Movie Making	No More Beggar Children	Box Office Doesn't Have the Say
Iris	Chongqing	Trustworthy Government	Reforming Sex Education

本章将逐一介绍 6 位学习者的有备演讲任务完成情况。考虑到个案学习者的群体代表性，本章将首先从中分段学习者开始，以高分段结束。在对每位学习者进行演讲分析之前，笔者将基于学习者在访谈中的口述及研究者的独立观察，简要介绍其成长背景和个人特点。

在分析每位学习者的三轮有备演讲的过程中，笔者将对照本研究所拟定的"英语演讲活动中的思辨分项技能"分析框架（见表 3.2），有选择地对学习者在选题、研究、论证、改稿、预演、答问等阶段所表现出的思辨能力进行评析。

5.1　Danny：表演家的失落与荣光

上海男孩 Danny 来自一个多女少子的大家庭，自小受到全家宠爱，也一直享受着在同龄人中比较优越的成长环境。Danny 的妈妈是幼儿园教师，非常重视孩子艺术才能的培养，于是 Danny 从很小的年纪开始，就学习声乐练耳、唱歌，同时很早就开始学习英语。这种特长的培养也引导 Danny 对表演产生了浓厚的兴趣，从幼儿园到大学，他不仅积累了丰富的朗诵、歌唱、戏剧表演、主持等经验，还赢得了大大小小数十个奖项。

在大学里，Danny 担任过班长，大二时成为学生会主席助理。他的组织能力得到老师同学的一致肯定。Danny 性格外向、开朗，即使是寻常的课间，教室里也总是闪现着他活泼的身影——"一个典型的'people person'，'让集体保持凝聚和活力'的重要分子"，他的同班同学 Sarah 如是评价。2013 年夏天，在 Danny 转学前往美国学习传媒专业之前，他凭借在学生会的优秀表现获得了国家级奖学金。

在他的演讲课选修申请中，Danny 不仅提到了自己乐观的性格以及在表演和主持方面的专长，他还列出了三项申课动机：1）为实现成为电视主持人的梦想积累经验；2）学会回答演讲比赛中自己不擅长的"即兴问题"；3）提高"理性思考"的能力。在访谈中，Danny 曾说："我的思想特点就是，'我是这么想的，我这么想就是对的'……我说服人的方式不是通过理论，而是通过情感……我的好友总是说我，喜欢把自己的主观观点带到客观事实里边去，完全不给依据……（现在）我特别想成为一个既能有理论又能用感情的人。"虽然他并没有使用"思辨"的字眼，但是可以推断，这个开玩笑地将自己称为"戏子"的年轻人对改善自己的思维能力怀有期待。

5.1.1 "正能量"：理性思考的艰难尝试

出于对第一次有备演讲的重视，Danny 特意提交了两个选题和准备提纲。一个介绍 S.H.E.——一个当红多时的华语女子演唱团体，讲述三位成员的演艺道路和经久不衰的原因。另一个是"正能量"，叙述其概念起源以及如何获得正能量。在对初稿的助教反馈意见中，我建议 Danny 尝试先做一做"听众分析"——什么样的演讲目的能够填补听众的知识缺陷，或者更加具备现实意义？在紧接着的课堂反馈中，文学与翻译专业两个演讲班级的同学们进行了交叉话题点评，虽然未能看到本班听众对自身选题的反应，这个活动令大家有机会更深入地理解"听众分析"的重要性——演讲需要针对特定群体的特征与需求，为其提供有吸引力、有价值的信息。看到大家对类似的艺人介绍并不十分感兴趣，也出于对助教意见的考虑，Danny 放弃了 S.H.E.，确定了"正能量"这个话题。

在正式发表这个三分钟的说解性演讲之前，Danny 的准备提纲共修改了四稿，这是在全班同学中次数最多的，而且每修改完一稿，他都发来听取意见。每一稿我都认真地看，并在有疑问的地方加注。为公平起见，依据与主讲教师 J 的约定，我尽量避免提供直接的改写方案，而尽可能以提问的方式引导他自主决定是否修改和如何修改。

回看这份演讲在内容上的演变，我作为助教给予 Danny 的主要是两方面的指导。首先是"正能量"这一概念的清晰性和一致性。起初，Danny 通过转述英国心理学家 Richard Wiseman 给出了定义："…… 将人体比作一个能力场，通过实现内在潜力而发现另一个自己，最终成为一个更加自信和积极的人。"但是观察一至三稿中所包含的各种案例却不难发现，它们与"发现自身的内在潜力并变得自信而积极"这一概念并不总是吻合，例如选秀节目中凭借感人的故事而非才华一举成名的选手，或者习主席带头提倡的节俭之风。依据"思辨三元结构模型"（Paul and Elder 2006）对"概念"所提出的衡量标准，一个思考者不仅应明确定义他（她）所使用的概念，还应自觉地"忠于"这一概念的内涵，在论述过程中不随意偏离，否则，围绕这一概念的讨论难免陷入模糊和空洞。

针对这个问题，我向 Danny 提出质疑，如选秀节目中的感人故事"说明正能量能够带给人成功，还是成功故事可以带给公众以正能量？"同时不断敦促他依据核心概念，筛选相关性强的事例。几经权衡，Danny 最终放弃了引用"正能量"的狭义定义，而是在介绍概念来源之后，将其扩展为更为广义的"正面的、乐观的、积极改变现状的态度"。这一折衷方法虽未满足"精确概念"的苛刻要求，但一定程度上化解了由于概念不一致而造成的混淆。同时，Danny 减少了案例数目，特别是较为雷同的选秀达人故事，根据其典型性和相关性重新进行组织和阐述。例如，不再简单引用电影《当幸福来敲门》（*The Pursuit of Happiness*）中的台词，而是讲述主人公不得已衣衫褴褛地参加求职面试，但是却凭借自信和幽默赢得了工作机会的情景。通过精简案例数目，充实对案例的阐释，Danny 的演讲有了更为突出的重点。

助教反馈的另一项指导内容涉及篇章结构的逻辑性。正如"演讲中的思辨分项能力"列表所指出的，在宏观层面，各要点之间在相互独立的基础上应体现逻辑关联；而微观层面，每个要点内部也应体现理据对观点的支撑。Danny 的一稿主体包含了三个要点：1）什么是正能量？2）如何获得正能量？3）正能量有什么样的积极影响？我建议 Danny 调整第二与第三要点的顺序，把大家有共识的"影响"部分适当简化，突出"如何获得正能量"。此外，在"如何"这个部分，获得正能量的各种方式在性质类属上应尽量彼此独立，避免互相涵盖（overlap）。这些建议都被 Danny 采纳（见附录11）。

Danny 的这一次演讲发表非常成功，整个过程表述流畅且声情并茂，充分发挥了他英语发音准确、善于朗诵的特点。在同伴票选[1]中，Danny 当选"本轮最佳演讲"之一，为他投票的同学称赞他"吐字清楚，声音洪亮"、"富有感染力，带动全场气氛"。然而，这个演讲并未得到所有听众的赞许。在答问环节，两位同学向他提出了不失尖锐的问题：1）有人说 CCTV 新闻播放了很多好消息，你认为仅接触好消息所带来的正能量就足够了吗？2）你是否意识到，"正

---

[1] 同伴票选：在第一轮演讲结束后，发布给全班的演讲反思提纲中包括了"本轮最出色的演讲"一项，请每位同学投票给自己最欣赏的演讲，并简要解释理由。

能量"是在负面报道日益增加的情况下才被提出来的一个概念？这是否是一种在情况恶化时让公众保持乐观的手段？

从两位听众的提问可以看出，今天的年轻人是有批判意识的。对于一个在当下社会广为流传的概念，他们并不满足于仅仅得到一个定义和一些举例。只有将这个概念放置在真实社会场景下进行深刻的分析，才会产生真正的吸引力，并为听众带来新的思考与见解，也能更好地达到思辨理论中对"有意义的目的"的期许。

这又将我们带回了"正能量"概念模糊的问题。如果像在初稿那样只专注于狭义概念，那么就需要相应保持清晰性和一致性；如果接受在当下现实语境中概念的过度泛化，那么演讲的目的就应当超越概念的介绍，进而对泛化现象本身做出分析。后者显然意味着更高的任务难度、更广泛的信息搜找和更为复杂的论证。但是 Danny 还没有做好解决复杂问题的准备。他正努力做出改变的是解决一个更为基础的问题——用事实证据去支撑自己的观点。他并未追求观点的深刻，但是有意识地为自己的观点寻求证据，并积极改善论证的质量，这已经向"理性思考"迈出了重要的一步。

5.1.2 "健康生活"：再度模糊的概念

在"我的中国梦"演讲中，Danny 的选题是"健康生活"。在这份演讲中，他从"东亚病夫"谈到"幸福感"，从普及健身谈到扶助贫弱，从政府诚信谈到大学宿舍投毒案——就像曾经的"正能量"一样，"健康"这个概念不断被泛化，它不仅指身体健康，也包含心理健康以及和谐的社会关系。在现实的语言环境中，"健康"一词确实可以囊括以上的内涵，但是对于一个3分钟的简短演讲，过于宽泛的定义意味着失去焦点。

在演讲主体部分罗列了许多现实问题之后，Danny 在结尾为实现"健康的中国社会"提出了三点建议：保持身体健康；保持良好的心理状态；保持良知。但是如何切实保障食品、饮水和空气的安全，如何以制度来抑制贪腐、维护社会的道德秩序，这些再次成为被搁置的"复杂问题"。

虽然第一轮和第二轮有备演讲的准备时间有很大差异，Danny 在这两次演讲中都呈现出比较一致的思维特点：倾向于对概念进行发散式理解，顾及演讲涉及面的广度但对深度关注不够，解决现实问题的意识不强。

5.1.3　"大学心理教育"：回归正能量

在布置期末演讲任务时，为了和说解性演讲有所区分，J 老师明确要求此次说服性演讲的目的应向"question of policy"（政策导向）[1]倾斜，即结合现实问题提出明确的观点和具体的行动倡议。这为大家提出了一个更高的选题要求。

期末演讲之前，在得知 Danny 有意探讨校园投毒案，我曾交给他一本《三联生活周刊》，当期的封面报道正是对清华大学"朱令案"的解析。我希望能给他一些启发，看到与事实相关的多个层面，例如：哪些因素导致了此类犯罪？大学室友关系恶化的主客观原因分别有哪些？如何不再让剧毒铊成为行凶的工具？像朱令这样的受害者应当得到什么样的社会救助？我希望 Danny 能够抓住一个问题，深度分析，得出有意义的结论，并在听众中引发共鸣和讨论。

这一次演讲拟稿，Danny 做了更为自主的选择。他将投毒案设计成为一个能抓住听众耳朵的开篇，"Chemical, used by a med student, becomes medicine; while, used by a mad student, it becomes poison." 有谐音，有对仗，有押韵。由此往下，Danny 列举了大学生心理问题的各种表现形式——犯罪、自杀、辍学等，每一项都配备了数据或案例。在演讲的主体部分，他将大学生群体的心理问题归咎于人际交往障碍、求职压力、自我认同危机、心理健康意识淡薄等，而最大的问题是大学所开设的心理卫生课没有发挥应有的作用，因此解决这些问题的方法就是"加强大学生心理教育"：将心理学作为必修课；将复杂的理论教学转化为对解决现实问题的指导；开展丰富多彩的课外活动。

与"正能量"相比，"心理教育"这个演讲在内容上更为充实，Danny 也表现出更好的组织数据的能力，既引用了中国社会科学院的研究报告，又给出

---

[1] 根据《演讲的艺术》（Lucas 2010），说服性演讲的目的可分为"a persuasive speech on the question of fact / value / policy"，分别指为听众提出颠覆旧信息的新信息、对事物的性质进行评价，和提出行动的倡议。

了 18-22 岁为心理问题多发期的理据，还特别分析了当前大学心理教育效能不佳的原因。然而，作为一种刑事犯罪，投毒行为是否与自杀一样属于心理问题的范畴，Danny 并未论证；大学生的心理问题是否都发端于大学教育、具体什么样的心理辅导可以帮助避免自杀等问题，Danny 都未进行深入探讨。

5.1.4 小结：缺席的"迁移"

对照"英语演讲活动中的思辨分项技能框架"，观察 Danny 在三个不同阶段所做的有备演讲，可以看到他取得了以下方面的改进：在选题时放弃了迁就自身兴趣的习惯，逐步倾向于在演讲中讨论有现实意义的话题，并开始尝试探讨解决社会问题的方法；在论证过程中，他也有意识地为自己的论断寻找和组织理据，以此取代对情感宣示的依赖。

但是在进步的过程中也能看到固有的问题。例如，Danny 在第一轮演讲中，在助教的督促之下，经历了调适核心概念（"正能量"）以匹配演讲内容的努力过程，但是这种针对"概念准确性与一致性"的反思技能并未被迁移到新的演讲任务过程中——在接下来的"我的中国梦"演讲中，没有了外界的刻意提醒和督促，Danny 对"健康"这一概念的处理方式和说解性演讲初稿中的"正能量"如出一辙。

在 Danny 所做的系列演讲中，也不难发现一个耐人寻味的现象——不论话题如何转换，他始终没有远离倡导积极健康心态的"正能量"。换言之，Danny 将积极、乐观的态度作为应对现实问题的主要对策，而一定程度上忽略了问题本身的复杂性和具有现实意义的解决方案，这就使他的立场观点缺乏变化，也限制了他对问题本身进行更加深入的思考。

5.2 June：实干家的坚实脚印

和 Danny 相比，纳西族女孩 June 的经历是另外一种不同寻常。她的家乡座落在云南丽江附近的一个小乡镇，曾经因为木材生意而经济红火的小镇在国家实施保护林地的政策后迅速没落。她的父母是"从来不读书的农民"，以经营饭店和鱼塘为生。儿时的她没有书读，就在小镇街边和小伙伴们玩耍长大。小镇上的生活闲散自足，那时候唯一为她带来外部世界讯息的是在城里上班的舅舅和舅妈，而且这种讯息也只是在年节团聚时才会零星听到——例如城里的电视台正在热播一部叫做《花仙子》的日本动画片。

June 的世界从中学住校开始变得大了起来。在丽江读高中的时候，她的周末常在学校的图书馆里度过。那时她对管理学产生了兴趣，开始读《李嘉诚传》。高二那一年，怀着"跃跃欲试想做些什么"的心情，June 向老师毛遂自荐，要求参加校学生会。她最终成为学校首位"自谋上岗"的宣传部长。上任以后，在观察宣传部工作现状基础上，她以一份长达 7 页的"策划书"提出了一系列改革方案——工作责任到人、广播站开设固定栏目、通过点歌节目募集经费、向全校同学有偿征集集广播稿、定期为学校的重大活动设计手绘海报等等。人生第一次尝试管理工作的 June 获得了极大的成就感。也是从那时起，她慢慢养成了为一个目标精心计划，认真实施，并且及时总结经验的工作习惯。

June 的大学学习经历比较曲折。高中毕业后，她参加了中国与古巴的一个合作教学项目，以西南少数民族学生的身份赴古巴参加计划为期 7 年的医学专业学习。但是由于项目的中途变故，一年后她和同学们回到国内，按政策重新参加高校录取。按照规定，高考分数未达标的少数民族学生进入大学后，须读一年预科，学习大学语文等基础课程。这导致 June 在高中毕业两年后才正式进入目前的外语学院学习专业英语。这段经历为她注入了超过同龄人的成熟与动力——她要最大限度地利用大学学习的机会弥补以前的知识欠缺。其中很重要的一个途径就是广泛而高效地阅读。2013 年 5 月的那次访谈恰逢 June 的生日，我说要送给她一本书作为礼物，她选择了乔治·奥威尔的《1984》，读过中文版的她希望能有一册英文版留作纪念。除了文学名著，她也关注新闻报道和社会学研究，例如哈佛学者张彤禾的著作《打工女孩》。

与许多学习外语专业的女生相比，June 很注重与真实的世界打交道。入学以来，她一边保持着良好的专业学习成绩，同时参加了学校的青年志愿团和许多校外实习活动。除了同学，在她结交的人当中，既有北大的老师、塞万提斯学院的外教、企业家和管理者，也有开设探戈舞蹈班的中学化学老师、农民工子弟学校的学生、收养残疾儿童的天主教志愿者。

在演讲选课申请中，June 最看重这门课将为她提供的提高英语口语能力和参与交流讨论的机会。有感于基础教育阶段的差距，也因为出国学习西班牙语的影响，June 一直对自己的英语发音和流利度不满意，在学习过程中，她也表现出比同伴更强的反思意识，不断对自己提出更高的要求。

5.2.1 "纳西文化"：发现民族之美

一直对管理学感兴趣的 June 为首轮有备演讲最初选择的话题是时间管理 (time management)。直到演讲前一周，她一直在为这个题目搜集文献、拟定提纲，先后完成了两稿，其中包含了完整的文献目录、理论模型图、对听众在生活实践中的建议等。但是从具体内容来看，生僻的词汇和抽象的概念表述都可能对听众理解造成一定困难。在助教反馈中，我还提出了一些与学术规范有关的问题，如"为何有时间管理的四代理论？它们分别出自什么时期？理论模型的创始人究竟是谁？"在查阅答案无果之后，June 做出了更换题目的决定。这一次，她选择了发挥自己的民族身份优势。

虽然距离正式演讲只有一周的时间，June 仍然坚持做了大量的文献准备，她查阅了 20 多个权威机构的网站，最终纳入演讲稿文献列表的是包括《大英百科全书》在内的四部书籍和三篇网络文章。在她的初稿中，我加注了 17 处，其中有 3 处是用词和表述纠正，4 处是标点或句式修改建议，1 处对展示设计的肯定性评价，其余的均为提问，指出信息出处、概念阐释或者分析内容需要进一步明确的地方。出于对语言学的兴趣，我还询问了东巴文的句法特征。June 原本的计划只是通过图片介绍几个象形文字。为了让信息更加丰富有趣，在第二稿中她替换上了从书本中查到的一个有着历史意义的东巴文句子——纳西人 1951 年送给毛主席的话，"我们永远跟着你走"（见下页图 5.1）

比较初稿和第二稿，关于东巴文字的介绍整体更显逻辑连贯：从"东巴"名称的由来、文字特征、句式结构，再到例句解析，同时用词和段落之间的衔接也有了整体提高。在演讲时，为了方便听众理解，June 专门准备了图片，先介绍字词中符号如何和意义结合（见下图：人手回指的动作表示"我"，而木柴被劈成两半则表示"复数形式"，因此两个字合成"我们"），再介绍和呈现整个句子的 SOV（主语 - 宾语 - 谓语）语序。

图 5.1　东巴文字："我们永远跟着你走"

在演讲现场，这种生动活泼，充满了自然情趣的书写方式引起了听众们浓厚的兴趣。而在演讲的后半段，June 转向介绍纳西族服饰，特别是女性所穿着的"披星戴月服"上的文化符号。在这个环节，她特别安排了一位同学上台展示从博物馆借来的服饰实物，引来同学们的一片赞叹。不过，June 的这一次演讲并未获得她所在的翻译演讲班"本轮最佳演讲"称号，获奖的是在英语口语流利度上更加突出的同学。这也说明，在作为 EFL 学习者的听众心目中，语言表现能力仍是非常关键的因素。

5.2.2　"教育平等的中国梦"：直击现实

基于她的志愿者实践经历，June 在"我的中国梦"演讲中选择了讨论如何为民工子弟创造公平教育机会。在回顾为何选择这个话题时，June 在反思日志中写道：

> 在选题时，我觉得应注意以下几个问题：其一是这个梦想一定要能反映出中国的现实，即现在还需要改进的地方；其二是这个梦想要非常具体，具有可行性；其三是我们每个人能做点事情。农民工以及农民工的教育问题近几年都是热点……但是这个选题也有其弊端：首先，这个问题最 controversial 的时候是 2011 年，也就是现在说这个问题的话：①用的材料很可能会失去时效性；②现在状况肯定有所改善，但是改善之后的有关报道以及研究特别少，准备时间紧迫，所以资源不足；③这个问题十分容易引起大家的共鸣，但也是一个人尽皆知的问题。（转引自 2013-5-10 反思日志）

从以上这段文字可以看出，June 在选题时对演讲的目的和意义进行了较为全面的思考，她对完成任务所面临的现实困难也有准确的估计。在这个演讲中，她采取了"问题 - 原因 - 解决方案"的结构策略，从打工子弟学校被关停、未成年人犯罪等现实问题入手，探讨了城市人口容纳空间、财政支持不足、户籍制度限制等方面的原因，最后提出政府应加大扶持力度、民众应参与志愿者活动的倡议。

总体而言，这份演讲例举了较有说服力的数据，描述和分析了问题的现状和成因，但是也正如 June 自己所言，某些信息的时效性或可质疑，政府对打工子弟学校在最近期给予的扶助未能体现。另外，整个演讲较为薄弱的环节在结尾处的解决方案，与问题成因对应不足，对公众的行动呼吁略显空洞：

> The good thing is many cities have taken action to change the current situation. Hangzhou has given technical and financial assistance to existing migrant schools. And Beijing's education authority has announced it will provide free classrooms for children of migrant workers.

> As college students, we should make our own contribution—volunteering to teach in migrant schools in our spare time or donating money or books. Small difference can make big ones.

> And we need to call up more people and cities to follow up. Only in this way, can we guarantee a steady society, cultivate enough talents, and carry out the great renewal of China.

5.2.3 "大学实习"：急听众所需

June 的期末演讲以 "College Students Should Do Internships During the Academic Years（大学生在校期间应参加实习）" 为题，开篇即以 2013 年 "史上最难就业季" 不足 30% 的毕业生签约率来摆明事实，紧接着提出自己的中心观点，即良好的实习经历将帮助大家增强就业机会。在演讲的主体部分，June 安排了三个要点：其一，造成就业难的因素有很多，其中包括求职者的能力素质不达标的问题；其二，实习能够帮助求职者提高能力；其三，如何选择实习岗位。以上三部分内容体现了紧密的逻辑联系——从分析问题的成因入手，突出求职者不应只埋怨现实中的不利因素而忽视自身应做的努力；通过对毕业生和雇主的问卷调查结果，说明实习经历的重要性；结合自身经验，提出实习过程中的注意事项。

除了在宏观上的逻辑安排，June 在以上三步论证中，每一步都配合了具有说服力的事实和数据。为了说明国内就业形势的严峻，June 先后引用了三家国内网络媒体所给出的数据。为了证明实习经历在能够就业的问题上起到关键作用，她还特意设计了一份调查问卷，在所在大学的大四同学中进行了一次小规模调查。这份问卷共包含 6 个问题，涉及被调查者参加实习的次数、实习所培养的能力、实习工作与专业学习的相关性、是否签订实习协议、实习是否有助于就业、是否接受过实习指导。从上述问题可以看出，June 并不满足于仅仅了解被调查者对实习的态度，而是想借助这份小小的问卷了解多维度、多层面的信息。在她回收的 22 分有效问卷中，7 人已求职成功，9 人待业，其他 6 人继续深造。这 7 位已找到工作的毕业生均有 2-3 次实习经历，而待业的 9 人平均实习经历不到 1 次。虽然这是一次样本很小的调查，但是当 June 把她的调查结果在演讲中呈现出来的时候，同学们还是深深地折服了。演讲课本及课堂教学都曾经介绍和提倡过问卷调查法，但是在拟稿过程中采用这种方法的同学很少，主要原因是嫌麻烦，不肯花费时间。然而这对 June 并不是问题。"我的确不是一个怕麻烦的人，"她在访谈中说。

有了对求职者／就业者的调查结果，June 又转换方向，转引其他研究结果，从雇主的视角阐述他们最看重的雇员素质是什么——66% 的雇主都认为，面试表现和相关工作经历是最重要的两个因素，而这两项都可以通过实习经历得到提高。在一切铺垫妥当之后，June 向她的听众呈现出演讲中最有实践价值的信息和建议：1）本校就业中心招聘实习生的网站信息；2）注意检验实习单位的资质；3）通过实习合同保护自身权益。

这次演讲的听众都是班级里的大学二年级同学，他们中的大多数对未来的职业规划还比较朦胧，而 June 恰恰给了大家一个及时的提醒。她在结语中敦促大家：良好的 GPA 已经不足以显示一名大学毕业生的实力，从现在开始，大家就应当在即将到来的暑假中踊跃参加实习；她还顺便告诉大家，周六举办的就业招聘会值得前往一看。

June 的演讲引起了同学们极大的兴趣。在演讲结束时，一连有 4 位同学向她提出了问题，分别询问她个人的实习经历、如何做到不因实习而影响学业、如何切实地保护实习者的权益、实习工作是否应与大学所学专业专业相关。在她的答问中，June 清晰有条理地讲述了自己的体验和看法。尽管她的英语口语表达中仍带有习惯性的停顿，她的手势动作也有些重复，但是从交流效果来看，演讲和答问都非常成功。到了课间，仍有同学围上来向她索要相关网址。June 这一次的说服性演讲给出了一个"敦促听众采取实际行动"的生动案例。不过，从准备提纲的文字稿来看，June 的要点和理据的表述依赖讲稿原文，而非符合格式要求的提纲凝练（见附录 12）。

5.2.4　小结：实践出真知

纵观 June 的系列有备演讲，她在选题、研究、论证等方面都展现出良好的思辨技能。从选题上看，她从依据自己的身份特点挖掘话题，到全面结合个人关注、新闻热点和观众需求，充分发挥了话题的现实意义，真正达到了演讲（公共发言）的社会意义，即"演讲者有意识地将既已掌握的信息、资讯与听众分享，从而与听众达成共识的过程"（朱强 2012）。

在检索和组织论据的过程中，June 有意识地检验资料的时效、相关性、准确性（尽可能选择可信的、权威的信息来源），从多个角度探询问题，并在确立中心论点之前，对"根据理据的充分性对可能的立场进行了权衡"（转引自期末反思日志）。在她的历次演讲中，概念、目的明确，要点之间逻辑关系清楚，未出现相互涵盖的问题，这体现出她良好的自我监控能力；同时随着演讲任务难度的提升，要点的逻辑性也逐步加强——从"纳西文化"中东巴文与民族服饰简单地平分秋色，到"中国梦"里全面地分析成因（但未提出针对性的解决方案），最后在"毕业实习"演讲中，实现了演讲目的、理据和实施方法的有力结合。

在发表演讲之前，June 能结合演讲内容，准备恰当的视觉辅助（visual

aids），并在预演时对讲稿的内容及结构做到了熟练掌握。认真的准备弥补了她在英语口语流利度上的问题，不仅能够按计划清晰地陈述内容，在答问环节也能自如地对听众提问给出理性的回答。尤其是"实习"这个话题，在就选题进行小组讨论的时候，June 的选题并未引起大家多少注意，"积累经验才能找到好工作"听起来是个很寻常的道理，然而她最终在演讲中呈现的内容却让大家刮目相看。

5.3　Sarah：独立思考中的"乖乖女"

Sarah 来自一个有着悠久历史的华中小城。她的父母分别在当地的金融和技术单位工作。用她的话来说，"爸爸性格刚毅，妈妈则细腻温柔"，两人共同为她营造了良好的家庭环境，从小时候起她就被培养成一个标准的、听话懂事的"乖乖女"，而且习惯了"服从、不争"。Sarah 从小喜欢英语，和很多同龄人一样，她课外也学习乐器和主持，"非常喜欢站上舞台的感觉……有时上台之前还以为自己会紧张，可是一看到观众，却兴奋得忘了害怕"。在进入大学之前，她的志向是成为电视主持人，同时对外交也很感兴趣，因为"那时非常向往光鲜的生活"。她最喜欢的公众人物是美国前第一夫人及国务卿希拉里·克林顿——一位有魅力的事业女性和一位成功地维护了家庭和国家利益的女强人（2012-5-17 访谈）。

因为在小城长大，Sarah 很珍惜到首都读大学的机会。在入学第一年的时间里，她不仅担任了学校外语协会的会长，还参加过高校联谊会、中外学生交流以及与外国大使会面等活动。这些经历令她获得了比较突出的社会交往和活动能力，但在她身上依然能看到一个小城女孩的清新自然与真诚坦率。

Sarah 是一个重视学习成绩的好学生——父母的教导令她一直坚信，"90 分是必须的"，为此她学会了"刷学分"，规避那些被学长们评价为"论文不好写"或者"不好拿高分"的选修课程。决定参加英语演讲课算是一次例外。虽然知道 J 老师给分偏低，她还是觉得要试一试。在她的选课申请里，她这样写道："我希望从别人那里学习新的想法，希望通过阅读和讨论知晓更多的、有意义的话题——我想更好地了解这个世界。"在平日课堂上，Sarah 展现出学习新知的兴趣和与人互动的热情，她常常是同伴演讲后最积极的提问者。

在我对她所做的第一次研究访谈中（2013-5-17），Sarah 描述自己是一个缺乏"独立思考"的人，容易被他人的观点所左右。在她的定题即兴演讲中，她也的确呈现出思路缺乏新意，并且理据不够准确的特点（见第六章）。演讲课堂中的有备演讲任务给了 Sarah 通过细致查询和组织理据来完善论证的机会，也给了她发掘自身潜力的可能。

5.3.1 "快乐荷尔蒙"：以事实说话

Sarah 的说解性演讲第一稿以"Why we feel unhappy?"为题，介绍了血清素（Serotonin）这一生化物质——这种能够抑制不良情绪（如愤怒和抑郁）的激素可以通过饮食、阳光、睡眠、锻炼获得，因而人们通过调整生活习惯可以有效地产生快乐情绪。这是一个在发表之前就得到听众推崇的话题[1]。她的第一稿提纲结构清晰，演讲主体分为血清素的作用和产生途径两个部分，引言与结语也相互照应。

我给 Sarah 的第一稿批注了 10 处（见附录 15）。首先提醒了她题目与正文内容的对应性（演讲是回答 why 还是同时强调 how），另有 4 处是对理据的可靠性提出的质疑，1 处针对推理的正当性，3 处关于英文文字表述的清晰性，最后是对文献格式的建议。在二稿中，演讲整体结构未变，但是 Sarah 将题目改为"The Happy Hormone—Serotonin"，鲜明地突出了演讲的目的，既提到了关键概念，也提到了功能特点。

同时，演讲中新增了更多的理据，文献列表从最初的 3 项增加到 6 项，并且前一稿凡被质疑的地方都说明了出处，明确提到了分别来自剑桥大学和麻省理工学院两位学者的研究发现。对 serotonin 这一新词，加注了中文名称，还添加了一个把血清素誉为"在细胞之间传递愤怒控制信号的邮递员"比喻，为听众理解提供了有效帮助。篇章各部分的衔接也有所加强。

---

[1] 在一稿提交后的课堂反馈中，我把 Sarah 所在的文学班同学们的演讲选题与翻译班分享，这一关于"快乐"的选题得到非常积极的反馈。事实证明，她对听众预期做出了很好的判断。

　　Sarah 的演讲发表可以用"旗开得胜"来形容。经同学们投票，"快乐的荷尔蒙"成为"本轮最佳演讲"之一。在演讲反思中，她这样回顾准备的过程："主要通过 google 查阅相关资料，资料来源有大学网站如哥伦比亚大学官网、剑桥大学官网，还有关于生物医学的网站，来确保资料的准确性。因为自己是文科生，对一些术语和生物知识不太了解，通过请教作为理科生的男朋友，来将科学语言通俗化。"尽管演讲的结果很成功，但是 Sarah 还是坦承："（我）查资料的能力十分欠缺，不知道怎么去查阅，很多时候找不到自己想要的资料。在分类上也会出现有的部分资料丰富，有的部分资料匮乏的现象"（2013-3-23 反思问卷）。

　　从上面的自述中可以看出，这个年轻的女孩不仅克服困难找到了能够支持观点的权威论据、对其加以合理组织，更为可贵的是她认识到演讲是交流，而不是"表演"，通过用生活化的语言转述学术论文，为她的听众搭建了通往新知识的桥梁。

5.3.2　"促进地区发展的中国梦"：追根溯源

　　在"我的中国梦"演讲选题阶段，Sarah 想到了自己的家乡所面临的地区发展不平衡问题，希望能借助这样一个与自身有关的话题，更好地在演讲中融入情感。在这份演讲的开篇，Sarah 以中国高达 2 亿人口的城乡移民潮来说明城市对乡村及欠发达地区的吸引力，她接着分析了这种悬殊差距的主要体现——收入比、失业率、社会保障。同时，她还进一步分析了城市人口膨胀带来的一系列社会问题，如交通拥堵、阶层冲突等。在演讲的最后，Sarah 并未号召其他人应当做什么，而是提出自己的计划，回到家乡，创办企业，增加本地人就业机会，使打工群体免受离乡求生的压力。

　　与同伴们的演讲相比，Sarah 的选题凸显了一个与自身经历更为相关的视角，同时也关涉着中国社会目前一个突出的社会问题。虽然这篇演讲篇幅并不长，但是理据比较充分，并且在逻辑推理上超越了单层次的因果关系——既有对农民工涌入城市的动因分析，也有打工潮所引发的系列社会问题呈现，从而论证了从源头上解决问题的重要性。

5.3.3 "同性婚姻"：平衡视角

受到第一轮演讲成功的影响，Sarah 最初的说服性演讲选题还是和健康相关——"可乐的危害"，或者"扎耳眼的弊端"。课下讨论中她曾主动征询我的意见。我建议她先从听众分析的角度思考一下选题的意义，例如，同学们中间是否存在过度饮用可乐的情况？或者，有多少同学有扎耳眼的计划？即将发表的演讲对他们的行为将有何积极影响？Sarah 通过在同伴中调查发现，这两个选题对听众的吸引力都不大。

经过两周的信息阅览和思考，Sarah 最终将选题确定为"Legalization of Same Sex Marriage"，并在演讲中呼吁听众支持同性婚姻的合法化进程。对于今天的中国年轻人，同性恋已经不再是禁忌话题。不论听众自身的身份和立场如何，参与这场讨论本身是具备现实意义的。

Sarah 采用了对比论证的结构策略，为她的演讲安排了三个要点：1）未合法化的情况下，因为同性恋现象的存在而引发的健康、心理、社会问题；2）合法化将带来的健康以及人权方面的良性后果；3）针对基于道德传统、人口繁育、家庭关系等方面的反对意见，提出解决方案。

为了提供理据，Sarah 查阅了新闻报道（如搜狐报道，"中国不再将同性恋认定为精神疾病"；新浪报道"同性恋者的生存现状"）、权威机构网站（如密歇根大学及波士顿大学学者的研究发现）、知名专家博客（如抗艾斗士张北川、社会学家李银河所提供的调查研究数据以及他们的个人立场）。同时，Sarah 也在面对海量信息时，对资料来源的可信度、时效、准确性、相关性进行了有意识的检验（转引自 2013-6-9 反思）。

这篇发表时长不到 4 分钟的演讲得到现场听众的积极反馈，同学们纷纷提问：如果你在婚后 10 年发现丈夫是同性恋，你会怎么办？同性恋是否是违背自然规律的行为？你认为应当如何解决目前社会针对同性恋的歧视问题？如何看待因外界因素如情感挫折而导致的性取向改变？对于以上这些问题，Sarah 一一给出了条理清楚的应答。

5.3.4　小结：知难而上

作为一名演讲学习者，Sarah 对自己的评价是"独立思考能力不足"，这一点的确反映在了她历次演讲的选题过程中。尽管如此，她通过自身的努力，逐步突破了原有的狭窄视野，将关注话题由日常健康拓展到社会热点，尤其是有争议性的话题。在面对任务难度增加而带来的论证挑战时，她也能努力克服困难，通过广泛、细致地查阅资料来实践"用事实说话"的理念。纵观她的三次有备演讲，其组织理据的能力不断提高，在相关性、准确性、逻辑性方面都达到了良好的水平，为她的每一次观点论证提供了有力的支撑。

尤其可贵的是，在她的期末演讲中，由于对同性恋婚姻合法化之争进行了多角度的信息搜集和相关思考，Sarah 不仅能够提出支持自己观点的理据，也回应了反方立场及其理据，表现出客观、理性的讨论态度。

若比较即兴演讲与有备演讲，Sarah 在有备演讲中所表现出的论证能力远远高于给定题目、无法依赖资料的即兴演讲。这一方面说明，充分的准备条件有助于她结合自身兴趣，发掘思维潜力；另一方面，也说明她还需要更多的积累和实践，从而在思辨能力上取得质的变化。

5.4　Mary：渴望成功的舞者

Mary 来自一个教师家庭。她从小就在多语言的环境中长大，英语启蒙较早，发音及朗读流利度都好于一般同学。家庭的熏陶培养了 Mary 对文学和艺术的爱好，从小熟读诗词和名著，并且在十余年中一直学习舞蹈。高中时因为健康原因她不得不放弃了舞蹈练习，这场变故对于曾经向往成为舞蹈家的年轻女孩不亚于人生中最大的一次考验。

在研究观察中，Mary 既表现出处于低谷期时偶尔显露的自卑，又有顽强不屈、努力改变自己的坚韧。在演讲选课申请中，她这样表明自己的人生态度，"A strong person should accept a real self and make a difference with perseverance"（一个真正的强者应当接受真实的自己，并通过坚韧做出改变。）在大学里，Mary 参加了中文辩论队。她也参加过校园演讲、辩论比赛，并获得过优秀奖和最佳辩手称号，这些活动都为她积累了宝贵的经验。演讲台上的 Mary 是自信并且自然的，她有悦耳的嗓音，诚挚的眼神，流利的节奏。但是在即兴演讲或者演讲答问时的在线语言产出中，Mary 会出现一些语法、用词方面的失误，一定程度上显现出语言准确性上的欠缺。

5.4.1 "惠特尼·休斯顿"：剪辑之惑

Mary 的说解性演讲介绍了在 2013 年辞世的美国著名歌手惠特尼·休斯顿（Whitney Houston）的艺术生涯，话题具有一定的新闻效度。在演讲内容安排上，Mary 选择了比较稳妥的结构策略，即按照时间顺序，讲述了惠特尼的成名道路以及婚姻中所遭遇的不幸，并在结尾处总结了她的影响力：1）在迈克尔·杰克逊之后为黑人流行乐开创新的市场；2）成为中产阶级黑人的代表形象；3）优美嗓音将被世人所铭记。

对于 Mary 提交的演讲初稿，我的第一感觉是内容过多地挪用了网络资料。经过后期比照，事实也证明，这篇演讲稿的绝大部分内容都来自 Nick Hasted 发表在英国《独立报》上的评论文章 "Whitney Houston: The Diva Who Had- And Lost- It All"。然而，将一篇数千字的报刊文章缩减成三分钟的演讲并非易事。Hasted 的原文以历时回顾为主，将惠特尼少年成名后的重要作品进行了介绍，同时还通过分析其酗酒、吸毒、婚姻等问题，阐述了这位女歌手不可避免的衰落乃至早逝的原因。受演讲时长和篇幅所限，Mary 未对参考文章的主旨进行提炼总结，而是选择性地摘引，这就导致演讲初稿连贯性不佳。例如：演讲开篇提出了"她的死难以避免"，但是演讲主体却以人物演艺生涯的过程为主要内容，只在靠近结尾处极为简短地提到"夫妻两人曾因携带毒品被调查"和"存在家庭暴力"；在结论中并未总结人物命运的悲剧性，而是提出一个新命题（惠特尼是中产阶级黑人的形象代表），明显干扰了演讲目的的一致性。

我将自己对演讲目的的质疑简要批注在反馈意见中。在其演讲二稿与三稿的修改中，Mary 逐步地做出调整，如将"中产阶级代表"这一说法移动到"艺术成就"部分；添加了衔接段落，其中包括"失败的婚姻带来艺术上的衰败"；

添加了引注（如区分演讲者自身与 Nick Hasted 的观点）；添加了惠特尼后期歌艺下滑的例证。出于对惠特尼的喜爱，Mary 最终将赞美和肯定其艺术成就作为结论。通篇来看，以上修改有效地提高了演讲的连贯性，同时也融于了演讲者自己的一些思考。

在正式发表演讲时，Mary 很好地发挥了口语优势，吐字、发音、节奏、生动性都比较引人注目，还因此获得了同伴的"本轮最佳演讲"选票。但是作为一个案例，该演讲也引出了一个在教学指导中值得注意的问题——在多大程度上"演讲"应与"朗诵"不同；教师应如何引导演讲者处理好"挪用"和"自创"的比例与关系。所幸的是，Mary 在演讲反思日志中也意识到了资料来源单一、话题新颖度不够的问题。在后期的有备演讲准备中，可以看出她为此做出了有意识的努力。

5.4.2　"简朴婚礼的中国梦"：独辟蹊径

Mary 的"中国梦"选题很有个人特色，她从山西煤老板花费 7 千万元嫁女的新闻入手，提出自己的演讲目的：倡议中国年轻人推行简朴婚礼（to simplify our weddings），回归纯真的婚恋观。这一选题与年轻的听众群体有一定的关联，并且在大多数演讲者关注政治、经济等宏大话题的情境下，体现出较为新颖的切入视角。

在演讲的主体部分，Mary 组织了三个段落（要点）：首先是当下社会中婚姻与经济条件紧密捆绑的现状，举出两个案例——从表姐的男友无力买房而导致二人分手，再到引起广泛专注的"马诺宣言"[1]；其次，利用统计数据，进一步指出过高的结婚条件导致了当代中国的剩男剩女现象，并特别说明，单身男青年求偶难不仅源于男女人口比例失调，还与女方家庭不断攀升的经济要求有关；第三，介绍了"裸婚"现象并表达了支持和赞赏。三个要点彼此独立，并分别得到了较为充分的理据支持。

在演讲的结语中，Mary 呼应了"我的中国梦"这一总主题，重述了中心

---

[1] 马诺：平面模特、演员，曾因在电视征婚节目"非诚勿扰"中说出"我宁愿坐在宝马车里哭，也不愿意坐在自行车后面笑"而被视为新一代"拜金女"的代表。

论点，并使用排比句式对其进行了阐发，即"简化婚礼"的真正目的是鼓励年轻人通过自己的辛勤工作创造美好未来：

> Above all, as Chairman Xi said: everybody should lead a wonderful life in the process of our country's development. I dream that our weddings can be simplified so that every boy can have a chance to marry the girl he wants. I dream that every wedding can be a witness of true love instead of a show of wealth. And I also dream, that our young people can be interested in making a better life through their hard work, rather than chase after the recreation and the existing easeful life.

从结构上看，这篇演讲首尾呼应，但从核心概念的角度，Mary 一定程度上将"降低结婚条件"与"简化婚礼仪式"划了等号，或者说，混淆了 marriage 与 wedding 的内涵。严格地讲，婚礼花费仅属于结婚条件的一部分，而且在现实当中，婚礼还意味着收取礼金这样的社会经济往来，而不单纯是为了满足"炫富"或者"娱乐"的目的。因此，"倡导裸婚"可能比"简化婚礼"更加适合作为该演讲的题目和中心主张。

5.4.3 "帮助天才少年"：逻辑连贯的错觉

Mary 所受的家庭教育中对传统文化以及价值观的重视比较清晰地体现在她的演讲选题中。在期末演讲拟稿初期，Mary 选择了讨论"中国父母应鼓励孩子学习传统书法"，并采用了课本所介绍的"优劣对比"的结构组织模式，将学习书法的好处和不学习书法的不良后果进行分列对比。我给她的反馈意见主要集中在听众分析和论证质量两个方面。首先，听众群体由年轻大学生组成，鼓励他们学习书法应比呼吁父母们教导孩子更有现实意义；其次，初稿中的分析还比较欠缺说服力，如次论点之间内容互相涵盖，对是否学习书法的利弊分析有较为浓重的功利色彩（如，不学书法就会在升学竞争中失利）。

在后期准备中，Mary 由于偶然的机会发现了更吸引她的话题，"需要帮助的天才少年"，遂放弃了原来的选题。在新的演讲选题中，她采取了"问题 - 成

因 - 解决方案"的结构策略，依次讨论了"天才所遭遇的心理问题"、"问题起因"以及"解决办法"。演讲拟稿阶段分为一稿和终稿，两稿之间无明显结构调整，终稿中添加了对每个要点进行支持的案例或数据。下面笔者着重分析其终稿（见附录 16）中的思路。

从整体结构上看，这篇关于"如何帮助天才少年"的演讲要点排列有序，并且演讲的开篇和结尾分别介绍了一名美国天才少年的不同成长阶段，形成很好的首尾呼应。主体部分的要点亦体现出 Mary 多角度分析问题的能力：天才被媒体过度关注，失去隐私空间（以天才少年宁波出家为例）；天才也需付出努力（以丁俊晖刻苦训练为例）；少年成名的天才在缺乏指导时，易陷入心理问题（斯坦福研究发现 1/5 天才为抑郁症患者）。这些次论点从三个不同的角度阐释了天才少年可能面临的心理压力来源，而与之相对应的是结论中的解决方案：给予天才隐私空间；给予他们更多的精神上的支持；不要对其失败采取嘲笑和批评的态度。上述策略分析说明，与第一次有备演讲相比，Mary 取得了结构安排及理据组织能力的进步。

但是，这篇演讲也存在经不起推敲的问题。首先，"天才"这一概念缺乏明确的定义，这导致高智商人才（如宁波）与年少成名的体育明星（如丁俊晖）被归为一个类别。而少年冠军的勤学苦练多大程度上可以解释其他天才们普遍面临的困境，成为演讲论证中的一个较为薄弱的环节。

另一个值得注意的问题是，Mary 已经具备良好的篇章结构意识，在首尾呼应的技巧上尤为得心应手——演讲开头以美国 14 岁天才少年 Taylor Wilson 的照片以及发明为引导，很好地抓住了听众的注意力；结尾处则出示 19 岁的 Taylor 因杰出成就而获得奥巴马总统接见的照片，与开篇形成呼应，再一次加强听众印象。然而，在这种成功的展示策略之下，却是案例相关性的不足——是什么因素导致 Taylor 避免了其他天才的悲剧？他在成长道路上得到过什么样有益的帮助和引导，因此值得借鉴？没有成功与悲剧案例的关联对比，Taylor 在演讲中的出现仅仅满足了形式上的需要。同样，由于对典型案例缺乏深入的分析，"解决方案"无法有针对性地提出家庭、教育机构、媒体、公众各自需要承担的职责，而只是采取了模糊的行为主体——"我们应当给予他们正确的引导和帮助"。

5.4.4　小结：进步中的瓶颈

从英语发音、流利度、感染力等演讲发表技巧来看，Mary 都具有较好的条件。在有备演讲的选题方面，Mary 从偏重借鉴现有视角到逐步有意识地规避雷同话题，展现出她独到的综合分析能力；在组织理据方面，她则经历了从依赖摘引到独立规划演讲内容的过程，积极采纳课程所介绍的组织策略，在结构上对演讲进行合理布局，并为自己的观点提供尽量丰富的理据，这不失为一种明显的进步。

在保持核心概念与演讲目的一致性方面，Mary 的系列有备演讲还存在进步空间——如惠特尼的艺术成就与社会影响之间的差别、婚礼与婚姻的不同、天才的类型差异等——如果对这些看似相近的概念不加区分，最终造成的是演讲目的及意义的混沌。这也形成了她在英语演讲课程学习期间较难逾越的一道瓶颈。

5.5　Mac：冷眼旁观的学霸

Mac 来自军人家庭，父亲是飞行员，母亲是小学教师。因为爸爸工作的原因，Mac 和妈妈曾随军到南方生活，中学以后回到华北省会城市定居。Mac 的父母比较开明，为他营造了一个宽松自由的成长环境，从小对他管束不多。爸爸爱看书，也使他从小"没事就看书"，特别是军事和历史方面的书籍。而因为妈妈在小学中担任过多个科目的教学，Mac 在年幼时得到较好的启蒙教育。

在中学里，Mac 学的是理科，但是他的科目成绩并不均衡。喜欢物理、生物和文科科目的他，却一度讨厌数学和化学，这成为他大学选择英语言文学专业的主要原因。Mac 的英语学习开始于小学六年级，起步比较晚。这在一定程度解释了他在英语发音和流利度上的欠缺。然而这并不妨碍他在班级中专业成绩名列前茅，"一直稳定在前三名"。不论是在 Mac 的自述中，还是根据课堂观察，他都是一个能够集中注意力、并且有良好的理解力的听讲者。"任何课程，只要不是讲得太烂的，我都会好好听。平时复习倒不见得多么用功，但是考试的时候都差不了，"在访谈中 Mac 如是解释自己的学习风格。从演讲选课申请中也可以看出，Mac 是以语言表述质量见长的学习者，篇章结构简约、流畅，用词与句法准确，还不乏幽默感。

吸引 Mac 选修演讲课的原因主要有两点，一是出于对优秀的演讲能力（自信、流利、睿智）的向往，二是将演讲视作学习英语的有效途径。但是真正进入演讲课堂以后，他却在大多数时候扮演了一个"边缘人"的角色。在讲座课上，他会坐在第一排，眼睛专注地看着老师，但是在演练课上，他会退回到后排，时而听听同伴的演讲，时而看看手机。按照 Mac 自己的解释，文学专业的演讲班中，只有他和另一名男生来自一班，而他俩都难以融于二班同学活泼热闹的氛围，"气场不同，融入不进去，也不想融入。"他没有太多的耐心去听那些"搞不清楚在讲什么的"同伴演讲。于是在大多数时间里，他选择"冷眼旁观"，选择性地聆听，有限地参与互动。

站在演讲台上的 Mac 给人的感觉是淡定从容。他不像 Danny 那样声情并茂，但是在平静中透露着自信。他没有非常吸引人的嗓音，英语口语节奏和语调略显平常、缺乏起伏，这一定程度上削弱了他的表现力，但是他的英语表达整体是准确流畅的，用词和句法方面的错误很少。

5.5.1 "电影制作"：幽默的光彩

Mac 提交的说解性演讲初稿题目是"critical thinking"，这正是出于他在参加本研究测试后对"思辨"产生的兴趣。在这篇基于百度和维基百科检索信息的演讲提纲中，Mac 将自己的中心论点确定为"Critical thinkers are open-minded, rational, and they think a lot."演讲的主体部分对应思维的开放性和理性这两项要点，进行了进一步展开说明，而"持续思考的习惯"则被放入结论之中，作为对听众的勉励。作为这份提纲的第一读者，我既为 Mac 的选择感到欣慰，同时也注意到一些问题，如格式方面最基本的字体、标点、编号、页面设置等虽已在课本内有非常清晰的范例，但是 Mac 似乎完全不在意。在我做出的9 项反馈批注中，5 项是对观点及理据的评价和建议，其中对合理的要点提出了增加例证的建议，对相关性弱的要点提出了质疑，同时对要点之间的关系也提出了问题（见附录 13）。

令我稍感意外的是，两周以后，正式演讲之前，Mac 提交了一个全新题目的演讲提纲终稿——"电影是怎样拍成的"。在之后的反思日志中，Mac 坦承，换题主要是因为"在搜集资料的过程中发现（思辨）这个概念并不清晰，所涉及的内容比较繁杂，所以改为较简单的 movie-making。"虽然和 June 一样，在临近演讲时因现实因素改换题目，但是 Mac 并没有像 June 那样具备查阅和整合资料的热情。这份介绍电影制作流程的演讲只有一项文献出处："维基百科：词条'movie'"。演讲将电影拍摄分为筹备、拍摄、后期制作三大步骤，对电影团队中的分工角色进行了介绍。演讲的内容通俗易懂，衔接连贯。

Mac 的演讲发表比较成功，虽然在发音和流利度上并不占优，但是他却以独树一格的幽默令同学们笑声连连，例如开篇他问大家："What would you do if you are sad?（听众甲：Cry.）I would see a movie. An amusing movie can… And if you are down, what do you do? I will watch a movie again（听众笑）. Movies can be…"在演讲的过程当中，当说到电影拍摄，即"shooting"的时候，他也利用了这个词的多义特征，摆出了一个洒脱的射击动作。

在大多数同学都感到畏惧的答问环节，Mac 表现得镇定、自信。针对他所提出的"在电影筹备阶段，钱的作用非常重要"，听众纷纷质疑这一观点的"政治正确性"，并指出"小成本电影，如《泰囧》，也可以很成功。"对此，Mac 毫不迟疑地回应说："钱，很重要。假设《泰囧》的成本是 300 万元。我们可以肯定，这部电影可以更加精彩和成功，如果你在这个数字后边再加上一个零。更多的资金意味着更好的编剧、更好的设备、更好的后期制作。钱不是一部电影的绝对保障，但是它可以帮助提高一部电影的质量"（转引并翻译自 2013-3-26 演讲录像）。

在此次演讲的反思日志中，Mac 提到了演讲提纲对自己的帮助，"体会到这种方法在形成一篇有条理的讲稿上的巨大优越性。"同时，他对自己的选题感到不够满意："总觉得没有抓住最最适合讲给大家的点，担心所讲无趣且多余。应该使用了解较多的事物作主题；应该试着自己交换角色，以听众的角度看稿子；应该适度寻求他人建议。"在观看演讲录像以后，Mac 也肯定了自己的演讲给听众带来了一定的愉悦感。

5.5.2 "关注流浪儿童"：情感与事实的交融

在准备"我的中国梦"演讲时，Mac 和许多同学一样，选择了关注中国社会中的弱势群体，尤其是儿童。他的选题理由很简单也很明确，"一切与孩子有关的都非常重要，因为儿童和教育是根本。"Mac 将演讲题目定为"No More Beggar Children on the Street"，并采用了"问题 - 原因 - 解决方案"的结构策略。在"问题"部分，Mac 给出了令人震惊的事实数据："中国大陆共有 150 万流浪儿童，其中 80% 从事与盗窃或抢劫有关的非法活动……75% 的流浪儿童在乞讨两个月之后就会涉足非法行为。"对于原因分析，Mac 给出了贫困、拐卖等社会问题，而方案是"全社会联手，共同守护儿童权益。"

这次演讲中的最大亮点是 Mac 尝试突破自己原有的风格，"在开始和最后都加上了感情渲染的语句"（2013-5-10 反思日志）。这些打动听众情感的语句摘录如下：

> There is a group of them who live at the bottom of our society. They are the vulnerable of the vulnerable, isolated from the protection of law. Their experience is worse than their peers' imagination. They can't even have their basic human rights ensured. They are the beggar children.
>
> …
>
> Now, outside on the street, the future of our country is begging, starving, some even, bleeding. We should join our hands, the government, the media and everyone in the society. We all have the responsibility to guard them—guarding them is guarding our future.

然而，Mac 的这篇演讲并未采用准备提纲的格式，而是一篇 371 字的文稿（见附录 14）。演讲中的数据没有给出明确的出处，演讲的结尾也未涉及具体的实施方案。据 Mac 在访谈中介绍，他的演讲稿是在发表前日一气呵成的，并未经过大的改动。从篇章结构来说，可以推断 Mac 有良好的整体规划能力，即使在拟定初稿的时候，他也能有效地自我监控和调适，有意识地规避概念模糊、推理不当等问题，这与他在即兴演讲中所表现出来的思维风格是一致的（见第六章）。也是从这个阶段起，Mac 对待演讲任务似乎有了一种"达标就好"的态度。他已经证明了自己具备在几个小时内拟定一份演讲稿的能力，"首尾呼应、给出理据、最好要有三个要点"对他而言是不难达到的要求。而需要更长时间查阅和思考的"解决方案"在短时间内无法形成，就成为遗留在演讲中的一个软肋。

5.5.3 "票房的意义"：务实的决策者

在期末演讲之前的话题小组讨论中，Mac 提交的题目是"禁止电动自行车"，这是他从新闻中随意找来的题目。在课下的邮件交流中，我对该话题对听众的意义提出了质疑，并且试图鼓励他从自己的兴趣爱好出发，结合时事，发掘更有吸引力的演讲话题。因为知道 Mac 喜欢音乐、电影和体育运动，我在邮件中举了两个例子，一个是中国电影市场的票房崇拜，一个是英国球星贝克汉姆访华所引起的媒体骚动。我的本意是以此为启发，推动 Mac 去发挥自己更多的创造力和想象力。

最终，Mac 再次选择了难度不大的演讲目标。他的说服性演讲初稿提纲非常简略，其核心目的被确定为"It is unfair to judge all movies by its box office"（以票房数额评价电影质量不可取）。提纲中仅列出了三个要点：1）不是所有电影都适合影院播放（喜剧、特殊视觉与声效设计的电影更为适合）；2）迎合观众兴趣的电影容易获得高票房，但是未必是好电影；3）在电影质量以外，影响票房的因素还有很多。对此，我提出了三方面建议：希望能够提出评判电影的合理标准；多填充适合于听众接受的例子；考虑使用图片展示来增加视觉效果。

在这份演讲的终稿中，Mac 的三个要点保持不变，但是添加了"票房"的定义，并引用多个听众熟悉的电影作为例子，如《致青春》、《阿凡达》、《泰囧》、《少年派的奇幻漂流》、《北京遇上西雅图》、《1942》——每一部电影在演讲中都被恰当地用于说明某一观点，如影院观众大多以娱乐休闲为观影目的，因此写实性的历史灾难片《1942》与糅合了当代元素的喜剧《泰囧》相比，前者的票房吸引力无法与后者抗衡。但是令人感到遗憾的是，演讲末尾仅以"影响影片质量的因素不只是票房"为结束语，给人留下了意犹未尽的感觉。

对于演讲后的同伴提问，Mac 虽然能够从容应答，但是并没有给听众提供多少富有启发意义的新信息：

Q: What is a good movie to you?

A: Let me ask you. What is good food? What is a good guy? If you could answer my question, I could answer yours. (听众笑)

Q: There has to be some general, basic standards for good movies. Just tell us your standard.

A: OK. First I think directors and stars should be a standard for evaluating a movie. If a movie is bad, big stars won't perform it, and big directors won't set their hands on it… and the music can also tell about the taste of the film and director.

Q: Give us an example of your favorite movies. Name one.

A: *Avartar*. I love *Avartar*… The 3D is awesome.

…

在以上的答问回合中，Mac 试图以"人各有爱"为理由回避有关电影评价标准的问题，并最终给出了依据参演明星及导演名气进行衡量的标准。这个回答隐含了"明星和大导演总是能够准确地预估一部电影的价值"这一预设，加之没有对"明星"与"大导演"进行明确的界定，这样的建议与演讲中所主张的"票房不能决定电影价值"存在相互的矛盾。这在一定程度上也说明，他并未对自己选择的话题进行足够深入的思考。

5.5.4　小结：未被充分开发的潜质

在选择有备演讲的话题时，Mac 采取了较为务实的态度，除了第一次说解性选题曾经尝试有挑战的题目之外，其余大多选择了自己认为较易掌控的话题，为此不惜两次讨论电影话题。与同伴的选题相比，他在听众分析方面思考得不多，保全了相关性，却没有更多地发掘演讲对听众的启发意义。

作为一个在思辨客观前测中取得高分的学习者，Mac 在有备演讲中整体表现出思路清晰的特点——在安排要点与中心论点、理据与要点关系方面，合乎逻辑并且具备说服力。纵观三次演讲，他所使用的理据丰富度有逐步递增的趋势，特别是在期末演讲中所选的中国当红电影案例，有效增强了与听众的相关性。在演讲发表过程中，Mac 也发挥了富有个人特色的幽默感，较好地调动了现场气氛，并且总是能用简洁明了的语言表达出自己的看法，准确、敏捷地回应提问或者质疑。

但是，由于准备时间的仓促，Mac 在这篇演讲中放弃了曾经让他认为很有效的演讲提纲方法，代之以普通的演讲稿，导致各个段落主题句表述不够明晰，尤其演讲结尾"电影的价值不应也不会由票房决定"，给听众造成思路不完整、意犹未尽的感受。

作为有着思辨能力高起点的学习者，Mac 在整个演讲课程学习过程中保持了较为稳定的状态。但种种迹象表明，他在有备演讲中并未完全发挥出自身的潜力。在访谈中他坦承，他通常会在演讲前一天利用一个晚上的时间上网查阅资料，拟定讲稿内容，成稿后朗读几遍以熟悉内容和结构，第二天再在课前用十几分钟记稿，就可以登台了。这样的准备模式为进一步改稿和发表时的视觉呈现都没有留下余地，自然难免留下遗憾。关于学习动机和学习策略的分析，笔者将在第七章中展开论述。

5.6　Iris：锐气内敛的辩手

Iris 来自重庆，成长于一个典型的教师之家，"爷爷家全是老师，从幼儿园到大学，而且基本都是教文科。"同为政治老师的爸爸妈妈习惯使用哲学术语与她交流，也培养了她措辞清晰准确、考虑问题比较全面的特点。在她的记忆中，妈妈是严于律己的工作狂和女强人，爸爸则温和而顺其自然。这两种性格似乎很自然地融合在她的身上。

进入大学以后，Iris 觉得自己最大的收获是"学会了独立和与别人相处"。在大学的前两年，"虽然学习还很重要，但不是生活的中心，"她参加了学院青年志愿者协会和校学生会宣传部，为各种活动付出了不少时间和精力。在业余时间里，她还学习吉他以及法、日、韩等多门外语。但在进入高年级之前，Iris

开始重新调整自己的"发展规划"，逐渐从社团活动中退出，专心回到翻译专业的学习，并为保研做准备。

Iris 曾经参加过两次校际英语辩论赛，从现场实践中学到了宝贵的论证经验。她这样总结自己的感想和收获：

> 第一，有逻辑。最大的收获就是不论是辩论还是演讲，或者哪怕是平时与人交流，最重要的就是要别人能够听懂……而且观点与观点之间要有衔接而不是交叉重复。第二，分主次。拿到辩题时，我擅长从正反方的各个角度将问题剖析展开，但问题在于有时候点太多、时间不够……所以我学会了主次要分明，哪怕只讲一个论点，但是一定要专注地将这个论点讲清楚。第三，对比例证。记得有次辩题是服务业女性成员居多，是一种类似 seduce（引诱）的方式。最终我和搭档所代表的反方获胜，裁判点评说并不是因为我们直接有效地驳回了正方提出的穿短裙、低胸衣服等是 seductive 的行为，而是因为我方举出的某位旅客奔波劳累后，入住酒店看到微笑而亲和的服务时的真实感受，引起了裁判的共鸣。（转引自 2014-2-8 电子邮件）

不论是在课堂观察中还是课下的访谈，Iris 给我的印象始终是文静内敛，并不像一个剑拔弩张的辩手。在描述自己时，她表现出很强的自律，她对事实与观点有明确的区分意识，她要求自己耐心地听别人讲话，"自己道理不足的时候应当承认"。她希望自己做一个"波澜不惊的人"。但是她也谈到，平日和同学讨论问题的时候，她"喜欢有人和我争"，而那个常常和她争的人正是同宿舍的好朋友 June——"我们俩必须在一个组，要不然我们组就是我说什么就大家都同意，她的组就她说什么都算。"两位女孩都相信，观点的碰撞能产生更好的想法。而选择进入演讲班的主要目的对于 Iris 来说，就是为了让自己具备更多迎接挑战的勇气，为了成为一个"更好的自己"。

5.6.1　"热辣重庆"：慢工出细活

和 June 一样，Iris 在开学之初的说解性演讲也选择了介绍自己的家乡文化。

而在这篇演讲连续三稿的修改过程中，我们可以看到重庆这座火辣辣的城市如何在 Iris 的构思里逐渐丰满和立体起来。

在最初拟定的第一稿中，Iris 对重庆的介绍主要分为两个部分：炎热的天气和辛辣的食物。关于天气，Iris 呈现了气温数据并且分析了重庆炎热气候的特征；食物部分则以介绍火锅为主。两个部分被同一个英文关键词串联在一起：hot。这是一个中规中矩的结构安排，信息为大家所熟知，没有明显的"兴奋点"。在一周后提交的第二稿中，Iris 对内容进行了调整：第一部分改为"火辣的重庆人"，气候仅仅成为引出重庆性情的引子，并且利用 hot 一词的多义特点，Iris 着重介绍了漂亮的重庆妹子；第二部分保持不变。

作为助教，我给 Iris 提出的建设性建议并不多，只是提出了少量语言表述方面的修正意见。但是 Iris 对自己的作品却保持了不断修改的热情。在演讲发表前的第三稿中，她进一步调整了对"重庆人"的介绍方式，采用了由内及外的手法，先介绍重庆人豪爽好客的性情，再描述重庆美女的特点，并幽默地将气候用于解释美女的成因。为能让信息给听众留下更为深刻的印象，她还在这个部分使用了网络选美的调查结果。关于重庆美食，Iris 也扩充了内容，从火锅的种类划分到南北火锅比较，从火锅与气候的关系再到饮食文化的解读。

而在演讲当日，Iris 还灵机一动，在开篇添加了新内容。她以轻松自如的心态，即兴引用了同伴刚刚发表的演讲中与重庆相关的内容，邀请大家与她一起了解这座城市中热情的人们和火辣的食物。手持提前准备好的提示卡，Iris 清晰流利地发表了自己的演讲，那些有趣的细节引起了大家的阵阵笑声。在演讲之后的答问环节，围绕"美女"和"美食"，同学们又提出了更多的问题，Iris 均从容作答。

在此轮演讲结束后的反思日志中，Iris 认为自己最明显的收获在于通过撰写准备提纲，明晰了主题与要点、要点与例证之间的层级关系，"演讲内容既要逻辑清楚、内容详实，又要生动有趣、明白易懂。"她还总结经验，指出在不能确定二级标题或者例证时，"确定一个明确的主题很重要，从主题发散思维，尽量多找相关话题，查找数据。"回顾上文中所分析的改稿过程，这种"发散"的努力恰恰解释了 Iris 的演讲由单薄到丰富的过程。

5.6.2　"政府诚信的中国梦"：理性态度

激发 Iris 在"我的中国梦"演讲中讨论政府诚信问题的是发生在 2013 年
4 月 20 日的雅安地震。地震后的报道令她联想到当今社会的公信力缺失问题，
"一方面人们希望政府能够在医疗保险、抗震救灾等方面做得更好，另一方面
人们却又不相信政府，有的人甚至只是一味地指责……'中国梦'是一个关于
一个更美好的中国的宏伟梦想，而我的中国梦就是，通过雅安地震后政府的反
应以及其他方面政府所做出的成就，希望中国人民能够更客观地认知到政府的
进步，更相信和支持政府，从而人民和政府一起努力，为中国创造一个更美好
的未来"（摘引自 2013-5-10 反思日志）。在反思日志中，Iris 还提到一个选题原
因，"同学们应该不会选择政治话题，我也想借此挑战一下。"

在这份 633 字的演讲提纲中，Iris 以雅安地震为引言，在主体部分首先以
"表叔"[1] 等负面案例分析民众对政府信任不足的原因，然后针对地震灾害后的政
府反应，引用中外不同媒体的报道，呈现政府的积极行动，对其进行全面客观
的评价，最后提倡民众与政府共同努力，重建信任。整个演讲融合了事实依据
与情感烘托，体现了不受公众舆论牵制、理性思考的态度。

在这份演讲中，Iris 实践了对自己提出新挑战的想法——从第一轮演讲中
轻松愉悦地介绍地方风土人情过渡到严肃社会话题的讨论。和同伴们相似的一
个问题是，Iris 的这篇演讲没有提出针对具体行为的可实施意见——除了付出
信任，民众如何帮助政府增强其公信力；肯定政府在救灾工作方面的业绩与相
信反腐举措必定成功二者之间的相关性需要进一步讨论。

5.6.3　"性教育改革"：他山之石

"性教育"是 Iris 很早就确定想在期末演讲中讨论的问题，其中一个很大
的原因是她从小一起长大的一位朋友不幸感染了艾滋病。她对这个话题有过持

---

[1]　"表叔"事件来源是在 2012 年陕西省延安市发生的特大交通事故现场照片中，省安监局局
长杨达才因面带微笑引发网友不满。此后，杨被网友"人肉"出在不同场合先后佩戴不同
品牌款式的名表，总价值超过 20 万元。杨达才因此被戏称为"表叔"。

续的关注，也意识到这个被媒体多次提及的话题是为听众所熟悉并且在一定程度上缺乏新颖性的。但她依然觉得这是一个值得探讨的话题，因为由于性教育匮乏而导致的社会问题在今天的中国依然很严重。

Iris 提交的演讲初稿采取了"问题 - 成因 - 解决方案"结构策略，将演讲主体分为三个部分：1）性教育匮乏在中国引起了严重的社会问题（如堕胎、艾滋病、性犯罪、心理问题等）；2）引发问题的两个主要原因（传统观念；媒体中的误导信息）；3）解决问题需要学校教育的介入（性教育内容；性教育时间段）。在给 Iris 的助教反馈中，我首先肯定了她对现存问题的归类"非常有条理"，同时指出第二部分的原因与第三部分解决方法之间结合不够紧密，其中还包含了一个不甚恰当的预设，即"中国学校没有提供性教育"——而实际情况是，学校提供了性教育但效果不佳。

经过一个月的搜集和整理资料，Iris 确定了她的终稿。演讲的整体结构保持不变，但是进行了较多的局部调整，这其中包括：第一部分，将性教育匮乏所引起的问题重新排序，将危害最大的性侵犯放在最前，艾滋感染、堕胎、心理问题依次在后；第二部分首先以数据说明，只有 1% 的人依靠父母和学校获得性知识，继而分析正常渠道性教育匮乏的原因；第三部分借鉴和参照发达国家的做法，提出分阶段进行系统性教育的方案，如从小学四年级开始性教育，从小学到大学设立层级性的教学目标，并给出了相应的实例。

比较 Iris 的初稿与定稿（见附录 17），最明显的变化是在理据的丰富性和演讲目的一致性方面的改进。理据涉及案件、问卷调查结果、权威报告等，为论证起到了有效的支撑作用。在反思日志中，Iris 也提到，这些资料并非随意找来，而是经过了对可信度、相关度的有意识的检验。她也根据理据的充分性，对可能的立场进行了权衡，最终确立了改革我国青少年性教育的实施建议。为了增强演讲对听众的感染力，她不仅引用了朋友的遭遇作为开篇，还在演讲结束时展示了一副艾滋病患儿的绘画作品，以富有感情的方式呼吁建立有效的性教育机制，以保护未成年人的健康成长。

5.6.4　小结：于"发散"中"聚焦"

纵观 Iris 的三轮有备演讲，其选题意义一直保持着持续的进步——从结合自身身份特征与便利信息，到探索大多数同伴选择规避的政治话题，再到提出基于个人关注和社会现实问题的教育改革方案，Iris 有意识地对自己不断提出新的挑战。她也是 6 名个案中唯一一个未经教师指导、独立确定所有演讲选题的学习者。

在演讲拟稿的"研究"阶段，Iris 善于"发散思维"，即多角度地搜集与话题相关的资料，在检验其可信度与相关性的基础上，确定中心论点和相应的要点。在"论证"阶段，她也能做到对段落主题进行逻辑性组织，并对推理过程进行清晰的呈现。

就"反思"能力而言，Iris 善于任务规划，在第一、第三轮演讲中能够通过多稿修改来检验逻辑推理以及演讲目的和核心概念的一致性（"我的中国梦"由于准备时间紧张，论证结果较为薄弱）。在预演和发表阶段，Iris 在节奏的掌握、视觉辅助的使用、预测和回应听众提问方面，都达到了良好的效果。

与同伴们相比，Iris 具有综合实力强的特点，她不仅在英语发音、流利度、准确度方面达到较高水平，同时在思辨客观测试中始终保持在高分段。在有备演讲任务中，与同为思辨高分获得者的 Mac 相比，对任务的重视和准备的细致程度给予了 Iris 领先的机会——在选题的意义和难度方面，她比 Mac 更愿意探讨现实问题，并积极地讨论解决方案；而 Mac 则倾向于满足个人兴趣，并且有意规避任务难度。

5.7　结语：思辨能力发展的复杂性与层级性

本章通过分析和评价 6 位演讲学习者在不同阶段完成的系列有备演讲，描述了他们在各任务阶段所表现出来的思辨分项技能特点及变化——如确定选题、查阅并筛选论据、组织论证、检验逻辑推理、反思演讲目的及概念一致性、应对提问及质疑的能力等。从整体而言，6 位学习者取得了多个方面思辨技能的进步，其中较为一致地体现在进行听众分析的意识和方法、检索和筛选信息并以理据支撑论断、根据演讲目的选择结构策略等。

在整体进步的概貌之下，6 位学习者的思辨技能也呈现出不均衡的发展轨迹。以思辨客观前测的得分为假定起点，本章将 6 位学习者每两人归为一组。通过系列有备演讲分析发现，虽然经历了相似的教学指导，相同的思辨能力起点却并不意味着相似的思辨技能变化轨迹。例如，在选题方面，并非所有的学习者都能做到不断加强其演讲目的的现实意义，即能否针对现实存在的问题，提出对改善现状有所帮助的方案及理据。作为演讲初学者，大多数研究者会倾向于从个人兴趣（如 Mac 的电影选题）或自身便利条件（如 Iris 的重庆介绍）出发来选择演讲话题。而更加注重演讲意义的学习者则能从听众的兴趣及认知空白的角度去选择话题（如 Sarah 的"快乐荷尔蒙"和 June 的纳西文化介绍）。随着演讲学习的推进，特别是在说服性演讲阶段，能够有意识地摆脱对"信息便利"的依赖而选择在演讲中讨论有现实意义的话题，则决定了一位演讲学习者是否能达到思维层级的深刻性和灵活性——June 关于"大学生实习"及 Sarah 关于"同性婚姻合法化"的说服性演讲都是较为典型的例子；相比之下，Mac 的话题选择则反映出一定程度上的思维懒惰，他的期末演讲虽然纠正了一个可能存在的观影误区，但是并未对听众的影视鉴赏提出有启发意义的参考意见。

另一个值得注意的是思辨能力发展中的"瓶颈"现象——学习者在达到基础认知标准后难以再有新的突破。以推理论证能力为例，学习者树立"以事实说话"的观念并不困难。在具体操作层面，有备演讲中的文献列表、文内引用、要点划分等格式要求在一定程度上能够帮助他们达到形式上的准确与合理，但是核心概念的清晰性、要点之间的逻辑关系、演讲目的的一致性仍可能出现不易被察觉的问题——如 Danny 对"正能量"、"健康"等概念的泛化处理、Mary 以形式上的首尾呼应代替内部逻辑的结构策略。

在研究过程中，笔者发现，利用"精晰性 - 相关性 - 逻辑性 - 深刻性 - 灵活性"（文秋芳 2012）的思辨认知标准可以较好地解释学习者思辨技能的发展层级规律。对于所有的演讲学习来说，清楚地表达演讲的目的和中心观点、提供准确的论证数据（精晰性）都是首先应当达到的基础要求；在此基础之上，论据是否与演讲目的相关、推理过程是否合乎逻辑是进一步的思辨能力要求

（相关性与逻辑性）；最后，演讲的目的是否具有深刻的启发意义、论证过程是否公正（深刻性）、是否能够多角度考虑问题，尤其是考虑对立立场的理据（灵活性），是对思辨者更高的要求标准。以 6 位学习者的期末演讲为例，Sarah、June 和 Iris 都较好地达到了现阶段演讲课程中对有备演讲任务所提出的思辨能力层级要求。Danny 和 Mary 在逻辑性方面仍有一些困扰，而思辨能力处于高起点的 Mac 则在任务完成过程中未能超越逻辑性，在深刻性方面有待进一步提高。

在系列有备演讲任务之外，本研究还设置了定题即兴演讲测评以及思辨能力客观测试，通过控制环境变量和量化评分的方式，从其他角度观察 6 位演讲学习者思辨能力的变化，详见下一章数据分析结果报告。

同时，本章的分析也展示了在真实的学习环境中思辨技能的培养是一个复杂的过程，受到指导方式、任务难度、非智力因素等多方面影响。在本书第七章，笔者将借助教育心理学理论，尝试对影响演讲学习者思辨能力变化的各类因素做出较为系统的分析。

第六章　学习者思辨能力变化（2）：
基于客观测试与即兴演讲测评

在本章中，笔者将呈现思辨能力客观测试和定题即兴演讲的测评结果，描述学习者在演讲课程开始和结束两个时间点上的思辨能力差异变化。笔者还将选择学习者的同题演讲内容，对其思辨技能进行分析和比较。

6.1　思辨能力客观测试

思辨能力客观测试的前测和后测分别在学期的第 1 周和第 16 周进行，两次测试均采取了课外进行、自愿参加、计时付酬的方式。在全体 38 名演讲课程参与者当中，按要求完成前测和后测的学习者共计 25 名，因此前后测成绩中的"班平均"是基于这些参试者得分进行的计算。上一章中，表 5.1 已呈现了班级客观测试前后测的差异（P=0.059），接近但未达到显著变化。本章将主要聚焦个案学习者思辨技能的发展与比较。

6.1.1　客观测试总分前后测对比

本研究的 6 名个案学习者均参加了前后测。原测试题满分为 40 分，为便于展示，笔者将其转换为百分比，并将各位学习者的得分及班级平均分列入下页图 6.1。由图中可以看出，在一个学期的学习之后，班级思辨能力平均分呈小幅上升（由 .55 提高到 .62）。在 6 位学习者当中，除一人（Danny）以外，前后测得分均有不同程度的提高。这一结果可以说明，在 4 个月左右的时间内，演讲课程学习者普遍取得了思辨能力的进步，但是进步幅度有限——这和大部分前人研究的结果相符（见 Niu et al. 2013）。将个案学习者进行内部比较还可以看出，在前测中得分率在 50% 上下的中低分段学习者（Mary、Sarah、June）进步较为明显，提高幅度达到了 5%-11%，这也符合中等程度学习者通常具有较大上升空间的教学实践观察。

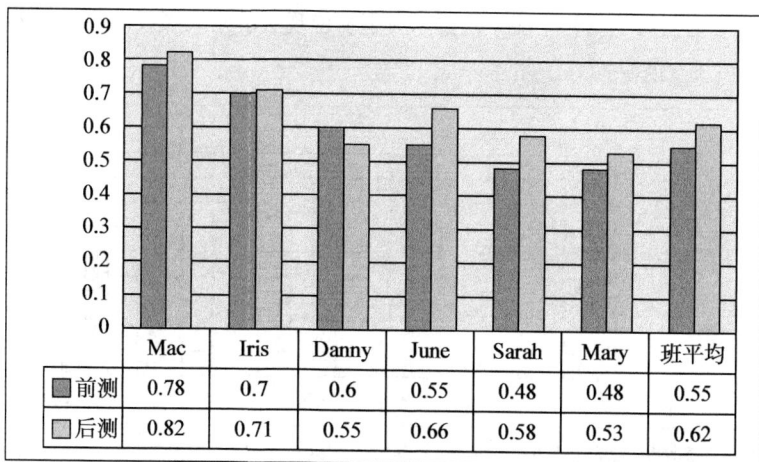

	Mac	Iris	Danny	June	Sarah	Mary	班平均
前测	0.78	0.7	0.6	0.55	0.48	0.48	0.55
后测	0.82	0.71	0.55	0.66	0.58	0.53	0.62

图 6.1　思辨能力客观测试：个案学习者总分前后测对比

按照测试学中区分度的计算方法（Brown 2006：68，转引自文秋芳 2012：86），笔者将得分在全体参试中居于前 27% 的学习者归入"高分段"，得分在后 27% 的归入"低分段"，其他为"中分段"。在 6 位个案学习者中，4 人所处分数段在前后测中未发生变动：2 人（Mac 与 Iris）保持在高分段，其中 Mac 两次测试均获得最高分；Danny 保持在中分段；Mary 保持在低分段。另外 2 人后测较前测取得较为明显的进步：June 由中分段提升至高分段，而 Sarah 由低分段上升至中分段。

在思辨测试总分以外，笔者又按照该测试的题型划分将具体考核的思辨能力归并为"分析"、"推理"、"评价"三类分项技能（见表 4.3）。考虑到"图表题"主要考核从数字形式的信息中推断结论的能力，因此将其并入了"推理"能力。"实验报告"根据题目的具体考核点归入"推理"或"评价"。为方便比较，分项得分都换算成为百分比。下页图 6.2 展示了各位学习者的思辨分项能力前后测对比以及与班平均的比较。

6.1.2　分析能力前后测得分对比

分析技能的考核题型（共 9 题）主要是识别预设、匹配推理、匹配概念。

前两者主要关涉对"推理"步骤进行解析，明确论断中前提与结论的关系，而匹配概念则接近"阐释"能力，要求对事物或现象的定义形成准确的理解（详见表 4.3 示例说明）。

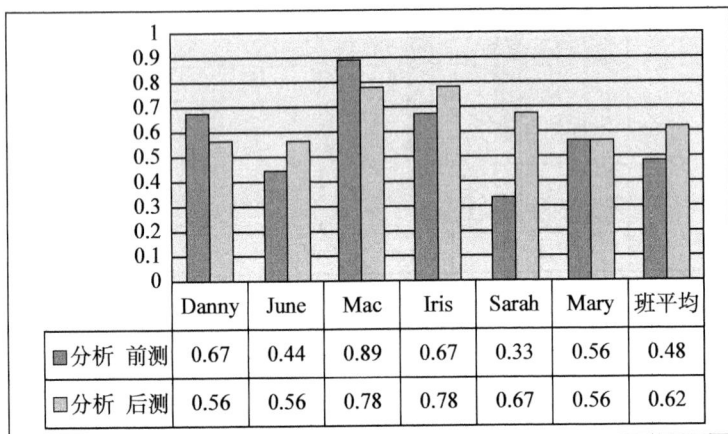

	Danny	June	Mac	Iris	Sarah	Mary	班平均
■分析 前测	0.67	0.44	0.89	0.67	0.33	0.56	0.48
□分析 后测	0.56	0.56	0.78	0.78	0.67	0.56	0.62

图 6.2　思辨能力客观测试：个案学习者分析能力前后测对比

由上图可以看出，分析能力的班级平均分整体提升了 14%，取得了较为明显的进步。在演讲课堂的思辨讲座中，笔者依据"思辨三元结构模型"，分别介绍了八个思维元素（目的、问题、概念、视角、预设、信息、推理、预见）及其监控标准。其中，对于预设（assumption）与推理（inference）的讲解都直接与分析能力测试内容相关。了解"预设"是"使一个陈述成立的前提"[1]，并且在课堂教学中通过实例进行论断的预设分析，有助于学习者在后期的测试中提高选择的准确性。而对"推理"的类型分析（如归纳与演绎）以及对推理谬误的介绍也有助于学习者在测试中更为有效地匹配潜在规则相似的错误推理。

个案学习者分析能力测试结果还表明，1 人（Mary）无变化；3 人（June、Sarah、Iris）进步明显，其中在前测中得分最低的 Sarah 进步最为显著。其他两人（Mac 与 Danny）有所下降，但在班级内部基本保持在原有分数段，如 Mac 在后测中仍然保持了分析能力的最高得分。分析类题型共有 9 题，11% 的分数下降意味着后测比前测多错了一道题。

---

[1]　在思辨客观测试题册的第一页，研究者提供了三道示例题，其中包括对"预设"的解释，但其提示效果不如教学干预那样明显。

6.1.3　推理能力前后测得分对比

与推理能力有关的思辨测试题型（共 12 题）主要包括从文字信息中推断隐含观点、数字推理、形式推理等。其中，推断隐含观点是思维活动中普遍存在的练习形式，因此难度相对较低。数字推理以及形式推理则与演讲学习者的日常学习关联不大，在本课程的思辨讲座中也未涉及，因此其测试成绩更多地依赖前期已经形成的认知能力。这也解释了该类型测试结果在短期内保持恒定的原因。从图 6.3 中的班平均来看，推理能力仅取得了 4% 的微弱提升。

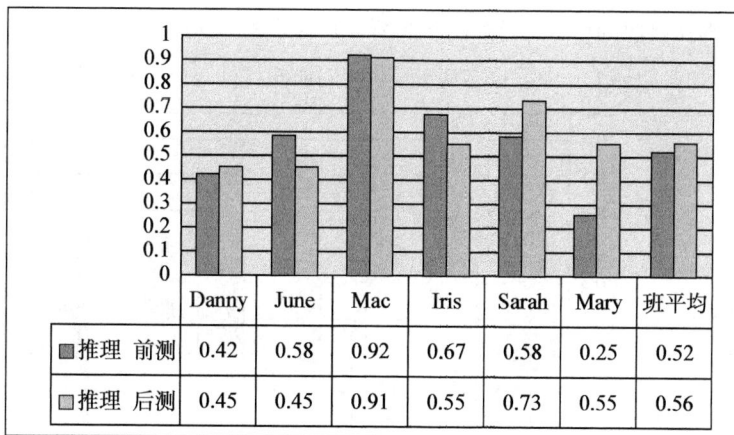

	Danny	June	Mac	Iris	Sarah	Mary	班平均
■ 推理 前测	0.42	0.58	0.92	0.67	0.58	0.25	0.52
□ 推理 后测	0.45	0.45	0.91	0.55	0.73	0.55	0.56

图 6.3　思辨能力客观测试：个案学习者推理能力前后测对比

就学习者的个人得分来看，Mac 在前后测中保持了推理能力的优异表现，在同伴中遥遥领先。前测得分最低的 Mary 取得了最为显著的进步；Sarah 在取得分析能力进步的同时，推理能力也获得了 15% 的提升；其他三位学习者中，Danny 略有提升，而 June 与 Iris 则有所后退——June 在数字推理题后测中失分明显加大，说明其计算能力基础较弱，而 Iris 在数字推理前测中获得满分，后测则分别在推断观点、数字推理、形式推理中各有 1 题的额外失分。

6.1.4　评价能力前后测得分对比

在思辨能力客观测试中，评价能力题型（共 19 题）主要涉及评价推理正确与否、判断论据对结论的加强或削弱作用、根据争论内容评价结论等。这一题型题量最大，对参试者的综合思辨能力也提出了更高要求，如"评价推理"的选项不仅需要判断正误，并且须指出正确或错误的原因；"论据对结论的作用"则考验参试是否具备逆向思维的能力，判断理据对于结论是加强还是削弱的作用；此外，"争论"题型则与现实生活场景结合紧密，其中涉及机动车限行、冒用身份证、房产加名税等当代社会热点问题讨论，与学习者的常识（world knowledge）和平时思考问题的广度及深度都有关系。笔者同时认为，评价能力在整体上与学习者反思能力有相关性——良好的评价能力有助于演讲拟稿者对所接收的信息进行甄别和判断，并有效规避自身推理中的错误；在即时互动（如答问环节）中，也有利于演讲者对听众提问与质疑做出准确的回应。

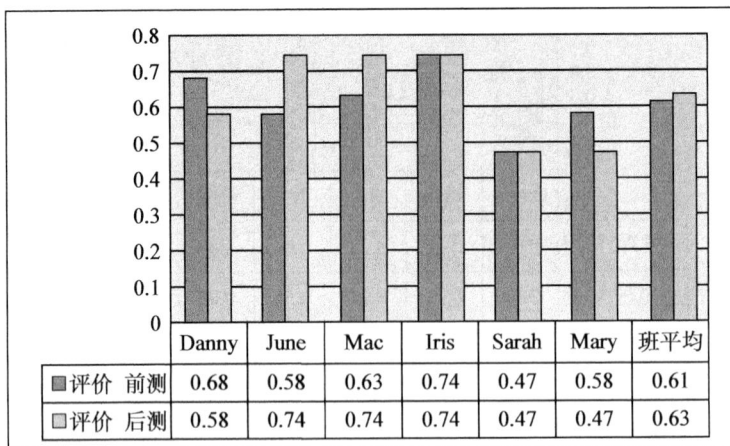

	Danny	June	Mac	Iris	Sarah	Mary	班平均
■ 评价 前测	0.68	0.58	0.63	0.74	0.47	0.58	0.61
□ 评价 后测	0.58	0.74	0.74	0.74	0.47	0.47	0.63

图 6.4 思辨能力客观测试：个案学习者评价能力前后测对比

从图 6.4 可以看出，与分析和推理能力相比，前测中的评价能力班平均分最高（.61），在后测中提升幅度却最小（2%），说明学习者此项能力的总体水平达到了中等水平，并处于较为稳定的状态。在演讲课程中，思辨讲座未涉及逆向思维训练，但涵盖了逻辑谬误的常见类型及示例；而抽选题即兴演讲练习（话题见表 4.5 及附录 4）与客观测试中的"争论"题型一样，也涉及社会热点问题讨论，但二者话题无重叠。从客观测试结果看，课堂教学和演讲练习尚未明显作用于评价能力的提高。

在个案学习者当中，Iris 在前后测中均保持了最高水平（.74），June 与 Mac 则在后测中取得了同样的高分。此外，这三位学习者在"争论"题型中都达到了 75% 的准确率，一定程度上呈现出他们调动知识储备、分析现实问题的良好能力。另外三名学习者有两人（Danny 和 Mary）评价能力有所下降，而 Sarah 则在前后测中均保持在低分段。

6.1.5　小结

通过对思辨能力客观测试的前后测数据对比，可初步得出以下结论：1）从思辨能力测试总分来看，演讲班级学习者整体取得了小幅进步，其中分析能力进步最为明显；2）6 位个案学习者思辨测试成绩大多有所提升，但幅度不同，4 人基本保持在原有分数段，2 人（June 与 Sarah）则进入更高一层分数段；3）个案学习者在分析、推理、评价等分项能力前后测中的得分各有变化，其中取得明显进步的有 Sarah（分析、推理能力）、Mary（推理能力），June（分析、评价能力）、Mac（评价能力）。个别学习者也出现了后测得分下降的现象（如 Danny 的分析与评价能力、Mary 的评价能力、June 的推理能力），但其下降幅度均保持在 10% 左右，相当于测试卷中 1-2 题的分值，不影响学习者小幅进步的整体趋势。

客观测试的前后测数据还表明，前测中的高分者（Mac 与 Iris）在后测中发挥稳定，整体上保持了原有水平；低分者（如 Sarah 的分析能力和 Mary 的推理能力）进步则最显著，这既可能缘于学习者在起点阶段存在较大的上升空间，也可能是参试在前测中对测试形式不适应，而在后测中更趋于正常发挥。

在对客观测试结果进行分析时，笔者对各分项技能的测试内容进行了介绍，并尝试解释了测试项与演讲课堂思辨教学内容的关联性，如分析技能的提高与课堂讲解的内在联系，同时也指出了二者之间的差异（如课堂教学不涉及形式推理、数字逻辑等）。在形式上，本研究中的课堂教学围绕演讲活动的各个环节展开，教学内容完全不同于以单选题任务呈现的思辨能力客观测试。以上两方面因素或可解释教学与客观测试结果之间的弱相关性。

由于本研究未采用对比实验方法，学习者是在一个比演讲课堂更大的环境中成长变化，因此这种在客观测试中所取得的进步还不能完全归因于演讲教学。相较而言，演讲评析的结果则更能印证教学指导的影响。

6.2 定题即兴演讲评测

本研究的定题即兴演讲是演讲课程以外的测试任务，其测评结果不计入科目成绩。在课堂有备演讲以外加测即兴演讲的主要考虑在于，同题即兴演讲有利于控制各种干扰变量，如话题难度、准备时长、信息查阅、外部帮助、讲稿记诵等，有助于较为客观地测评演讲者现场阐释题干、确定中心论点以及展开论述的能力。

在即兴演讲测评过程中，笔者与两位有经验的高校演讲教师（其中包括先导研究合作教师 Y）进行了深入的研讨，经历了拟定初稿、征求修改建议、三人独立试评 3 个样本演讲(录像)、对比结果并再次修订评测标准(评分细则见表 4.6)、正式独立测评等一系列过程。最终的评测结果达到了评分员内部一致性要求[1]。下页表 6.1 呈现了 6 名个案学习者在定题即兴演讲测评中的前后测得分情况。在以下小节中，笔者将就该演讲任务类型中的分项技能测评结果展开讨论。

6.2.1 演讲发表：语言能力与表现能力

本研究所拟定的定题即兴演讲评测标准中，"演讲发表"与"演讲内容"各占 50% 的分值。前者主要包括语言能力（发音、语调、流利度、语言表述）和表现能力（眼神、肢体语言、脱稿能力、时间掌控）。从表 6.1 中，可以看到 6 位学习者中，2 人（Iris 与 Danny）保持了前后测的良好表现，展示了较为全面的英语演讲发表能力；2 人（Mac 与 Sarah）在后测中取得了发表得分的小幅提升；另有 2 人（June 与 Mary）略有下降。

---

[1] 评分员内部一致性：又称评分员内部信度（Inter-rater reliability）。"如果几个评判员使用同一测量语言水平各方面的等级量表来对考生评级，而名次高低大致相同，则该等级量表就可以认为具有高度的评判员间信度"（Richards et al. 2005：348）。

表 6.1 定题即兴演讲评分：个案学习者前后测得分

即兴演讲技能与分值	Mac 前测	Mac 后测	Iris 前测	Iris 后测	June 前测	June 后测	Danny 前测	Danny 后测	Sarah 前测	Sarah 后测	Mary 前测	Mary 后测
	82.5	**84.5**	**83**	**86**	**79.5**	**73.5**	**79**	**80**	**79**	**77**	**77.5**	**74**
I. 演讲发表（delivery, 50%）	**38.5**	**40.5**	**45**	**45**	**38.5**	**36**	**42**	**42**	**40**	**42.5**	**43.5**	**39**
语言能力（30%）英语发音（10%）	8	8	9	9	7.5	8	9	9	8.5	8.5	8.5	7.5
语调与流利度（10%）	7	7.5	9	9	7	7	9	9	8	8	9	9
语言表达（10%）	8	8	9	9	7	7	8	7.5	8	7	8	8
表现能力（20%）眼神与肢体语言（10%）	8	8	8.5	8.5	8	7	9	8	8	9	8.5	7.5
脱稿能力（5%）	4	4	4.5	4.5	4.5	4	3.5	3.5	4	4	4.5	3.5
时间掌控（5%）	3.5	5	5	5	4.5	3	3.5	5	3.5	5	5	3.5
II. 演讲内容（Content, 50%）	**44**	**44**	**38**	**41**	**41**	**37.5**	**37**	**38**	**35**	**34.5**	**33.5**	**35**
分析能力（15%）阐释原文话题（10%）	8	9	5	7	9	6.5	8	9	5	7.5	3	8
中心观点陈述（5%）	5	4.5	4	4.5	5	3.5	4	4.5	4	4	5	4
推理能力（35%）篇章整体逻辑连贯（10%）	10	9	8	9	9	7.5	7.5	7	8	7	8	7
要点（10%）	10	8	9	9	7	8	7	9	9	6	7	7
理据力度（15%）	11	13.5	12	11.5	11	12	10.5	8.5	9	10	10.5	9
1）理据相关性（5%）	5	4.5	4	4	3.5	4	3.5	3	3	3.5	4	3
2）理据准确性（5%）	3	4.5	4	3.5	4	4	4	2.5	3	3.5	3.5	3
3）理据典型性（5%）	3	4.5	4	4	3.5	4	3	3	3	3	3	3

观察演讲发表得分中的子项得分，可以看到，个案学习者的语言能力表现更为恒定，各子项得分或无差异，或相差未超过 1 分；造成发表得分浮动的原因主要来自于表现能力的变化，尤其是在"脱稿能力"与"时间掌控"方面的差异。在前测中，学习者普遍缺乏准备经验，在发表演讲之前难以充分计划好演讲内容，其中 Mac、Danny、Sarah 都在两分钟左右就提前结束了演讲，而在后测中，他们都将内容与时间控制到最佳程度。

相形之下，June 和 Mary 在前测中时间控制尚可，但是在后测时却分别超时 1 分多钟。通过分析演讲发现，两位学习者都在后测演讲中添加了信息饱满的事例，这原本是一种良好的用意，但是因为详略处理不当，造成整体计划失控——当发现超时，又出现紧张的情绪，影响了发表效果。其中，Mary 在演讲后测中尝试使用了更加复杂的词汇，但是由于准备时无法查阅词典，因此出现了误用，如 intimidity (cowardice)，consciouness (conscience)，导致其后测中语言表述得分有所下降。

从整体上看，学习者在后测中的演讲内容更为丰富，时间利用更为充分，但也出现了自我监控方面的失误。笔者认为，这并非发表能力的实质性退步，而是任务产出难度加大时所造成的表层能力的下降——当学习者努力改进论证内容，在语言技能和发表技巧方面可能无法全面顾及，造成量化得分回退。但是通过更多的演讲实践练习，同时兼顾内容组织和发表技巧，这并非是无法达到的目标。

另一方面，本研究对语言能力的测评主要由具备演讲教学经验的评分员通过观看录像进行子项评分，这符合演讲评分的传统方法，但是却无法探测到微观层面上语言能力的变化，如单位时间所产出的词数、平均句长、词汇难度等，因此该研究结果存在一定的局限性。笔者同时认为，相较于有备演讲，学习者在线产出语言的能力更难在短时间内提高——不能借助外部资源，没有足够的时间组织完整的段落和语句，更无修改的机会，即兴演讲任务的完成水平更多依赖于学习者前期积累的语言基础，而非短期培养的策略，这正是前后测结果无突出变化的主要原因。

6.2.2 演讲内容：思辨分项技能

依据本研究思辨分项技能理论框架（见表 3.1），基于学习者演讲数据，笔者提炼出定题即兴演讲任务中具有代表性的思辨技能，其中包括"阐释话题"、"陈述中心论点"、"整体逻辑连贯"、"要点对中心论点的支撑力度"、"理据力度（相关性、准确性、典型性）"，并将其分别归入即兴演讲测评标准（见表 4.6）中的分析、推理能力。评价能力暂未列入该评分标准，这是因为典型的评价能力所包含的分项技能如"检验推理"、"自我监控"、"自我调节"，在即兴演讲这种产出任务当中得不到明确的体现（但是在思辨客观测试中可以通过相应题型有所展现）。同时，作为一种特定的任务产出方式，即兴演讲也不能全面涵盖所有的分析技能或推理技能，并且无法与思辨客观测试中的同类技能形成准确的一一对应——例如，在客观测试中，分析技能主要包括"识别预设"、"匹配推理"、"匹配概念"，而在即兴演讲中，分析技能主要是指"阐释话题"与"陈述中心论点"，这种差异既源自测试本身的形式与特点，也是思辨技能归类后难以避免的后果。

为了进一步探究即兴演讲中的"分析"和"推理"能力，下面笔者将分别对其技能子项测评结果进行报告。

6.2.2.1 分析能力

在分析能力之下，本研究评分标准设置了 10% 的"阐释话题"和 5% 的"陈述演讲目的"分值。在定题即兴演讲中，阐释给定话题是确定演讲立场和展开论证的根本基础。如果对话题理解错误，则整个演讲都将偏离方向。在表 6.1中，6 位学习者的阐释话题能力在后测中取得了普遍进步。在演讲课堂教学中，学习者通过演讲实践，已经建立了意识：对他人观点做出评论之前，首先应对其进行解读和分析，在正确理解的基础上再发表自己的看法。清晰的阐释一定程度上能够帮助演讲者明确演讲目的。

此外，阐释能力与学习者理解原文的能力直接相关。在前测中，文学班和翻译班的演讲学习者分别对加菲猫和比尔·盖茨的话进行了评论。在 6 位学习者当中，有 3 位对原话题的理解都不准确，或者明显错误。例如，对于加菲猫的话"学得越多，知道得越多；知道得越多，忘得越多；忘得越多，知道的越少，那还干嘛要学"，Sarah 将其片面地理解为"学习不重要"。因此她把演讲重点放在了讨论学习的重要性，援引个人的经历讲述了学习的阶段、类型和受教育对于人生的意义（见附录 7）。无独有偶，对于盖茨所说的"成功是个糟糕的老师，因为它诱使某些聪明人以为自己不会输"，Mary 的理解是"只有聪明的人才能成功"，于是她在演讲中重点论证了"不聪明但是勤奋的人一样能够取得成功"（见附录 8）。

上述两个片面或错误解读题干的例子在演讲课程全体学习者中具有一定的代表性。对于加菲猫的引言，容易被忽略的是其推理中的"前提"，即加菲轻视学习的原因，而不仅仅是它认为学习不重要的结论。而盖茨的话中，*lousy* 和 *seduce* 两词对部分学习者造成困扰，同时原题中"聪明"、"成功"、"失败"等字眼使部分学习者过于轻易地将其主旨判断为激励成功，从而忽视了盖茨所讲的浅显的道理：成功可能使人过度自信而忽略了失败的可能。

此外，数据分析也显示，英语语言能力也对话题阐释有着直接的影响。例如，盖茨引言中的情态动词 *can* 就造成了学习者理解上的困扰。在"It seduces smart people into thinking they can't lose"这句话中，由于受到母语中文的影响，许多学习者（包括笔者）最初都将 *can't* 理解为"不能"，这样一来，话题就变成了"成功令人不敢面对失败"[1]。语言能力突出的 Iris 在演讲前测中也出现了这个问题。

在即兴演讲测试后测中，对于爱因斯坦的话，"这个世界很危险，不是因为那些邪恶的人，而是那些（对邪恶）袖手旁观的人，"原文中的"the people who don't do anything about it"虽然不包含任何生词，仍然造成不小的困扰。首先，部分学习者将 *it* 理解为"世界"，将习语 *do something about something*（解决问题或者阻止坏的情形发生）与 *do something for somebody*（为某人做某事）相混淆，于是将原题理解为"世界很危险……因为有的人拒绝为它做出贡献"。

---

[1] 通过对美国乔治城大学 14 位母语为英语的大学生进行问卷咨询，确定此处 *can't* 等同于 *will not*。受访者认为，作为被成功所"诱使"产生的行为，过度自信是最可能、最合理的结果，因而无人选择"不能失败"。

虽然本研究的 6 位个案学习者在后测中都准确解读了题干，但是班级中其他做出错误阐释的同学仍不在少数。

在 6 位学习者中，June 意外地出现了阐释能力后测得分下降的情况。在前测中，她巧妙地利用自己第一个进入录像室的情境，由自己对待这个实践机会的态度为引子，带出她与盖茨的不同观点：成功可能导致李天一那样的骄子失败，但是前期的成功可以成为后期成功的有利基础（见附录 9）。在后测中，June 仍然延续了以事例引出话题的策略，但是这一次，她给出的事例较为冗长，令听众不免陷入茫然：

> … "The world is a dangerous place to live, not because of the people who are evil, but because of the people who do not do anything about it." In the book, *Factory Girl*, the author described two meetings she had in Dongguan. First meeting is…she was with the boss in Dongguan, and the other was with the migrant worker. When she asked the two people how did they view the Chinese people, for the migrant worker, she said, the Chinese people were very friendly and kind, but for the boss, he said, 70% of Chinese people are evil. So from the author's point of view, the difference between their opinions is what makes them have different fate—one is rich and another is poor. So from this case and as well as the other examples, we can see that actually if you want to be successful, you want to be practical, you should admit the fact that actually the most people around us are selfish, and most of them tend to sacrifice other people's interests in order to realize their own. So I couldn't agree with it more … （转写自 2013-6-21 演讲录像，笔者对原文中的停顿和重复进行了删减）

这段开场白是 June 临时决定加入的。演讲前的那段时间她正在阅读哈佛大学社会学学者张彤禾的作品《打工女孩》[1]。在演讲原文中，June 试图引用书中人物的话来表达她的看法，"现实世界中很多人的确是很自私的（因此罪恶

1　这部社会学纪实作品出版于 2008 年，曾被评为"《时代周刊》、《华尔街日报》年度十大好书"。2013 年春，该书中文版面世，引起了较大的社会反响。

的现象很普遍)。"但是由于过多地转述书中的内容令她失去了对演讲整体的把握，也未能给出原题干的明确阐释。结束这个部分以后，她转而谈论"袖手旁观"在具体的社会问题中不亚于"助纣为虐"，特别是在校长性侵小学女生事件中，危害犹大。思路本身没有问题，但是由于已经超时，只得草草结束演讲。

在个案演讲数据中，"陈述中心论点"方面未发现学习者的重大失误。与之相比，"阐释话题"成为定题即兴演讲任务中值得重视的一项思辨技能，应当引起教学者更多的重视。阐释能力又与学习者的英语语言能力相关联，如上述案例中对单词、习语、上下文语境的深度了解都有可能对演讲的基础产生根本性的影响，这与 Floyd (2011) 的研究发现一致——对外语学习者进行思辨能力测评应考虑语言能力的干扰因素。

6.2.2.2 推理能力

在本研究即兴演讲评测标准中，"推理能力"主要包含三个层次上的逻辑思维：整体篇章逻辑（即中心论点在整个语篇中的一致性，主要体现为演讲开头、主体、结尾在意义上的连贯）；要点对中心论点的支撑力度（要点相互独立，并从不同角度对中心论点给予支持）；理据对要点的支持作用（在论证过程中，数据、案例等对各个要点起到有效的加强作用）。

在先导研究中，笔者已经发现，保持篇章整体的逻辑连贯对于大学阶段的学习者并不困难，多年的作文训练使得大家都具备了首尾呼应的意识。相形之下，要点之间的逻辑关系以及理据的的论证效力却存在较为普遍的问题，如在"应当使用 2-3 个点"的策略指导下，一般的学习者会做到以"firstly"、"secondly"来进行要点划分，但是要点的具体内容上可能出现相互涵盖或者逻辑关系不明的情况；在要点内部，如何提供具有相关性、准确性、典型性的理据也对许多学习者形成挑战。下面对这两个思辨分项技能进行探讨。

（一）要点

要点得分在 7 分或以下的学习者，往往在演讲主体部分未能合理地安排它们之间的逻辑关系。如，Danny 在前测演讲中对于"加菲猫学习论"的反驳包含了以下三点：1）应当培养良好的学习习惯；2）对待学习应有正确的态度；3）即使加菲猫是对的，人生也是不断学习的过程（见附录10）。这其中的第一点与反驳加菲猫是最为相关的，因为良好的学习习惯可以帮助增强对知识的记忆，减缓遗忘。第二点提倡面对知识应持有积极态度，因为学会了的就不会忘；第三点则强调，要坚持持续学习，不能因为遇到困难就停止。就对待学习的态度而言，后两个要点一定程度上发生了彼此涵盖。

要点的质量也会受到解读任务要求的影响。Mary 在即兴演讲前测中将盖茨的话错误地理解为"只有聪明的人才会成功"，于是将演讲的立场确定为"勤奋仍然能够带来成功"，并在演讲的主体部分讲述了一个相关案例。本研究的3位评分员经过协商，对于这种基于题干误读的论证都进行了适度扣分。随着在后测中各位学习者对题干阐释的准确性提高，这个问题得到缓解。

另一个相似的案例是，Sarah 在演讲后测中将爱因斯坦的观点准确地阐释为"世界的危险在于人们对邪恶的冷漠"，但是她未按照题干要求论证"为什么冷漠更加危险"，而是讨论"我们应当如何应对冷漠"。她将演讲主体分为两个要点：1）人性本恶；2）人们需要道德和法律的约束（见下页表6.2）。虽然这两个要点相互之间可以形成合理的逻辑关系，但是它们对中心论点的支撑力度却不强。

上述分析说明，在即兴演讲评测中，要点得分受到演讲者对题干理解及阐释能力的影响。这反映出即兴演讲与思辨客观测试的又一个不同——作为一个综合产出的任务，即兴演讲中的思辨分项技能存在着相互牵制与影响的关系，而客观测试中的单选题型决定了任务的相对独立性。

（二）理据力度

在推理过程中，运用什么样的理据来佐证一个具体的论断（statement）是决定推理是否合理有效最为关键的因素。在演讲教材中，通常将理据称为"evidence"，即为支持论断而采用的案例（examples）、数据（statistics）、证词（testimony）等（Lucas 2010：73-80）。在即兴演讲中，由于无法查阅资料，有能力提供准确数据的演讲者非常少见，多数人倾向于使用案例（其中也包括个人经历），有时也会援引名人名言。而理据与所要支持的论断之间的相关性、理据本身的准确性以及典型性就成为决定其支持力度的主要因素。

通过对比即兴演讲中"理据力度"高分获得者和低分获得者，我们可以看出一些规律和问题。该部分总分15分，有3位学习者在前后测当中的得分始终徘徊在10分或以下，他们是Danny、Sarah和Mary。和班级里的其他同学相比，他们三人都在英语发音和口语流利度上有比较明显的优势，但是他们在即兴演讲中调动知识储备、有效地组织理据的能力却有待提高。

以即兴演讲后测为例，对于爱因斯坦的引语，所有的个案学习者都做出了近似的阐释："对邪恶的袖手旁观比邪恶更加危险"。对于以什么样的理据来论证这种"加倍的危险"，6位学习者做出了各自的选择。为方便横向比较，笔者从转写稿中抽取了各演讲的理据部分，删减了停顿、重复的片段，保留语法错误。

在表6.2中，我们首先看到的是Mary所使用的理据。她所描述的"小悦悦"事件与新闻事实明显不符。在现实中，事件的焦点是肇事司机撞人后逃逸，而经过事发地点的数名路人未施援手，导致幼女再次被碾压，直至被拾荒老人发现并救起。在整个事件中，不存在有人拍照却不施救的情况。更为关键的是，对于未目睹撞击的路人来说，他们的失责在于漠视需要帮助的弱者，而不存在对肇事者的纵容。在案例2中，虽然母亲惩戒小男孩不良行为的事例与"阻止罪恶"有一定的类比性，这种相关性非常微弱——毕竟，随地小便不属于典型性的"罪恶"行为。因此，Mary在演讲中所使用的理据在相关性、准确性、典型性几个方面都存在比较明显的不足。

表6.2　定题即兴演讲后测：理据力度对比分析

演讲者	案例1	案例2
Mary	… just like a few months ago, the case of Xiaoyueyue, sparked a heated debate among people. But to give it a second think, while blaming the audience who were lack of conscience, <u>what were the photographers doing? If they had the time to take photos, why don't they just stand out and just save the little girl?</u>	Once there was a little boy who used to peeing wherever he likes, but since his mother thought he was just a little boy, so his mother just let it go and didn't educate him, but one day <u>the boy climb on their sofa in their living room, and peed on the sofa. This time mom got angry…</u>

（待续）

（续表）

演讲者	案例 1	案例 2
Sarah	In WWII, Hitler killed thousands of Jews. They locked those people in small houses and killed them for no reason. That is another example, for not all people are good, some people are evil and insane. Recently, during the massacre in Ruwanda, people killed each other, even if they are all Africans. So because no one is perfect, then we need law and morals to tell us what is right and what is wrong.	
Danny	Let's take a car crash as an example. If we see a car crash happen on the street, and both of the drivers get seriously injured, and the two drivers are dying. And when we see that accident happen, the drivers may do this crash accidentally and we see them dying and did nothing, we are killing them on purpose.	We live in an era of relationship. We rely on relationships. We tend to turn to others when we are in trouble. Even in some individualistic countries like Britain, we still search for help when we are in trouble. Relationships, once a poet said, we are living a life like a net, a net of relationships. Also I heard a famous person say that no one is an island.
June	Let's go back to the case of rape, which sparks a hot discussion in the society and make us rethink our behavior. Once the crime was revealed, several others of the same kind successively are revealed to the society. This kind of things are happening everyday in our social life, and it shows us that in fact people tend to be blind to the bad things… and the evil people will not cease doing such kind of things.	… think about the cultural revolution, so many people are blind of those crimes happened everyday, which causes millions or billions of RMBs damage.

（待续）

（续表）

演讲者	案例1	案例2
Iris	When you are complaining about the polluted air, have you ever thought what you can do about it? When you hear the news about terrorism, have you ever thought like this, "oh, it happens somewhere else, and it is none of my business." Then for the people who are poisoned by their roommates, have you ever thought what your have done for your roommates? These dangerous things happen, not because of the people who did it, who are called "evil", but for these dangerous things that are going to happen or not, it depends on us. Just as Hemmingway once said, "everyone is an island which belongs to the entire continent," we are also part of the society, and dangerous things happen, not only because of people who are evil, but because of us, because of people who do not do anything about it.	
Mac	This is most people's weak point of their character, and they are onlookers. They tend to stay away and look at things to happen as long as they don't hurt themselves. There is a saying about this, "staying aloof from things with no personal interests".	Let's look at the WWII, when Hitler started attacking the neighboring countries, there was a time when the world could not connect together and stop him. At the dirty meeting at Munich, they decided to stay away from Hitler's inhuman behavior, in order to let Hitler go to the Soviet Union. And this finally resulted in the great disaster.

Sarah 在演讲中所例举的两个种族屠杀案例本身与话题相关性非常紧密，也都符合"未被及时制止的罪恶"特征，但是她对这两个事件的阐述都暴露出信息上的不准确，如被纳粹屠杀的犹太人事实上远远超过"数千人"，而卢旺达种族屠杀并不只是"非洲人杀害非洲人"。同时还可以看出，她对两个历史事件的发生根源认识比较肤浅，因为种族灭绝行为都有政治立场以及利益冲突作为深层动因，并不只是"没有原因的疯狂行为"。

Danny 对车祸事件的举例与 Mary 相似。交通事故并不符合"邪恶行为"的特点，旁观者如果不施救，也不属于"纵容邪恶"。在另一组案例中，Danny 试图论证，作为社会成员，人类既相互依赖，也应当相互帮助。但是他所连续给出的案例及引言并未构成有效的排比或者递进，其中对英国社会的评价显露出对"个人主义"的片面理解。

相比较而言，June 所选择的案例在相关性、典型性方面都达到了要求。校园性侵案和文化大革命都符合话题中的基本特征。比较遗憾的是，因为整体结构安排不当，时间仓促，展开不足，细节信息比较匮乏，没有达到应有的论证效果。

Iris 在她的演讲中采用排比问句的方式，分别提及了空气污染、恐怖主义、大学室友投毒案等事例，指出漠视恶行的危害。这些案例基本满足了相关性要求，但是缺乏细节，仅通过反问的方式隐晦地表达了"假如我们都能尽一己之力，情况也许就会改善"。同时，她和 Danny 一样，也提及了海明威关于"孤岛"的引言，尽管与原话仍有出入，但较为恰当地与上下文保持了连贯，达到了支持论证的目的。

在思辨客观测试和即兴演讲均获得高分的 Mac 在演讲中使用了两个要点。首先他指出了"事不关己，高高挂起"的"看客"（onlookers）心理，用这个习语引出了对问题成因的分析；其次，他引用了一个历史案例，即二战期间慕尼黑会议所制定的绥靖政策所带来的灾难性后果。案例很简短，但是关于事件的基本事实清楚、准确，也明确对应了话题中"罪恶"、"纵容"以及"更大的危险"等意义元素。如果把这个案例与 Sarah 的二战案例对比，可以看出两位演讲者在知识储备和解析方面的差距。

基于对 6 位学习者在即兴演讲后测中理据使用的分析，笔者认为，如何选择相关性强、准确性高、具有典型性的案例、数据、引言对特定论断进行佐证，是演讲学习者思辨技能最主要的体现。这也应当成为语言技能教学中被突出的一个重点。同时也可以看到，在即兴演讲的评分中，分析能力是推理能力的基础，清楚、准确地理解题干是开展演讲主体论证的重要出发点。

虽然即兴演讲作为一种产出性任务，其数据无法呈现学习者对自身推理的评价和调控过程，研究者仍然能通过最后产出的结果来判断其评价能力——在演讲中使用的理据力度越弱，说明演讲者排除不相关、不准确、不具典型性的理据能力越低。换言之，在产出性任务中，学习者所呈现的推理能力与其评价能力存在隐性的内部关联。

6.3 结语：客观测试与即兴演讲测评的相关性

本章对 6 位个案学习者的思辨能力客观测试以及定题即兴演讲测评得分进行了前后测对比分析。研究发现概括如下：

1）从 6 位个案学习者的得分来看，思辨客观测试与即兴演讲测评得出了整体上一致的结果，且 6 位学习者的思辨能力前后测排序未发生改变，客观测试获得高分的学习者（如 Iris、Mac）在即兴演讲中也表现出比同伴更为出色的分析和推理能力，这说明了两种思辨能力测试方法之间的相关性，也符合研究者在设计即兴演讲测评标准时的预期。

2）在思辨客观测试及即兴演讲后测中，学习者的"分析能力"均有较为显著的提高，但是二者所包含的思辨技能子项不尽相同——客观测试中的分析能力主要包括识别预设、匹配推理、匹配概念，而即兴演讲的分析能力主要表现为对题干的阐释能力。这些进步与演讲课程思辨教学存在关联，同时也应看到，识别预设和阐释能力是分析能力中较为基础的技能，因此也在教学干预后最先显现出效果。

3）在思辨客观测试及即兴演讲后测中，学习者的"推理能力"整体上保持稳定，但是在客观测试中取得推理能力显著进步的学习者（如 Mary）在即兴演讲中并未取得同样的大幅度提升。通过对即兴演讲（同题）后测的文本分析，笔者论证了思辨能力高分者与低分者在推理过程中的理据选择存在明显差异，并指出这种差异既来自知识储备水平的不同，也与学习者对自身推理进行评价和监控的能力有关。

4）在思辨客观测试与即兴演讲测评中，也出现了学习者得分下降的情况。通过分析，笔者认为，客观测试中的分数下降幅度很小，可视作偶然因素影响的结果。即兴演讲测评中的下降与学习者在任务产出过程中的策略调整有关——June 和 Mary 都在后测中试图扩充论证内容，使其更为丰富，但是却出现了时间掌控失误、案例干扰话题阐释（June）或者语言表述准确性下降的问题（Mary）——笔者认为，这种现象可以视作是认知能力进步过程中的附带效应，通过持续练习能够克服。

5）在即兴演讲测评中，同时观察了学习者的英语语言技能（发音、流利度、语言表述准确性），未发现明显变化。除了测评方式的局限性以外，这说明短期教学干预不足以显著地改变学习者在富有挑战性的任务中在线产出语言的能力。在本章中，笔者也分析了英语理解能力对英语演讲任务中其他技能的发挥存在影响，如题干阐释的准确与否可能干扰要点的拟定及理据的使用。

　　与第五章的系列有备演讲测评结果相比，个案学习者在客观测试和即兴演讲任务中取得的思辨能力进步幅度略低。在自然情境下、可借助外部资源的系列有备演讲反映出学习者在多个方面思辨技能的进步，主要体现在听众分析、信息检索、演讲结构策略、理据选择等方面；而变量控制较为严格的思辨能力客观测试和定题即兴演讲测评结果则表明，学习者整体进步较小，并主要集中于基础性分析能力的提升。这两者之间的差异说明，思辨能力是一种较为稳定的认知能力，其发展与提高需要长期、系统性的教育和培养，这一结论与前人研究发现基本一致（如 Halpern 2001；Rickles et al. 2013）。同时，另一不容忽视的事实是，在语言技能课堂中，通过恰当的教学指导、任务设置和反思评价等活动，学习者借助外部资源，能够取得思辨技能的多方面提高。未来教学实证研究需要进一步探讨的是如何将自然情境任务中所取得的进步逐步累积，直至达到思辨能力的实质性提高。

第七章　演讲学习者思辨能力发展影响因素分析

7.1　引言

在本书第五、六章中，笔者通过不同类型的数据收集及分析方法，从多个角度呈现了 6 位个案学习者在英语演讲课程学习期间所经历的思辨能力发展变化。第五章从助教指导的视角对系列有备演讲进行评析，研究发现显示，6 位学习者取得了多个方面思辨技能的进步，其中较为一致地体现在进行听众分析的意识和方法、检索信息并以理据支撑论断、根据演讲目的选择结构策略等。在第六章中，思辨能力客观测试结果显示，学习者整体成绩有小幅提高（2 人实现了在班级分数段中的提升），其中最明显的进步表现在分析技能（识别预设、匹配推理、匹配概念等）的提高。即兴演讲测评结果则表明：较为一致的改善体现在话题阐释（分析技能之一）上，但推理能力整体变化不大。笔者初步论证了上述进步与演讲教学的关联性。

系列有备演讲分析同时还发现，思辨能力起点（基于客观测试前测结果）相近的个案学习者在任务完成过程中，其思辨技能的发展轨迹并不相同——有的学习者（如 June、Sarah、Iris）能够随着任务难度的增加不断提高其演讲选题的意义，并在演讲活动的研究、论证、反思、预演、发表等各个任务阶段基本达到"精晰性 - 相关性 - 逻辑性 - 深刻性 - 灵活性"的思辨认知标准（文秋芳2012），而另一些学习者（如 Danny 和 Mary）却受阻于某些固有的问题（概念模糊、目的不一致等）而遭遇进步中的瓶颈，或者（如 Mac）保持着稳定的思辨能力水平，但未能充分发挥出自身应有的潜力，在深刻性与灵活性方面无所突破。

在本章中，笔者将探究在课堂学习和任务环境下，为何接受相似教学干预、具有相近思辨能力起点的学习者所取得的进步却不相同——在这个过程中，发挥影响的主要因素有哪些？什么样的因素对学习者的思辨能力进步具有促进作用，什么样的因素又对思辨能力能力发展具有阻碍作用？笔者将借助教育心理学中社会认知理论视角（Bandura）下的"三维交互决定观"和"自我调节学习观"，对影响个案学习成就的环境、个人、行为等因素做出分析。

7.1.1　学习者思辨能力发展类型划分依据

为便于分析和叙述，笔者综合第五章和第六章的研究发现，对 6 位个案学习者的思辨能力发展情况进行了总结和归类，作为本章数据分析的前设基础（见表 7.1）。

表 7.1　本研究演讲个案学习者思辨能力发展类型及依据

发展类型	学习者	思辨能力测试（前后测）	即兴演讲（前后测）	有备演讲（三个阶段）
平稳保持型	Mac	整体保持高分段；评价能力略有进步	整体处于高分段；分析（话题阐释）能力提高	分析、推理简明清晰，逻辑性强；选题意义无明显推进；理据欠丰富，解决现实问题意愿不强
有限进步型	Danny	整体保持中分段；分析、评价能力小幅退步	整体保持在中分段；分析（话题阐释）能力提高；理据力度较为欠缺	选题意义、组织理据能力有所提高；概念模糊性问题未解决、现实问题解决方案欠缺深度
	Mary	整体保持低分段；推理能力进步显著	整体处于低分段；分析（话题阐释）能力提高；理据力度薄弱	选题意义、组织理据能力有所提高；概念及目的不一致的问题未解决
持续进步型	June	由中分段进入高分段；分析、评价能力进步	整体保持在中分段；推理（要点、理据力度）能力提高	选题意义逐步加强，听众分析、组织理据、论证能力突出

（待续）

（续表）

发展类型	学习者	思辨能力测试（前后测）	即兴演讲（前后测）	有备演讲（三个阶段）
持续进步型	Sarah	由低分段进入中分段；分析、推理能力进步	整体处于低分段；分析（话题阐释）能力提高；理据力度较为欠缺	选题现实意义强，听众分析、组织理据、论证能力逐步提高
	Iris	整体保持高分段；分析能力略有进步	整体处于高分段；分析（话题阐释）能力提高	选题现实意义不断加强，据据丰富，推理思路清晰，反思改稿能力强

在上表中，笔者综合考虑各类研究发现并主要依据有备演讲评析结果，将个案学习者分为三种思辨能力发展类型：持续进步型、有限进步性、平稳保持型。表 7.1 第 3 至第 5 栏呈现了学习者发展类型分类依据。

7.1.2 基于社会认知理论的分析框架

社会认知理论认为，人的行为（包括学习成就）不是外界刺激的单向作用产物，而是学习者的个人因素（即"自我影响"，如认知能力、目标设定、自我效能感、结果期待、归因等）与环境因素（即"社会影响"，如教学示范、指导、反馈、资源等）以及行为因素（即"成就结果"，如学习策略、动机性行为等）三方交互作用的结果（Schunk 1999）。在这一理论视角下，学习是学习者发挥主观能动性（hunan agency），分析任务、设置目标、制定达成目标的计划，并对学习进展进行监控的"自我调节的过程（伍尔福克 2010/2012）。"自我调节学习观"主张学习者是学习过程的积极参与者，并根据外部环境建构属于自己的意义、目标、策略，学习者还具备监控、调整自身认识活动与行为方式以及选择并且一定程度上影响环境的潜力（Pintrich 2004）。

在接下来的分析中，笔者将依据已经形成的分析框架（见 P51 图 3.2），将演讲课程教学内容、任务设置、助教指导、课堂互动、合作学习等看作是主要的环境因素，学习者的认知能力、情感特质（如思辨倾向）、目标取向、归因、自我效能感等作为主要的个人因素，把学习策略、演讲任务实际完成情况（即学习成就，其中包含思辨技能的展示）视作主要的行为因素，尝试解释形成学习者不同思辨能力发展类型的原因。

7.1.3　作为"个人因素"的思辨倾向

Facione（2011：10）认为，"思辨强者"（strong critical thinkers）不仅具备特定的认知能力（cognitive skills），同时也应具有从事思辨活动的意愿和态度，即思辨倾向（dispositions）。在本研究的数据收集阶段，与思辨客观测试一同进行了思辨倾向问卷调查前后测。该问卷将思辨者的情感特质分为七个维度，分别为求知（对待知识和真理的谦卑）、勇气（质疑主流思想和自身信念）、（对待不同观点的）开放态度、（面对复杂任务时的）坚韧、理性（对待理性思考的信心）、（不轻易受干扰的思维）独立、（为自己和他人设立标准时的）诚实与公正。倾向问卷各个维度的题项示例见表4.4。下图呈现了该问卷调查中个案学习者的整体得分情况。

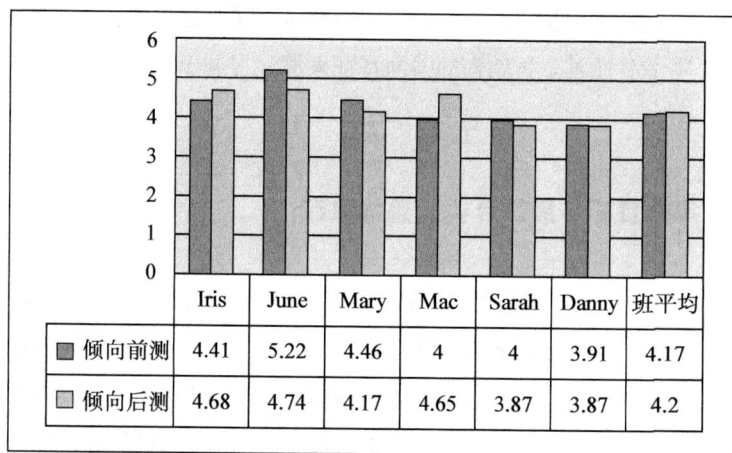

	Iris	June	Mary	Mac	Sarah	Danny	班平均
倾向前测	4.41	5.22	4.46	4	4	3.91	4.17
倾向后测	4.68	4.74	4.17	4.65	3.87	3.87	4.2

图 7.1　个案学习者思辨倾向问卷前后测得分

思辨倾向问卷由莱克特六级量表构成，总评最高得分为6。从上图数据可以看出，班平均前后测保持在4.2左右，表明学习者整体上具有正向（积极的）思辨倾向。就个案学习者而言，其思辨倾向得分与客观测试结果无显著相关性

（二者得分排序不同），这与前人研究中所发现的二者之间的弱相关关系一致。笔者认为，由于倾向问卷结果基于参试者对自身的主观判断，易受其自我期待的影响，因此该数据在本研究中主要用作个案访谈的提问依据——研究者根据学习者在前后测中的选项变化，提出针对性的问题，并有望由此得出更为深层而真实的发现，如 Danny 在倾向问卷的后测中得分有所下降，特别是在求知和独立思考这两个维度——在访谈中，他提到演讲学习令他更加客观地看到自身的不足，因此在后测中更为诚实地对自己进行了评价，表面上是得分下降，其实质却是理性思考的提升。

在本章即将展开的分析中，思辨倾向将被视作自我调节的学习过程中"个人因素"的一个子项，与其他因素交互作用从而影响学习者思辨技能的发展。

7.2　持续进步型学习者：社会与自我的良性互动

被归入"持续进步型"的 3 位学习者（June、Sarah、Iris）虽然在客观测试和即兴演讲中所表现出来的思辨能力起点以及终点并不一致，她们在演讲课堂最主要的任务类型（有备演讲）中却展示出较为近似的、良好的思辨技能水平。本节将通过分析她们的共同特征来探询有利于思辨技能发展的影响因素。

7.2.1　掌握目标与绩效目标的叠加效应

社会认知视角下的成就动机理论主要致力于探究成就目标与学习动机、情感、认知过程、学习策略及结果的关系。成就目标（achievement goals）并非广义上的生活目标（life goals），而是指学习者"在特定的学术环境下，力图达到和实现的、与学科及任务相关的结果"。而目标的选择则反映出学习者的"能力构念"（construal of competence）：追求能力持续发展的学习者倾向于树立"掌握目标"（mastery goals），而期望向他人展示能力的学习者则更追求"绩效目标"（performance goals）。更为确切地说，前者指"依据自身发展的标准，以完善能力，促进知识掌握和理解为目的"，后者则更加注重"以社会常规的比较性准则，显示自身能力，并超越他人"（Pintrich et al. 2003：319-321）。

传统的教育心理学研究认为，这两种取向的目标对学习成就的影响有优劣之分。相较于更易引发压力和焦虑的绩效目标，掌握目标不拘泥于将自身与他人做比较的社会标准，能够更为积极、有力地激发学习兴趣和内在动机（intrinsic motivation），从而促成更好的学习效果。但是随着越来越多的实证研究的展开，目标取向对学习成就的影响呈现出更多的复杂性。例如，有学者提出了第三种目标取向——绩效规避（performance-avoidance），这是指学习者力图避免发生的学习结果，如得到负面评价，或者在他人面前显得愚钝或者落后（Pintrich and Schunk 2002）。此外，研究还发现，随着学习情境的变化，不同的目标取向可能交错或者同时作用于学习者，并产生出多样化的合力效应。Barron and Harachiewicz（2001）就提出了掌握目标与绩效目标共同作用的四种模式：1）叠加效应（additive goal effects）：两种目标取向对学习结果具有各自独立的正面效应；2）分化效应（specialized goal pattern）：两种目标取向对应不同的学习结果产生积极效应——如掌握目标更有利于兴趣和内部动因，绩效目标与成绩分数相关性更高；3）互动效应（interactive goal effect）：两种目标取向水平都高的学习者，比"高掌握 - 低绩效"的同伴具有更为明显的优势；4）选择效应（selective goal effect）：学习者根据情境积极地对目标进行选择（如小组讨论中掌握目标可能更加突出，而在具有成绩评判标准和竞争关系的班级里绩效目的则更为重要）。

数据分析显示，June、Sarah、Iris 的绩效目标和掌握目标都保持在较高的水平。由于演讲发表所特有的外显形式以及演讲课程的评测标准，学习者群体在选课之初就显现出明显的绩效目标，如在选课申请中大多表达出对流利的语言能力的向往。但是展现掌握动机的学习者在班级中却不多见。June 和 Sarah 是少数明确提出希望演讲课有助于改善思维方式的学习者。"I am looking forward to a class where all people can discuss and speak with each other and exchange our ideas，"June 在申请中写道。Sarah 则更为详尽地表述了她的愿望在于与同伴交流以及增进自身的知识：

I want to enroll because I am really into public speaking. For me, it is not just for speech contests, it is a way to deliver a message and at the same time get new ideas from others... I would like to have a better understanding of the important topics through reading and the discussion.

Iris 最初则将演讲学习看作是自我挑战的机会，"I am... always in pursuit of a better self... I want to challenge myself to succeed or even force myself to succeed... I want to do even better than my best." 这种始终与曾经的自己做比较、追求卓越的目标也成为推动她不断努力的动因。在演讲学习过程中，Iris 同样表达了对同伴间思想交流的兴趣。在第一次演讲结束后的反思日志中，Iris 写下了这样的课程教学建议："多一些同学之间互相交流演讲后经验教训的环节"（2013-4-6）。在"我的中国梦"演讲之后的反思中她再次提及："同学之间的交流可以再多一点"（2013-5-10）。而在期末反思中，Iris 在总结课程评价时写道："同学之间的课堂交流比较缺乏……除了完成任务或者是演讲的好一点从而得到更高的分数，大家好像就没有关注到其他的事情……自己也做得不是很好，但是因为认识到这个问题，所以会努力改变"（2013-6-4）。

笔者认为，对思想交流怀有热情是求知欲的外在表现之一，也是思辨技能提高的一个重要条件。在"思辨双维结构模型"（Facione 1990）中，求知（inquisitiveness）被看作是思辨倾向（即思辨者的性格特质）的维度之一。在思辨三元结构模型（Paul and Elder 2006）中，它被称作"对知识的谦卑"（humility），而在思辨能力层级模型（文秋芳等 2009）中，它被定义为"好奇心"。作为一种个体情感因素，求知的欲望能够促使一个演讲学习者在语言技能和表现技巧以外，追求对事物更加深入的认识，更合理的判断。本研究所采集的思辨倾向问卷前测数据显示，在"求知"这一维度的得分居前的分别是 June（5.71）、Sarah（5.14）、Mac（4.86）和 Iris（4.71）[1]。根据问卷的测试项，这意味着她们"对自身知识结构中的缺陷有非常清楚的认识"，"有耐心看完一篇关于社会热点问题的长篇报道"，"不认为在别人面前承认自己的无知是一种

---

[1] 该思辨倾向问卷为六级量表，因此每个维度的最高平均分为6。"求知"维度的班平均分为4.21。

无能的表现。"

观察三位学习者在课堂上的行为表现，她们也的确身体力行着自己的目标。因为求知和交流的愿望，她们愿意付出时间去做听众分析，选择对同伴和自身都具有意义的话题；竭尽所能查阅资料，反复修订论证的过程；探索呈现演讲内容最合理的展示方式；同时也以开放、热情的态度与听众互动。在演讲发表现场，她们都能依赖充分的准备，对听众的提问回应自如。而坐在讲台下的时候，她们又是各自的班级里听得最认真、提问最为活跃的听众。正如Seker and Komur（2008）和刘浩等（2016）所发现的：思辨能力高水平的学习者在提问时，不拘泥于澄清事实，而是更多地表现出对未知领域的好奇、对替代视角的探究和产生新观点的欲望。

在第一轮说解演讲（"血清素：快乐的荷尔蒙"）的反思中，Sarah这样描述自己的收获：

> 公共演讲让我学会了如何条理清晰地向听众介绍一件事物，虽然在资料查找的过程中十分受挫、焦虑，但了解了一个新事物，也是一种学习。最让我开心的是，当初就想在这门课中了解其他同学的想法，有思想上的交锋，这次演讲让我获得了许多新知识，同时还可以和同学讨论交流，气氛十分活跃，是一门选了不后悔的课（2013-4-5）。

在课程结束后的期末反思问卷中，Sarah再次总结：

> 还是无法做到绝对的critical thinking，但通过聆听大家的演讲和提问，很多时候有醍醐灌顶的感觉，感觉达到了当初选这门课的目的——和大家交流，开阔思维。此外，通过公共演讲这门课，我不仅学到演讲方面的知识，还通过自己和他人的演讲内容了解了很多其他领域的知识（2013-6-4）。

在追求流利的英语口语表达、优雅自信的姿态（绩效目标）以外，这种对知识本身的爱好与热情（掌握目标）为Sarah等学习者提供了持久的动力，也让她们在思考中不断地提高自己辨别和判断的能力。

7.2.2 积极的社会情境意识

任何真实的学习过程都是发生在特定情境中的，而各种情境因素"为自我调节的学习提供了物质的或者社会性的支持"（赵蒙成、刘琳 2012：4）。在正式开展学习任务之前，学习者对特定情境所产生的意识和情感反应也对其学习过程产生着微妙但不容忽视的作用。在大学阶段，很大一部分学习是在课堂以外发生的，并且学习者拥有更多建构学习环境的自主权，这其中包括如何利用现有资源、排除环境干扰、如何与同伴展开合作学习等等（Pintrich 2004：400）。积极的情景意识更有利于学习者利用环境资源为学习目标服务。

本书第四章已经介绍了演讲课程的教学环境概况。笔者发现，相同的学习环境对不同的学习者所激发的社会情境意识并不相同，一定程度上也促进或者抑制了学习任务过程中的思辨能力发展。这是因为，社会情境意识与目标取向相结合时，能够影响学习者利用资源的意愿和方式。对于学习动机更多源自掌握目标并且怀有积极的情境意识的学习者，他们更容易将学习群体中的其他成员看作是可供参考的榜样示范，或者互相帮助、共同进步的同伴，而不只是竞争对手，这类学习者通常更加享受与大家"交流"甚至"交锋"的体验。另外，社会情境意识也会对资源利用的方式施加影响。群体融入感更强的学习者拥有的可利用资源可能更多，并且可能更为主动地寻求帮助。

如上一小节所分析的，不论是作为演讲者还是听讲者，June、Sarah、Iris都在课堂上表现出强烈的互动意识。从寻求帮助的角度，她们大多与宿舍同学有课下交流，互相为对方选题、拟稿出谋划策，有时也互相帮助准备演讲彩排。在合作学习中，特别是在比较自由放松的宿舍环境中，女孩们自称"有时会争论得很厉害"，但最终拟稿者会自己拿主意。但她们都觉得，有同伴帮忙"掌眼"，是件好事。在访谈中，Iris 曾经这样描述自己与室友 June 的关系："（做小组课题时）我们俩必须在一个组，要不然我们组就是我说什么就大家都同意，她的组就她说什么都算。我们俩必须在一个组，否则就是她的组说了算，我的组，我不说话大家都不说，我一说，大家就都同意……但是我不喜欢这样子，我喜欢有人和我争"（2013-5-28 访谈）。

7.2.3　助力于思辨发展的学习策略

自我调节的学习观认为，在学习任务的实施阶段（performance）选择什么样的学习策略（包括认知策略、元认知策略及资源管理策略）决定了学习者最终能够达成的学习成就（Pintrich 1999：460）。由于本研究的关注聚焦于思辨能力的发展，因此本章重点探讨个案学习者的策略选择与他们的思辨技能发展之间的关系。由于前一小节已经提及本组三位学习者的资源利用策略，此节讨论以认知与元认知策略为主。

在不同的学科和学习阶段，学习者所使用的认知策略不尽相同。如实证研究显示，我国大学生英语学习者主要运用形式操练、功能操练、依赖母语等策略（文秋芳、王立非 2004）。而相较于普遍意义上的课堂学习，以 Weinstein and Mayer（1986）为代表的研究者则认为，认知学习策略中最重要的是操练（rehearsal）、阐述（elaboration）、组织（organizational）三大类。操练策略有助于知识储备（如标记重点、记诵等）；阐述策略帮助学习者对知识进行初步加工（如概述、类比等）；组织策略则涉及对知识的深层加工（如提炼要点、组织提纲、绘制概念图示等）（转引自 Pintrich 1999：460）。从信息加工的深度来看，这三类策略对学习者的认知水平要求是逐步递进的。笔者认为，在演讲课程学习中，上述三类认知策略都有所涉及。由于本课程不考核学习者对课本知识点的掌握和记忆情况，操练策略暂不讨论。就学习者思辨能力发展而言，影响相较更大的是阐述与组织策略。

元认知策论主要是指学习者对学习过程进行计划（planning）、监控（monitoring）、调整（regulating）时所采取的策略（Pintrich 1999：461）。在本研究的演讲学习中，"计划"主要指学习者为完成特定的演讲任务，对各个步骤做出时间、精力的分配安排；"监控"指根据既定的目标与标准对演讲的准备过程进行自我观察和检测；"调整"则主要是指在监控中发现问题，及时对自身的学习行为做出改变，以达到既定的标准和目标。

在内涵上，元认知策略与思辨理论中的"元思辨"概念近似。在文秋芳等（2009）的"思辨能力层级模型"中，元思辨能力位于思辨能力的第一层级，指"对自己的思辨进行计划、检查、调整与评估的能力"（转引自文秋芳 2012：

31）。在"德尔斐报告"（Facione 1990）中，思辨能力的第六项为"自我调节能力"，其中包含"自我审视"与"自我修正"，其内涵等同于"元思辨能力"（见表 2.1）。而在思辨三元结构模型中（Paul and Elder 2006）中，将思辨标准应用于思维元素的过程就是一种"关于思考的思考"，也必然涉及对自身思维的评价和监控。上述三者之间的不同在于，在后两种思辨理论中，未将计划能力归入思辨能力。笔者认为，计划、监控、调整策略都与思辨能力的发展有关。虽然计划性不像监控和调整那样直接关系到"运用标准对自身的思维过程进行反思性评价"，但是对任务步骤进行合理规划有助于演讲准备过程的条理和效率，并且为监控和调整提供时间与精力上的保障。在本研究中，笔者将计划、监控、调整看作是在学习任务过程中有助于思辨能力发展的学习策略。

7.2.3.1 促进信息加工的阐释策略

在演讲实践中，阐述策略集中体现在拟稿者对所采集的资料进行预处理的方式，这在学习者提交的演讲初稿中可以看出一些端倪。阐述策略意识较弱的学习者普遍倾向于直接引用原文，通过简单的复制、粘贴，即可将一篇网络文章"剪裁"成为一份演讲提纲。在本课程的初期，这种"挪用"方法成为学习者中使用较为普遍的策略。虽然这种做法可以帮助他们较为省力地完成演讲准备，而且听众在听讲时通常没有意识或者能力去鉴别其内容的原创性，但是它却阻碍了拟稿者对信息的加工深度，相应限制了其思维能力的发展。

通过观察 Sarah 等三位学习者的系列演讲稿，可以看出，她们自觉地规避了这种取巧的策略，不仅搜集多样化的信息资源，并且在阐释时主动要求自己使用"自己的语言"。在 Sarah 题为"快乐的荷尔蒙"的演讲中，特意使用了生活化的语言对话题进行引入，主体部分的科学术语也特意添加上"通俗化的解释"。Iris 则在"热辣重庆"的演讲中，"通过网络调查结果和自己为例证，引起了现场观众的兴趣与笑声"（2013- 4-6 反思日志）。June 在"纳西文化"的演讲中取得了成功，但是她仍坦承，"我的演讲稿中有很多语言是参考我查阅的资料的，因为我用的直接是英文材料。所以下次我可能会尝试也多用中文材料，减少对自己运用英语的干扰，尽量自己写，锻炼自己的英语能力"（2013-

4-6 反思日志）。

7.2.3.2　逐步提升的组织策略

在演讲学习中与组织策略对应最为贴切的是准备提纲（preparation outlines）的拟写。这是演讲课程的教学重点。而《演讲的艺术》一书对准备提纲的格式要求将演讲者的组织策略进行了显化：在引言（introduction）、主体（body）、结语（conclusion）的划分以外，演讲拟稿者还需要明确中心论点与要点的主次层级关系、要点相互之间的逻辑递进等。这样的格式要求既有助于观者迅速地了解拟稿者的构思，也有助于拟稿者对自己的思路进行监控。在首轮有备演讲结束后的反思问卷（两班共回收 36 份）中，当被问及此次练习"最突出的收获"时，56% 的同学都明确表示，准备提纲的体例及拟写方法帮助很大。

观察分析三位个案学习者在有备演讲任务中的拟稿过程，她们始终在积极主动地改进自己的组织策略。首先，在第一份演讲初稿之前，她们都仔细阅读和了解了课本中对准备提纲的格式要求，在格式上认真模拟。其次，在学习过程中，也可以看出她们不断改进的努力。下面以 Sarah 的三次有备演讲定稿在主体部分组织结构上的对比为例进行说明。

Sarah 的第一次演讲介绍了血清素这种能够给人带来快乐情绪的激素。在主体部分，她层次分明地列出了她的要点、次要点及支持理据：1）血清素对人体具有两方面影响（平静情绪与控制愤怒）；2）增加大脑中血清素的日常方法（食物、光照、运动等）。在提出每一个要点和次要点时，Sarah 都提供了实证研究证据。演讲的首尾也明确地相互呼应。

在"我的中国梦"演讲中，Sarah 发表了她对我国地区发展不均衡问题的分析和解决方法。她将演讲主体划分为三个部分：1）吸引人们涌入发达城市的根源在于发展不均衡（收入、失业率、社会保障对比）；2）城市人口膨胀带来一系列社会问题（公共服务压力、社会群体利益冲突）；3）解决方案：增加欠发达地区就业机会。与第一次演讲相比，此次演讲在组织结构上增加了对事物的因果链条的分析，呈现了更为清晰的推理层次。

Sarah 的期末演讲以"承认他们的爱"为题，论证了给予同性婚姻合法地位的理由：1) 同性婚姻不被法律承认所引发的社会问题（歧视、同性恋者异性婚姻悲剧）；2) 同性婚姻合法化可能带来的益处（医疗及心理健康；人权维护）；3) 针对反对方所关注的问题，提出解决办法（传统习俗、生育问题、沟通问题等）。与之前的两次演讲相比，期末演讲中的一个明显进步是增加了对议题的正反视角讨论，即在第三个要点自觉关注反对同性婚姻的观点及其理据，并在此基础上提出理性的解决方案。

上述分析论证了 Sarah 在三次有备演讲中组织策略的应用及能力提升，但是必须承认，对组织策略产生影响的还有其他因素，如任务要求、选题性质等。例如，争议性话题比说解性话题更适合采用正反视角进行论证，也就更利于激发学习者组织策略的发挥。这也恰恰说明了在自我调节的学习活动中，最终的学习成就是各种因素互动影响的结构。

7.2.3.3 计划性与贯彻力

本研究个案学习者当中，计划能力极为突出的是 June。这与她丰富的社会实践经历有很大关系。June 在一所大学开办的语言培训中心做兼职，她的主要任务是翻译和网络课程推广，"每一个没课的下午都去上班"。周末她基本都在校外参加志愿者活动。同学们形容 June 是个大忙人，并且都好奇她如何能在有限的时间里平衡课内学习和课外活动。June 的回答很简单，"Time Management（时间管理），只要提前做好计划，就没有那么难了。"大量的实践不仅让她具备了有效规划的能力，而且培养出令人钦佩的计划执行力。即使在第一次演讲临时换题的紧急状态下，她仍然按部就班、保质保量地完成了信息查阅、筛选、拟稿的全过程。计划性令 June 的演讲准备扎实有序，有比较充分的机会对演讲稿进行多次修改，在发表前尽量完善。

与 June 相比，Sarah 和 Iris 的计划能力虽然没有那样突出，但是纵观整个学期的演讲学习，她们始终能按时提交拟稿和改稿，并且在了解课程任务日程的基础上，对任务的准备甚至会走在班级进度之前。Iris 很早就确定了期末演讲的话题，并且较早地开始动手收集资料；Sarah 为了期末演讲也提前设计了与话题相关的调查问卷，并提前与助教商讨选题方案。虽然最后她放弃了原来的选题，走了一点弯路，但是提前计划让她为自己保留了充分的准备时间，最终圆满完成任务。

7.2.3.4　自主监控与调整

由于本研究未对学习者进行类似有声思维的在线数据收集（如 Zimmerman 2008），因此无法展现在任务过程中学习者在思路上的微观变化。笔者拟在这里呈现的是演讲改稿过程中的元认知策略。由于监控与调整通常连续发生，因此本小节将这两项策略合并探讨。

要想有效地对思维过程进行监控，掌握一定的评价标准并具备使用这些标准的意识是先决条件。而思辨能力的培养最为基础的工作也在于引导学习者建立标准意识，利用标准做出自我评价和调整。如前文所述，本研究中的演讲课程尚处在对思辨教学的摸索阶段，对标准的灌输比较缺乏系统性和连续性，因此学习者对元思辨策略的运用一部分来自于课本、课堂讲解、课下指导所传达的任务要求，另一部分则取决于他们已经具备的思维监控习惯。笔者认为，除了教师主导下的元思辨策略运用，在学习过程中，学习者是否能够自主监控和调整更加重要。

在数据分析的过程中，Iris 在这方面的能力给我留下了深刻的印象。首先，她初次提交的演讲拟稿就体现出对演讲评价标准较为细致的把握。在动笔之前，她已经认真地阅读过课本中的准备提纲格式说明，并且详细参照了其中的范例展示。她也是全班同学中唯一一个发现课本瑕疵的：在介绍了文献格式等要求之后，课本中所提供的说解性演讲范例"哈尔滨冰雪节"却没有按照要求列出文献出处，其文内也未包含任何关于数据出处的说明。与同伴们的初稿相比，Iris 的第一稿在提纲结构层次的划分上最为分明，以三个层级的番号将中心论点、要点、支撑案例的关系一目了然地表达了出来。因为没有发现明显的问题，我对这一稿的批注意见并不多，主要指出了 *hot* 在英文中的一词多义性及与汉语"热情"的区别，另外提醒她可以再增加文献。

虽然未得到充分的指导意见，Iris 仍然发挥了自己的主观能动性，在演讲发表之前共做了三次内容调整，主要是在信息的丰富性、趣味性以及篇章连贯性方面的不断完善。将一稿到三稿并排在一起比较，能够感受到 Iris 将自己放在听众的角度审看演讲的内容，不断问自己，如何将"高温 - 美女 - 豪爽 - 美食"这几个重庆特色合理地串联起来？对于大家熟知的信息，如何靠添加细节来保持听众的兴趣？如何结合自己的个性特点来投射重庆人的风貌？她最终的决定是，借用"热辣"（*hot*）一词的双重语义，将重庆人与重庆美食并列作为两个要点，而将"高温"与"美女"纳入到"重庆人"之下作为次论点，由此解释气温与性格、外表的关系。

7.2.4 基于反思的自我效能感良性循环

在完成一项特定的学习任务之后，具有自我调节意识的学习者通常会回顾任务的完成情况，对自身表现做出评价，并总结成功的经验或失败的教训，为下一次完成任务提供参考。Zimmerman（2002：68）指出，反思包含"自我判断"（self-judgment）与"自我反应"（self-reaction），前者指对自身任务表现进行评价并对其进行归因（causal attribution），后者则指学习者是否保有自我满足感（self-satisfaction）、对未来新的学习任务形成适应性或抵御性反应（adaptive or defensive responses）。在自我调节的学习过程中，反思结果将对下一轮学习任务的前瞻阶段造成影响，从而形成贯穿于连续学习任务中的循环系统，这其中就包括学习者对新的任务所怀有的"自我效能感"。

自我效能感（self-efficacy）指"一个人关于自己在某个领域是否有能力创造绩效的信念"（Bandura, 1986；Schunk, 1985；转引自 Pintrich 1999：463），或者是"个体对自己是否有能力有效解决一项特定任务的感觉"（伍尔福克2010 / 2012：301）。在学术情境中，自我效能感则包含一个学习者对自己的认知技能的信心，相信自己能够习得并且完成某个学业任务。实证研究发现，自我效能感与学习者的认知策略使用有明显的正相关关系——自我效能感高的学习者在学习过程中更为积极地调动认知技能以更好地理解教学材料，并更多地使用自我监控策略，因此也能达到更好的学习结果（Pintrich 1999：465）。"三维交互观"认为，每当完成一项学习任务，学习者都会经历反思过程，这也意味着，对自我效能感的分析不应停留在固定的时间点上，而应随着学习过程进行动态观察。本节将选择演讲学习开始前和进行中的不同时间点，分析三位学习者的反思、自我效能感及对其思辨能力发展的影响。

7.2.4.1　反思的全面性与归因的准确性

由于英语演讲在传统上被视为一种外语语言技能训练手段，在对演讲进行评价和反思时，大家通常会首先关注与视听感受直接相关的语音、语调、流利度、肢体语言等，这无可厚非。但是真正让"公共发言"（public speaking）产生意义的是一个演讲语篇所包含的观点和理据。这正是本研究关注思辨能力的初衷。在本课程中，任务后反思主要是通过观看录像，填写反思日志或问卷进行的。在分析学习者各轮演讲后的反思日志时，为了凸显阶段性反思与思辨能力发展的关系，笔者着重探究以下问题：1）学习者对演讲表现进行评价与归因时，是否关注自身在思维能力上现存的问题？2）对照"演讲活动中的思辨分项技能"框架，学习者的自我评价是否客观、准确？3）学习者是否为下阶段学习做出适应性反应，生成更有助于思辨能力发展的学习策略？

Sarah、June 和 Iris 三位学习者的反思内容具有一个突出的共同特点：即使是在授课之前的即兴演讲前测反思日志中，她们对自身的分析评价就能兼顾语言能力与思维能力。尤其引起笔者注意的是 June，在第一次反思日志里，她非常有条理地从"逻辑与中心论点、英语技能、肢体语言三方面"来进行了自我评价，从篇章结构到发音习惯及流利度问题再到眼神和手势，逐一总结不足之处和形成原因。现将关于逻辑结构部分的反思摘引如下（2013-3-10）：

一、逻辑及中心论点：我在演讲之前的逻辑是清晰的，按顺序来说是：

①引题：先用自身的环境引出话题（说我觉得要是我的演讲是成功的，下次我便会更加自信，更加放松，但是比尔盖茨不同意我，他觉得成功让人容易满足，是一个坏老师）

②反面论证：通过李天一的例子说明有时候成功真的是一个不好的老师（李天一从小到大十分成功，就在 11 年 11 月份，还办了个人演唱会，但是成功却让他十分狂妄，第二次进了监狱）

③正面论证：第二个例子看似说明了比尔盖茨的说法是正确的，但是这是片面的，因为研究等事实表明，成功的人会更加成功（通过《穷爸爸富爸爸》以及经济学上的马太效应做论证，富人拥有视野、人脉资源、财力资源等，将会取得更大的成功）

④结论：比尔盖茨的说法是片面的，一个人是否在成功之后再次取得成功，或者成功之后失败，这还是由个人决定。

我自认为这个逻辑最大的缺陷就是我没有一开始就表明自己的立场，所以，之后我因为说得不流利，导致最后立场十分模糊，我甚至说成了："I disagree with Bill Gates"，其实我该说的是我不完全同意。

June 的反思内容与结构首先说明，在她对演讲评价的理解中，中心论点与要点之间的逻辑关系是比语言技能、发表技巧更为优先的。她既能清楚地复述思路及其理据，对自己做出"逻辑是清晰的"肯定性评价，同时也能看到自己在演讲中的失误——没有第一时间准确地表述自己的中心观点，导致了"立场模糊"。在学期末的即兴演讲后测中，她克服了这个缺陷。

June 的第二次演讲是有备说解性演讲"纳西文化"。在这一篇反思日志中，她首先回顾了改选话题的缘由以及新选题拟稿过程——重点讲述了从哪些有益的信息资源组织自己的演讲理据，这其中包括丽江古城网站、纳西语资源中心、专业书籍等。对自己的演讲，她给出了"informative"、"可信"、"结构明确"的评价，但是同时也非常坦率地承认了其中未处理好的难点（2013-4-6）：

我在 5 分钟之内介绍完文字与服饰，还要尽量减少观众的疑问，是件很具挑战性的事情，因为文字本身很复杂，而且东巴文字跟汉语区别十分大，更重要的是，我本身不会说纳西语，所以最后出现了两种选择：1 我将语言介绍尽量详细，但那样太费时间；2 我粗略介绍语言，与服饰持平，但是那样观众会有很多问题。最终，我还是没有讲清楚什么是 loan character，这成了观众理解东巴文的难点。

对于听众提问部分，June 既肯定了听众踊跃提问说明自己的演讲引起了大家的兴趣，也在观看录像时发现了自己在线产出英语时的一个突出问题："有时候废话很多……绕了一圈答案还是'不会'"。这个问题在 June 的即兴后测中仍然非常突出地显现出来。笔者认为，这和 June 在线语言产出的能力较为滞后有很大关系，同时也因为她在思维习惯中非常侧重于通过举例来阐释观点，而不善于言简意赅地提出总结性论断。在访谈中，笔者与 June 曾经有过探讨，并且鼓励她在保持原有风格的基础上注意根据情境调整阐释策略。

同样观察 Sarah 与 Iris 的历次演讲反思，她们都能将对演讲内容、结构的自我评价放在语言能力之前，不仅在反思中对成功的经验进行总结，同时也较为准确地发现当前阶段的问题，在此基础之上再提出切实可行的解决方案。例如 Sarah 认为即兴演讲前测的最大问题是"观点重合交错，很没有条理，"她认为这是由于自己"课下很少对一个问题深入思考，很多想法都是基于感性认识，因而拿到题目，想不出有力的证据，也拿不出自己的分论点（要点）……需要学会用事实说话，对一些问题进行更为深入的思考，形成自己对某些问题的认识和看法"（2013-3-10）。

这种意识上的改变并未能使 Sarah 在即兴演讲后测中对理据运用的能力发生明显的提升，主要的原因是知识的储备是一个长期的过程，在不能借助外部资源的任务中储备不足的弊端依然会暴露无遗。但是 Sarah 在有备演讲的任务完成过程中，努力地通过认真查阅文献和组织理据来弥补自己的缺陷，并且根据授课指导，有意识地检验信息来源的时效和可信度，注意要点之间的逻辑递进，在演讲内容的说服力方面取得了显著的效果。她的三次有备演讲都做到了"用事实说话"，并且理据达到了相关性、逻辑性的要求，真实地起到了支撑论证的作用。

7.2.4.2　自我效能感的逐步递增

自我调节的学习观将自我效能感看作是"个人变量"（personal variables，见图 3.1）中最重要的因素之一。人们对行为结果所做的预测会对学习产生关键的作用，因为这些预测会影响到人们的目标设置、努力程度、坚持精神、策略使用等（Bandura 1986，转引自伍尔福克 2010 / 2012：301）。这一观点再次体现了社会认知理论对学习者主体性的重视。Bandura（1997，转引自伍尔福克 2010 / 2012）认为，自我效能感可能来源于 4 个方面：成功经验（mastery experience）、唤醒（arousal，即导致警觉、兴奋或紧张的生理或心理反应）、替代性经验（vicarious experience，即观察榜样的示范行为）和外界劝说（social persuasion，指鼓励性言辞或反馈）——在这其中，成功经验的作用最为有力。

由于自我效能是针对特定任务的情感反应，同时每完成一轮任务后都可能通过反思产生新的效能感，笔者拟在本节以动态的视角分析3位学习者与思辨能力发展有关的自我效能感变化。下表展示了三位学习者在演讲选课申请中所陈述的自我效能感，即她们认为自己在哪些方面具备成为优秀演讲者的素质。通过对比三位学习者在初始阶段的能力自述，可以看出，June比较明确地提到了自己的计划能力（元认知能力之一），而在演讲任务实践中，她引以为豪的这种能力也得到了充分的发挥，帮助她在事务繁多、时间紧迫的情况下仍然按部就班地完成拟稿、改稿和演讲彩排，并最终取得良好的发表效果。相比之下，Sarah的自我效能感与思辨能力最无关联，她所强调的主要是经验、技巧和情感因素。Iris则同时提到了自己的智力与情感因素。

表7.2 "持续进步型"演讲学习者课程初期自我效能感概述

学习者	自我效能陈述
June	多语学习经历；不怕犯错，渴望提高语言技能；社会实践中的计划、实施能力
Iris	爱好广泛；多语学习经历；演讲、辩论经验；为了"更好的自己"而迎接挑战
Sarah	有丰富的主持经验，从不怯场

随着演讲学习的推进，学习者们在实践中不断形成新的自我能力评价。经过精心准备的演讲在最终发表时得到同学们的认可，这对她们是最明显的积极反馈。而在之后的录像回放和反思中，对成功经验的总结既让她们提高了自信心，确立了有效的学习策略，同时也通过设置更高的成就目标推进自身能力的发展。例如，在第一次有备说解性演讲之后，3位学习者都在反思中提到相似的成功经验，如依据听众需求进行选题、广泛查阅资料、在准备提纲中合理安排要点的逻辑关系、使用听众能够接受的语言表述方式等。在接下来的其他演讲准备中，她们继续沿袭了这些成功的经验，使之成为习惯性的演讲准备策略。

更为可贵的是，这3名学习者都在后续的课程学习中，面对每一次新的演讲任务，主动地对自己提出更高的要求：Iris在"我的中国梦"演讲中特意选择了她觉得其他同学可能会规避的"政治性选题"，尝试探讨了民众对政府的信任问题；June在期末演讲中尝试了之前没有实践过的"调查问卷法"，通过采集毕业生实习和就业的真实数据为自己的演讲提供强有力的理据；而Sarah则在期末演讲中放弃了再次谈论健康话题，转而选择一个更有争议性的话题，"同性婚姻合法化"。Sarah的期末选题经历了一个稍显曲折的过程，她是在根据听众分析否决原选题的情况下，再通过更广泛的信息检索，克服自身知识面较窄的问题，确定了更有现实意义的话题，并比较圆满地完成了演讲任务。

从思辨客观测试和即兴演讲测评结果看，本组3位学习者并未处于相同的思辨水平上，其中Sarah低于另外两个同伴。但是通过以有备演讲评价为主的数据分析，笔者认为，她们在思辨能力的发展趋势上具有共同点，她们在目标取向、社会情境意识、学习策略、反思能力等方面也具有相似的特征，并且形成了个人、环境、行为之间交互关系的良性循环，这为她们各自在原有基础上取得思辨技能的进步奠定了基础。

7.3　有限进步型学习者：对标准的有限内化

从Danny和Mary的成长经历来看，两人都从小接受过表演训练，并且在英语发音和流利度方面具有明显优势。在演讲课程第一轮有备演讲中，两人在各自的班级均获得"本轮最佳演讲"（每班3名），其英语口语表现力受到同学们的广泛认可。

从思辨倾向问卷结果来看，Mary整体得分较高，其中最突出的是"坚韧性"（前测得分5.33；后测4.67），即愿意迎接挑战，面对复杂任务不退缩，这与她的成长经历有关（见5.4介绍）；Mary相较得分偏低的是"勇气"与"求知"。Danny的思辨倾向前后测整体得分略低于班平均，并且后测较于前测出现了下降；在七个维度中，他在"求知"和"理性"方面得分最低，而取得明显进步的是"开放性"与"勇气"，即表现出挑战自身信念、理性对待不同观点的意愿。

两位学习者在各类型思辨能力测试中既有进步，也在演讲任务完成过程中出现了一些较为固化的问题。本节将对造成这一现象的原因展开分析。

7.3.1 偏重绩效的目标取向

从对待演讲任务的目标取向来看，两位学习者都偏重"绩效目标"。他们都有参加演讲和辩论比赛的经历，对于登台也都怀着"赢"的渴望。Danny 在参加演讲比赛时很在乎结果，因为"在学弟学妹面前表现优秀，很有面子"；他选择演讲班的原因之一是学会回答比赛时的即兴提问，弥补自己的弱项。Mary 在参加过与名校选手同台竞技之后，总结自己最深的体会就是，"厉害的人太多了，以后到了社会，就没有先来后到的顺序了，你不仅要和前辈，还要和后来的人竞争。有了比较以后，我就又调整了自己的计划，让自己的目标更高了一些"；对于演讲课程中的选题技巧，Mary 说，"我会在现有的观点里找比较独特的视角，我不太想和别人做的一样，因为这样很难取胜"（2012-5-19）。

这种注重绩效（performance）的演讲学习目的令 Danny 和 Mary 将演讲更多地看作是"一种外在表演"（引自 Mary 即兴演讲前测 2013-3-16），而不是思想与信息的分享，或者是提升自身对某些事物的认识与理解。这种目标取向既给他们带来了强烈的学习动机，即关注任务要求、评分标准，积极选用有利的学习策略，注重现场听众的反应，但是也使他们在对自身进行反思评价时更多地考虑外在表现的效果。详见下文分析与阐释。

7.3.2 学习策略的有限作用

如前文所述，学习策略分为认知策略（阐释、组织）、元认知策略（计划、监控与调整）和资源管理策略。在演讲任务完成过程中，两位学习者都表现出良好的计划性，始终按时提交稿件，提前熟悉讲稿，并按要求完成反思日志。在选题、改稿等阶段，他们都能积极听取助教指导意见，在阐释、组织等策略上逐步改进，并具备了一定的自我监控和调整意识。但在数据分析过程中，笔者也发现了他们各自仅靠现有的学习策略难以逾越的思维瓶颈。

7.3.2.1　形式大于逻辑

从认知策略的发展来看，Mary 在阐释和组织策略方面都经历了一个进步的过程。在她的第一次有备说解性演讲中，Mary 以介绍美国歌星惠特尼·休斯顿为演讲主题。这篇演讲的初稿有比较明显的资料剪拼痕迹，大量语句直接出自相关的介绍文章，虽然语言地道，但是却并不适合作为 EFL 演讲稿，因为句式和内在信息的复杂度会明显干扰听众的理解，剪切过后的语篇连贯也遭到破坏。从另一个角度说，因为没有经过对所采集信息进行深度加工，即在理解的基础上重新组织内容，这种篇章挪用策略对于演讲者自身的思维能力提高帮助不大。在助教反馈中，笔者建议 Mary 更多地使用自己的语言，并且提醒她注意演讲目的的一致性——演讲开篇第一句的"她的死难以避免"与结尾处"她美妙的歌喉将被世人所铭记"相互难以呼应。Mary 在此处出现问题，恰恰是因为她所引用的原文既介绍了惠特尼的生平和艺术造诣，也详细分析了她在婚姻以及吸毒问题上的悲剧。对于一个三分钟的演讲，同时做到这两点并不现实。在二稿的修改中，Mary 将演讲的中心观点调整为："惠特尼有着传奇的一生，但是一些不为人知的细节决定了她的人生道路"。在这个思路的指导下，Mary 按照时间顺序介绍了惠特尼的成名经历和艺术代表作，并分析了她自毁前程的原因。在语言方面，她简化了一些妨碍听众理解的表述。整体而言，二稿相较一稿有所改善，但是简拼痕迹没有完全消除，例如关于惠特尼的中产阶级黑人形象及对待海湾战争的政治历程都是提及却语焉不详。

在第二次和第三次有备演讲中，Mary 都做到了选题有新意。在"我的中国梦"中，她倡议中国年轻人摈弃追求享乐与奢华的价值观，简化婚礼。这个话题紧扣时代特征，论据既包括了新闻热点也联系了个人见闻，语言表述清晰易懂，这与第一次演讲相较显示出明显的进步。期末演讲的初稿她选择了以"中国孩子应学习书法"为题，阐述了学习书法的益处和不学的弊端，但是这篇演讲在对"书法"的定义以及学习目的方面受到助教反馈的质疑，后被放弃。她最终的选题是"帮助我们的天才"，并在演讲的开头和结尾设计了巧妙的呼应，令人印象深刻；演讲的主体部分也谈论了引发天才悲剧的不同因素。这说明，在形式上，Mary 已经熟练地掌握了组织策略。

但是表层上的组织策略并不能完全代替篇章内部的逻辑。Mary 的三篇有备演讲屡次出现概念或者目的不一致的问题：惠特尼的"音乐成就"与"人生悲剧"孰为主旨、"简化婚礼"与"降低结婚条件"在内涵上的混淆、"成功的天才"与"天才的悲剧"有何关联，都在不同程度上干扰了演讲在深层意义上的整体连贯性。观察思辨客观测试与定题即兴演讲测评得分，Mary 在客观测试中的分析能力及即兴演讲前后测中的理据力度得分都不够理想，这与她在有备演讲中表现出的概念不一致问题有一定相关性，也形成了她在有备演讲任务完成过程中较难逾越的一道瓶颈。

7.3.2.2　止于外援的的资源管理策略

作为一名典型的表演型选手和绩效取向目标学习者，Danny 的学习策略最为突出地表现在他的资源管理策略。二年级的春季学期，他正在申请转学去美国学习传媒专业，英语演讲不仅与未来的专业学习关联性比较大，课程评分对学分转换也很重要。为了得到理想的成绩，Danny 充分地利用了助教辅导机会——在第一轮演讲拟稿期间，他提交了两个选题，分别都是完整的准备提纲。对于笔者的反馈意见，他的反应也非常快，总是很快完成修改，然后将新改的一稿发送过来。"我非常享受老师与我们共同改稿的机会，因为平时的演讲稿都是自己写，看不出到底有什么不足，而老师提的有一些建议非常有价值，并且在今后的演讲中非常有用"，Danny 在第一轮演讲结束后的反思日志中写道。

笔者在后期采访中还了解到，Danny 的"助手"还有一位有理工背景的俄语专业室友 Z。性格内向沉稳的 Z 常被 Danny 请来帮忙审稿，"我们是好朋友，所以我不会对自己的想法有保留……但是我的意见他并不都听的，经常是发给您看了以后，发现我们两人的意见一样，他才愿意改"，Z 在访谈中告诉笔者。在 Z 的眼中，演讲课的学习经历使 Danny 发生了一些变化，"以前特别听不进别人的意见，后来慢慢变了，愿意考虑别人的想法了"（2013-6-27 访谈）。据 Danny 介绍，Z 给他最有益的提醒是将一个新闻热点话题放置在"历史背景"中去思考，而不是一个孤零零的偶发事件，这在他的期末演讲中就转化为对大学生心理问题成因的分析。

Danny 的选题策略与 Mary 略有不同，他通常是从热点中找寻话题。"我的中国梦"以健康为题，期末演讲以大学生心理卫生为题，都是从新闻热点入手。他渐渐放弃了迁就自身兴趣的习惯，逐步倾向于在演讲中讨论有现实意义的话题，并开始尝试探讨解决社会问题的方法。在论证过程中，他也有意识地为自己的论断寻找和组织理据，以此取代依赖情感的信息宣示。

在取得的进步之外，也可以看到，Danny 在经历了"正能量"概念的波折之后，在后续演讲中再次以过于泛化的手法处理"健康"概念，同时，他对社会问题的解决方法也趋于单一，缺乏深度（详见第五章分析）。这说明，虽然他能积极地按照课程要求，听取助教和同伴的意见进行改稿，但是他独立思考的习惯尚未养成，对自己易于出现的根本性问题监控意识不足，导致相似情形反复出现。

7.3.3　反思内容与自我反应

作为自我调节学习中的一个阶段，任务完成后的反思可以使学习者有机会总结经验教训，并对后续新的学习任务做出调适。通过评析反思内容是否客观全面和观察学习者反思时所表现出的情感上的自我反应（self-reaction），均有助于推断其思辨能力发展的空间。不能准确判断任务完成中首要问题的学习者难以在后续学习中及时更正，而消极的自我反应也不利于未来能力的提高。根据 Zimmerman（2002：68）的分析，自我反应包括两种：适应性反应（adaptive responses）是指为了改善学习方法和效果所做出的调整；与之相反的是防御性反应（defensive response），即为了保护和维持自身形象而躲避、放弃某些任务或者学习策略。从反思内容和自我反应两个角度看，Mary 和 Danny 有各自不同的特点。

7.3.3.1　反思内容

在反思内容上，Danny 和 Mary 呈现出不大一样的风格。Danny 不论是在反思日志里，还是在访谈过程中，常常能直率地谈及自己的问题。以即兴演讲为例，他在观看完前测录像后写道：

> During the 15 minutes preparing time, I found it a little bit difficult to understand this sentence. Because I think there is something wrong with the logic in this sentence. So I can't say I am totally agreed or disagree, and then I choose "kind of". So when I am stating my points is like what we called in Chinese "打擦边球". So the structure looks a little bit off the point. I am not so confident to speak it out, because the reasons are not that convincible. Several grammar mistakes appear in my speech. So, to be frank, I am not so satisfied with my work. (Danny 2013-3-13)

在以一段英文写就的简洁反思中，Danny 说出了自己在即兴演讲中最为根本的困惑，他并没有能在完全理解加菲猫引言的基础上组织自己的论证。由于没能清楚地分析出加菲猫的推理谬误，他在仓促间只得"打擦边球"。在访谈和后期的反思中，Danny 不止一次地检讨自己打擦边球的问题，并把原因归结于"确实书读的不多，从小就不爱读"，"在思想上，应该更清晰更有深度，解决办法就只能多听多看多积累"。

相较于 Danny，Mary 对即兴演讲前测的反思包含了更多的"自我批判"：

> 1. 自我感受：在看视频之前，在真实的演讲的过程中，自我感觉就是言不及义，没有把自己的意思和预先准备好的内容表达出来……后来看了视频，就觉得，结结巴巴，语音语调不自然，言辞不流畅，思维混乱……当我将我自己讲出的语言用文字打出来的时候……连篇的语法错误，内容空洞，结构松散，表达不专业……
>
> 2. 用词表达：对文稿进行分析后，对于有些词的使用，我有时候甚至没有意识或者非常迷惑为什么自己会这样用……在平时的训练中，可能太过注意口语的训练，使得在表达的过程中没有办法用正式得体的英文流畅表达。
>
> 3. 演讲技巧：由于时间安排得不合理，或者说是第一个 point 的失败表达占用了太多时间，导致第二个 point 的 evidence 没有说出来。

Transitional words and sentences 的应用还非常不纯熟，整个演讲无法显示出紧凑的结构。结尾也没有呼应全文。

4. 英语能力：对于演讲中语法的掌握和重视程度还不够，错误百出……另外有些单词的发音有问题，有些句子中的语调把握不到位……

5. 观听效果：……除了 self-confidence 之外，还要有好的仪表，好的表现力。

路漫漫其修远兮，奈何如今尚徘徊。

吾将上下而求索，祈功夫不负有心。

从这段详尽的自我评价中，可以看出 Mary 对自身怀有很高的要求，从语言能力到篇章安排再到仪态仪表，她找到了自己的多个缺陷，并且在末尾以诗词的方式进行了自我鼓励。但是在这份反思中，Mary 并未意识到自己在解题之初就误读了题干（见第六章分析），她在写反思的时候也没有对其内容要点进行有效的逻辑监控——如"用词表达"可以归入"演讲能力"，"观听效果"与"演讲技巧"可以合并。对比前文 June 对反思日志的条理安排，可以看出一些差距。

在分析 Mary 的有备演讲反思日志时，笔者再次发现类似的偏离首要问题的反思风格。在首轮有备演讲（惠特尼·休斯顿）之后，Mary 认为自己的主要问题在于，"conclusion 没有很好地总结全文……inside citation 用得很少，使文章的科学性降低，没有很好地体现所做的 research……完全记住演讲稿内容，还是比较困难"（2013-6-26）。但是，Mary 似乎并没有意识到，在充分理解原材料的基础上进行选择性引用，比标出引用出处更为重要。

7.3.3.2　防御性自我反应

从自我反应角度来看，两位学习者也不尽相同。在反思中，Mary 和 Danny 同时总结了自己成功的经验，如借助外部资源（助教或同伴建议）、简化语言表述、注重条理性等，他们在"本轮最佳演讲"评选中，也为自己投了一票，说明在情感上他们都对自己的表现达到了积极的认同，而这也帮助其提高了在面对新任务时的自我效能感。

随着演讲任务的推进，Mary 始终保持着乐观的心态，在班级中的参与意识逐步增加，在同伴演讲后的提问慢慢多了起来。但是 Danny 却似乎经历了不同的自我反应。在参加演讲课程之前，Danny 曾经期望自己学会回答演讲后的即兴提问，但是演讲课程教学并没有关于如何答问的专门指导。他第一轮有备演讲后的听众提问主要是对"正能量"的社会效应的质疑。对自己的回答 Danny 并不满意，"所答非所问，没太听清两位的提问。有点像打擦边球，以后还应该在这个环节下功夫多做准备。"此时的 Danny 虽然想到了采取预测听众提问的策略，但是他并未意识到根本的问题——听众们已经成熟到不再满足于"心灵鸡汤"式的解决方案。在接下去的"我的中国梦"主题演讲中，他延续了以往的风格，将"健康"的定义泛化到食品安全、空气质量、心理问题、政府诚信、惩治腐败等多个方面，并以"保持身体健康、心理健康与良知"作为分享给听众的问题解决方案。在发表现场，Danny 的演讲所得到的回应不如第一轮演讲热烈，而这对他是一个不小的打击。在他看来，不能完全依赖生动热情的表现力来发表演讲对自己是一个损失。在之后的反思日志中，他写道：

> 我不喜欢第二轮自己的样子，我是个喜欢用情感的人，完全没有那种气场，让人疲倦，大家一看，哦讲完了——没有那种真心的鼓掌。我对 healthy life 还做了很长的准备，比第一轮长了很多……这次问答环节也是糟透了……每一次演讲都比上一次演讲更累。我更希望能看到老师放一些不是我们这个级别的优秀演讲。因为我觉得教材上的演讲不适合我。我尝试过他们的样子，可是感觉不对。可以找一些大型演讲比赛的优秀选手视频给我们看，然后分析、修改。（2013-5-10）

在上文反思中，Danny 显现出一定的"防御性反应"。他对探讨现实问题解决方案这样的任务要求感到力不从心，原有的优势得不到认可也让他产生了受挫感。在这种情感因素的影响下，他透露出规避任务的想法，其外在表现为对课程教学内容进行调整的期望。当其他同学在课程建议中要求减少语音指导，加强互动交流时，Danny 却希望老师不要再引导大家对现实问题进行思考，而是把教学指导的重点转向竞赛式演讲培训，那也正是他作为一名表现型选手最初选择演讲课的初衷。在一定程度上，注重气势的演讲风格意味着不再关注论证的严谨性，对思辨能力的发展也难以起到推动作用，这部分解释了 Danny 难以逾越的思辨瓶颈问题。

7.3.4　缺席的追加反馈

在前文中，笔者分析了 Mary 和 Danny 在思辨进步的过程中所受到的推力与阻力，其中他们的目标取向、学习策略、反思的客观性和深度、自我反应等都产生了影响。作为课程的设计者和教学参与者，在分析数据的过程中，笔者也深深地意识到教学干预方法的不足。

首先，本课程虽然在结合课本的基础之上添加了关于思辨能力的讲座，但是这种讲授基本是一次性的，并未形成贯穿整个课堂的评价系统，也就是说，本研究所提出的"英语演讲活动中的思辨分项技能"概念框架尚未转化成一个对于学习者具有操作性的自我评价清单。演讲课本中所提供的测评标准仅被建议参考，但未在课堂中发挥真实的作用。由于课时紧张，本课程没能像先导研究阶段那样实行同伴互评。为了促进学习者在自我评价时增强思辨意识，笔者在后半学期的反思任务中逐步加大了问卷的结构，将思辨分项技能的相关描述逐渐转化为选择题的样式，以加深学习者的反思意识，但只能在动机强劲的学习者身上看到较为明显的效果。

在任务设置中，虽然准备提纲中中心论点的陈述、前言与结语的呼应、要点与理据的层次划分有助于引导学习者关注篇章的条理，但是格式上的规范并不能保证内部的逻辑没有问题。虽然在拟稿阶段的助教指导能够帮助发现一些问题，但是局限于时间、精力，通过文档批注的方式并不能令学习者准确地理解所有指导意见。在很多时候，助教指导以提问的方式给出，也容易引起学习者的曲解。尤其是，一次反馈后给出的修改意见无法保证新改的内容不再出现其他的问题。

在教学过程中，最为遗憾的缺失是在每一轮演讲之后，虽然收集了学习者的反思日志，笔者作为助教并未及时给与追加反馈，对学习者凭借自身能力无法发现的问题等同于听之任之。Danny 和 Mary 在概念模糊或者目的不一致的问题如果得到更为明确的反馈和讨论，也许可以更好地避免。

7.4 平稳保持型学习者：未充分激发的主观能动性

Mac 和 Iris 一样，在思辨客观测试、即兴演讲的前后测中均保持了稳定的高水平发挥，是同学中当之无愧的"学霸"。但是他在思辨倾向问卷中的得分并不出众，前测为 4.00，后测则提升到 4.65。在七个思辨倾向维度中，他的得分较为均衡。在访谈中我还注意到，Mac 有辩证思考问题的习惯，对许多事物抱着"并非绝对"的态度，并且热衷于讨论对同一个题干的不同角度的解读。

Mac 在选课申请中对自己的语言能力和思维能力有着比较客观的评价：

> I did have some experience of delivering public speeches… however, I never consider myself as a good speech maker as I get nervous almost every time before I make one and every time I am making one and get extra stress when I am making an English speech considering the trouble of language added in… As for debating, I never enrolled in a bebating team… inspite of that, I think I am still a "seasoned debater", since throughout my growing-up, there have been countless debates… as far as I can recollect I won more than 70% of them.（2012-12-24）

Mac 对自身的英语语言能力与思维能力也有区别对待的意识。他清楚地知道自己的优势在思路清晰，也明白并不出众的嗓音、平缓的语速以及缺乏变化的语调是自己作为一名演讲者的弱项。正因为如此，他对演讲课的期待是学习如何成为一名优秀的演讲者，能够具备"自信"、"幽默"、"优美的语调"和"说服听众的神奇能力"。

7.4.1 掌握目标取向与思辨能力高起点

持有高水平掌握目标的学习者，对知识更具备探究欲望，而不仅仅满足于社会标准所设定的高低优劣。掌握动机给学习者带来更为持久的学习动机，在其能力的长期发展中起到至关重要的作用。从小学起就具备良好阅读理解能力的 Mac 在大学里也延续了主动探索的习惯，"我对一切新的东西都感兴趣，任何东西……上课的时候，老师提到一个名字，一本书或者一个专业术语，比如 meta-language，老师没有细讲，回去我就百度，然后发现挺有意思，就会一直读下去。我可以一个小时就看那一个词条，即使累得够呛，我也会看完整的一遍，至少很快地过一遍"（2013-5-17访谈）。正如他在即兴演讲前测中评价加菲猫的"学习无用论"时所说，学习能够帮助一个人保持大脑的良好状态：

> Learning itself is a practice. The more you learn, the better your learning skill will be… Leanrning is an energy-costing activity so it is very good for keeping fit… Use it for joking but never hesitate to use your time in learning". (2013-2-26)

据笔者的观察，平时在课堂讲座中，从眼神和表情都能看出 Mac 持久的关注力。他对新的知识点兴趣尤其显著。课上介绍过了推理谬误（fallacy）的概念，他立刻就能用到和同学的课下讨论中。"我对有内容的课听得很认真，而且我挺爱互动的…… 我普遍爱发言，有时候去听讲座，人家还没说完，我就提问了。"在与别人的思想交锋中，Mac 把自己描述为一个"批判性很强，很爱抬杠的人……不管是什么，我都往'歪'里想，然后给你挑毛病"（2013-5-17）。

长期的知识积累、批判的思维习惯造就了 Mac 较为突出的思辨能力，并且在两次客观测试及即兴演讲中均保持了稳定、高水平的发挥。

7.4.2　目标设定、社会情境意识与学习策略的消极互动

然而，在进入演讲课堂以后，面对具体的演讲任务，Mac 的掌握目标取向维持时间并不长。在第一次说解性有备演讲准备期间，恰逢同学们得到了思辨能力客观测试结果，受到鼓舞的 Mac 决定在演讲中探究一下"思辨是什么？"但是他提交的初稿被笔者的助教反馈泼了一些冷水。这篇演讲稿以思辨者的三项特征为切入点，分别介绍了思维的开放性（勇于面对挑战、主动防范偏见、角度灵活等）、理性（基于事实做出决断，注重逻辑推理）、勤于思考的重要性。但是在篇章安排上，前两点分布在演讲主题部分，第三点被作为结论，并且要点以下的理据尚不完整，时而是罗列的断言，时而是以一个幽默故事代替

断言陈述。在我的批语中，既赞赏了好的观点，也提醒 Mac 多增加理据。收到反馈后的 Mac 做了一个独立的决定：换题。"原本定的演讲内容是 Critical Thinking，但是在搜集资料的过程中发现这个概念并不清晰，所涉及的也比较繁杂，所以改为较简单的 Movie Making"（2013-4-6）。以此为起点，"按要求完成任务但回避挑战"几乎成为 Mac 后续演讲选题的主要指导思想。

是什么使一个有着良好开端的思考者放弃在演讲任务当中充分发挥自己的潜力呢？在研究数据的分析中，笔者发现，Mac 的情境意识、任务价值分析和学习策略都起到了一定的作用。

首先，Mac 在演讲班级中的社会情景意识比较消极。主要原因是，他认为演讲班里的文学二班同学与他所属的一班"气场不合"："氛围很不一样，我们班的同学都安安静静的，也走动和说话，但不是这样（热闹）…… 没办法，（我）融入不进去，也不想融入"（2013-5-17）。整个课程期间，他始终与另一位一班男生 R 坐在一起，少与其他同学交流。笔者也观察到，他们的座位选择有这样一个规律：在教师讲座为主的课上，他们会坐在第一排中间，听得很认真；但是以同学演讲练习或测评为主的课上，他们会坐在后排靠窗的位置，远离班级大部队。

这种不愿意融入的情绪使 Mac 在整个学期中都不太参与课堂互动，与他自身所描述的平日状态大相径庭。然而演讲活动最根本的意义就在于发言者与听众之间的观点、信息、情感互动。对自己的听众缺乏热情，直接导致 Mac 在前后两次有备演讲中都选择了基于自身兴趣的话题——电影制作和电影票房。虽然演讲的内容达到了结构分明、衔接得当、逻辑连贯的要求，但是他并未尝试通过听众分析，选择对自己更有挑战性、对听众影响更为深远的话题。当其他同学在台上讲的时候，他也只是"选择性地听听……知道大概是什么就行了，如果没什么意思或者听不清楚，就会看手机…… 不是很爱提问。"这种在学习群体中的情感疏离阻碍了 Mac 更好地发展自己的思辨潜力——这不能说不是一种遗憾。

其次，随着第一轮演讲任务的结束，Mac 在参考同伴的表现[1]、自身的能

---

[1] 从"本轮最佳演讲"投票情况看，Mac 在这一轮演讲中最欣赏的是 Sarah 的"快乐荷尔蒙"。

力、任务要求等因素上调整了自己的目标设定和学习策略，"应当使用了解较多的事物做题；从听众的角度看稿子；适度寻求他人建议"（2013-4-6）。当在补充访谈中被问及为什么不愿意探讨有难度的话题时，Mac 回答说：

> 因为不现实。很多同学在'我的中国梦'里提出的问题本来就是没有办法解决的社会问题，怎么在三分钟里给出答案？有的问题我很愿意和同学在课下的时候讨论，比如家长应不应该打孩子，但是那种讨论是没有定论的。我喜欢这种讨论，但是我给不出一个确切的结论……（期末演讲）没有给出电影的评价标准是什么，是因为我觉得就不存在什么确定的标准……而且有的问题你用中文讨论还可以，用英语就说不清了。（2014-3-9）

这种注重现实的态度使得 Mac 在选题时会主动回避有难度的话题，在拟稿过程中他会发挥自己的阐释、推理能力，较好地自我调控，保障篇章的顺畅与连贯。在第二轮有备演讲中，Mac 也尝试了一些演讲课所介绍的技巧，如"在开始和最后都加上了感情渲染的语句，在第二段引用了较多数据表明现象的严重程度，整体采用问题—原因—解决方案的程序"（2013-5-10）——这份演讲的确有很好的感情表达，但是除了"我们都有责任守护国家的未来"，并没有提出任何有助于改善流浪儿童乞讨现状的方案。在推动现实改变的意愿上，与 June 相比，Mac 有很大的差距。这种保守的目标设定也限制了他在演讲活动里发挥自己的思维潜力。

第三，从元认知策略角度看，Mac 在任务完成过程中，自我监控和计划能力不足。他的演讲稿"基本都是在演讲前一天完成的……可能就是一整个晚上，先在网上 wander……发现合适的内容，然后从里面抽一些东西……写好以后念七八遍，基本差不多就能下来……我甚至干过下午演讲，早上写稿，中午背"。这也解释了 Mac 的有备演讲拟稿有时没有一稿与二稿之分。他一方面具有短时间拟定符合要求的稿件的能力，另一方面他这种临阵磨枪的策略等同于放弃了对讲稿进行修缮和提升的机会。对于这种工作习惯，Mac 表示并不为自己感到骄傲，他称自己是"需要治疗的拖延症患者"。在演讲课程中，除了准时发表演讲，他的拟稿和反思日志都发生过迟交或未交的情况。这也就是说，他在元认知策略中的计划性是比较弱的，"我这个人最大的弱点就是缺乏自制力。"

7.4.3　课堂教学中的"天花板"

在前人研究中（如 Harrell 2011），曾发现思辨教学在不同水平的学习者身上取得的效应不同——低水平学习者获得的收益往往多于起点高的学习者。这其中很大的一个原因在于，教学内容及方法是否为高水平学习者创造了足够的上升空间。对于 Mac 来说，演讲课对他主要的帮助在于"在准备一篇演讲稿时知道从哪些方面考虑，怎么下手准备；能够有意识地安排符合演讲目的和受众的演讲侧重，"但是"讲课内容太大众化，没有'秘籍'，缺少惊喜"（2014-3-11 期末反思[1]）。从他的即兴演讲前测来看，他的分析、推理能力已经达到很好的水平，并且很善于在短时间内组织内容。在访谈中，他在描述自己的即兴演讲应对策略时说：

> ……会花两分钟先把题目先想明白。我在理解题目上应该不会吃太大亏。然后 5-7 分钟，把想到的一二三列一下，就 main points，然后最多加一个 typical 的 lead-in 和 conclusion。然后后面的 5 分钟或 4 分钟，把它过两遍。就都不用说，就看。可以就闭上眼睛想，把条理过一遍，提纲不用写完整的句子，有时就一个词，如果一个词就能搞定的话。(2013-5-17)

事实也表明，他在所有的演讲中都做到了思路明晰，表述清楚，没有明显的推理错误，没有使用模糊的概念或者不准确、相关性弱的理据，而且在答问时从未出现听不懂问题或者无法应答的情况。与同伴们相比，越是准备时间短促，他反而越显得灵活机智。在时事话题抽选即兴演讲练习中，Mac 的题目是"如何看待部分外语院校招生时男女不同的分数线"。Mac 给出了三个要点：1）分数线不公平是事实，但院校招生必须尊重市场需求，因此可以理解；2）女生们应打破传统思路，考虑选择理工科专业，因为"Beili and Tsinghua are thirsty for girls!"；3）更多的男生应当加入到学校外语专业的行列中来。

对于一个这样的学习者，他对课堂有着怎样的期待呢？在访谈中 Mac 曾被问及什么样的老师他最为欣赏，他提到了自己的小学老师：

> 我觉得我的语言基础，可以说，完全是在小学时候打下的。我的语文老师非常棒，她的水平，我觉得，完全超过我大学时候的老师。她的方式，就是课文完全是引导你看完之后，非常清楚，就是每一句话。她也是按照教辅，但她对于怎么引导，做了很多思考，她会让你的脑子一直转啊转，对最后的答案充满期待……（2013-5-17）

而在大学里，不只是演讲课堂，整个大学学习没有令 Mac 感到有特别的收获：

> 其实我现在对现状不满意，我没有在学很多东西，我没有在有很多进步。其实我现在时时感觉到忧虑，有点迷茫。我就希望有一种，打开自己，那种感觉。就是缺乏某种训练，能让我投入进去。这个东西有挑战，本身又非常好，它需要我的全部投入……（2013-5-17）

这种迷茫与 Mac 一直没有确定未来的职业发展方向有一定的关系，他有计划读研，但是对于选择何种专业仍处于观望态度。他始终在等待"被吸引"。回想在演讲课堂中的思辨讲座上，关于归纳、推理、谬误等概念的讲解也曾吸引过 Mac 专注的目光，但是演讲任务的设置和要求并未给他提出足够的挑战，"要求就是三个要点，要有理据支持，首尾要呼应，这很容易做到。"

相对于花大量时间参与同伴演讲互动，Mac 所渴望的"秘籍"是如何成为演讲高手（great speech makers）。在第二轮有备演讲的反思日志中他曾提议："多做优秀演讲范例分析，一次课只做一个分析起不到应有的训练作用"（2013-5-18）。而迫于演讲课的时间安排和大部分同学的水平，演讲课上能够安插的演讲评析非常有限，难以达到 Mac 的期望。

7.5 结语：社会与自我的互动关系

在本章中，笔者通过对思辨能力发展轨迹不同的三组演讲学习者进行"个人—环境—行为"交互作用的分析，探讨了在演讲课程学习过程中致使他们的思辨能力或持续发展，或有限发展，或平稳保持的关键原因，这其中包括认知能力起点、目标取向、自我效能感、社会情境意识、学习策略、反思能力、教学指导方式等多个因素。

持续发展组中的三位学习者（Sarah、June、Iris）虽然处于不同的思辨能力起点水平，但同时都怀有比较突出的掌握（mastery）与绩效（performance）目标，既注重知识学习、思想交流，也注重出色地完成具体的学习任务——这两种目标取向在她们的演讲学习中发挥了叠加效应，使得她们借助积极的社会情境意识，调动有利于思辨技能发展的学习策略，并在每一轮任务完成后通过全面客观的反思增进对待新任务的自我效能感以及改进学习策略，由此形成社会与自我（social-self）互动的良性循环。

有限进步型的两位学习者（Danny 和 Mary）具有偏重绩效的目标取向，在演讲中偏向注重外在表演，并且对演讲的结果期待更倾向"赢"或者"取胜"。他们对在演讲活动中取得良好的表现怀有强烈的愿望，能够积极配合教学要求，也各自采取了能促进完成演讲任务的学习策略，如 Mary 的组织策略和Danny 的资源管理策略。但是他们具有个人特点的思维问题（如 Mary 的概念、目的不一致和 Danny 的概念泛化以及欠缺深度分析）在演讲学习的过程中却反复出现，没有得到有效的改进。笔者认为，这与他们没有真正内化思辨技能评价标准以及教学环节中个性化指导的缺失都有关系。

稳定保持型学习者（Mac）在进入演讲学习之前已经具备了突出的思辨技能和积极的自我效能感，但是受阻于消极的社会情境意识和任务价值判断，他在演讲学习中的掌握及绩效目标都不够突出，这导致他在任务完成过程中借助已有的思辨能力能够比较轻松地达到任务要求，但是却缺乏动力对自己提出更高的挑战。作为环境因素之一，本课程的教学内容和方式对这种抑制高水平学习者进一步发展的"天花板效应"也负有责任。在第八章的"教学反思"中，笔者拟就本研究演讲教学展开更为深入的探讨。

第八章　结论与启示

8.1　研究发现

在本研究中，笔者尝试回答两个问题：

1）个案学习者在英语演讲课程的学习过程中是否经历了思辨能力的变化？

2）导致这些变化或者致使其不变的影响因素有哪些？

依据在先导研究基础上所创立的"英语演讲活动中的思辨分项技能"理论框架，笔者对 6 名个案学习者进行了为期 16 周的跟踪观察，对所收集的思辨能力客观测试、即兴演讲测评、有备演讲拟稿、录像、反思日志、访谈等多个类型的数据进行分析，并对这些学习者的思辨技能变化发展做出描述；继而在社会认知理论"三维交互决定观"和"自我调节的学习观"指导下，对影响其发展的个人、环境、行为等因素进行了探讨。研究发现总结如下：

首先，从助教指导的视角对自选题系列有备演讲进行评析发现，6 位学习者取得了多个方面思辨技能的进步，进步较为一致地体现在进行听众分析的意识和方法、检索信息并以理据支撑论断、根据演讲目的选择结构策略等。系列有备演讲分析同时还发现，思辨能力起点（基于客观测试前测结果）相近的个案学习者在有备演讲任务的完成过程中，其思辨技能的发展轨迹并不相同——有的学习者（如 June、Sarah、Iris）能够随着任务难度的增加不断提高其演讲选题的意义，并在演讲活动的研究、论证、反思、预演、发表等各个任务阶段基本达到"精晰性 - 相关性 - 逻辑性 - 深刻性 - 灵活性"的思辨认知标准（文秋芳 2012），而另一些学习者（如 Danny 和 Mary）在取得进步的同时却受阻于某些固有的问题（概念模糊、目的不一致等）而遭遇进步的瓶颈，或者（如 Mac）保持着稳定的水平，但未能充分发挥出自身应有的潜力。

其次，思辨能力客观测试结果显示，学习者整体取得小幅提高，其中最明显的进步表现在基础性分析能力（识别预设、匹配推理、匹配概念等）的分数提升。即兴演讲测评结果则表明，个案学习者较为一致的改善体现在话题阐释（分析能力之一）上，但推理能力整体变化不大。在第六章中，笔者初步论证了上述进步与演讲教学的相关性，同时也讨论了学习者在基础分析能力以外未取得明显提高的原因。

第三，综合上述研究结果，将 6 位个案学习者划分为三种思辨能力发展类型，并对其进行"个人 - 环境 - 行为"因素交互作用分析发现：持续发展型学习者（Sarah、June、Iris）受益于掌握（mastery）与绩效（performance）目标的叠加效应，并能借助积极的社会情境意识，实施有利于思辨技能发展的学习策略，在每一轮任务完成后通过全面、客观的反思形成更高的自我效能感和策略改进计划，由此促成社会与自我（social-self）互动的良性循环。

有限进步型的两位学习者（Danny 和 Mary）具有偏重绩效的目标取向，对在演讲活动中取得良好的表现怀有强烈的愿望，能够积极配合教学要求，也各自采取了能促进完成演讲任务的学习策略，并取得了选题、组织理据、结构策略等方面的进步。某些策略的运用（如 Mary 的组织策略和 Danny 的资源管理策略）有利于演讲发表在形式上的提高，但由于反思不够全面、教学指导的缺失和防御性反应等致使某些典型问题未能得以解决。

稳定保持型学习者（Mac）在进入演讲课程学习之前已经具备出色的思辨能力，但是受阻于社会情境意识、目标设定和学习策略之间消极的互动关系，虽然在演讲完成过程中借助既有能力较好地完成了任务要求，却缺乏动力对自身提出更高的挑战，在有备演讲任务中未能充分展现出思辨技能的发展。作为环境因素之一，本课程的教学内容和方式对这种抑制高水平学习者进一步发展的"天花板效应"也负有责任。

8.2　讨论与教学启示

上述研究发现说明，作为"做出有目的、有理据的判断的能力"，思辨能力既是一种较为稳定，不易在短期内发生本质改变的认知能力，同时又受到具体的任务条件影响——可利用的外部资源能够为学习者的思辨技能运用提供助力，真实的学习情境也能使其发挥主观能动性，突破自身原有的能力局限。这种复杂性对教师研究者既存在理论和研究方法上的启示，同时也具有教学实践方面的意义。本节将从思辨能力的可迁移性、多维测评方式、融入思辨的英语演讲教学几个方面展开讨论。

8.2.1 思辨能力的可迁移性

在本书的文献综述部分，笔者介绍了目前研究者们已经取得的关于"思辨"概念的基本共识，同时也提到了关于思辨能力"可迁移性"的争议。一部分学者把思辨能力看作是应当独立习得、并可以在学科间"迁移"的一般性能力（generic skills）（Robinson 2011），而另一些学者则认为思辨是基于特定学科知识的专业能力（discipline-specific skills）（麦克伯尼 2008/2010；Moore 2011）。

虽然本研究中的英语演讲教学不涉及专属某个学术领域的学科知识和研究方法，算不上严格意义上的专业学科课程，本研究所做的探究仍然在一定程度上展示了学习者的思辨能力在标准化测试以及演讲测评中的一致性表现，例如思辨测试高分获得者 Iris 与 Mac 在不同的演讲任务中的稳定表现——这说明一般性的认知能力是可以迁移到具体的外语学习任务情境中去的。

诚然，各个学科具有特定的理论基础、教学方法、教育目标。表面上看，一个学科所要求的知识和能力无法轻易地迁移到另一个学科里去；但同时，每个学科的学习都会涉及诸如辨别信息的可信度、识别预设、运用推理、多视角探索问题等通用技能。这意味着，通过一般性的思维训练与通过专业学科学习均可以培养思辨能力，而且二者可以相互结合，共同作用。

本研究也发现，思辨能力起点并不突出的学习者在演讲学习期间，通过合理的学习策略和资源管理，能够获得多项思辨分项技能的提升。虽然受教学干预以及研究观察的时长所限，在有备演讲中所取得的进步并未全部转化为客观测试或即兴演讲测评中的实质性能力提升，在系列有备演讲中表现出色的学习者，如 June 和 Sarah，在标准化测试中的确取得了班级内分数段的提升，一定程度上证明了注重信息分享与观点论证的英语演讲实践有助于思辨能力提高。笔者同时认为，在延续时间更长、教学干预更具系统性的情况下，学习者有望取得更为明显的思辨能力的迁移和进步。

8.2.2 思辨能力的多维测评方式

思辨能力的复杂性恰好说明了对其进行多维方式测评的必要性，而本研究所采用的三种测评方式作为一种研究方法上的探索和尝试，既取得了有助于加深探究的成果，也存在亟待解决的问题。

首先，以母语为测试语言的思辨能力客观测试有效地排除了语言和社会文化因素对测试结果的干扰（Stapleton 2001；Floyd 2011）。通过使用经过了信度、效度验证的平行量具，进一步保证了测试结果的客观性。学习者取得小幅进步的结果既说明演讲课堂中与测试项相关的教学内容取得了一定成效，也印证了前人研究的发现：短期的、隐性的思辨教学不易在标准化量具测试中得出显著效果（Niu et al. 2013）。基于这样的原因，在本研究中，思辨技能客观前后测的结果主要是作为一种整体认知能力的参照点，为其他测评数据的分析提供背景参考，形成测评手段的三角论证，从而保障整个研究的效度。

在定题即兴演讲前后测中，通过控制演讲准备中的相关变量，观察演讲学习者在不借助参考资料和外力帮助的情况下、在引言评价型任务中所表现出的思辨技能变化。该测试测评标准将英语语言能力、发表技巧和思辨能力分列计分，并重点观测分析和推理技能。由三位独立评分员参加的测评结果显示：学习者的语言技能（发音、流利度、表述准确性等）保持原有水平；发表技巧中的时间掌控能力有所改进；分析及推理能力整体变化不大，比较明显的改善体现在演讲话题阐释能力（分析能力之一）的提高上。这一结果与客观测试结果较为一致，也说明在短时间内，学习者最先取得进步的是较为基础的分析技能（如识别预设、概念匹配、阐释话题等）。

学习者语言能力无进步的发现与课程期末问卷调查[1]结果基本一致——"演讲练习对语言技能的帮助"平均反馈得分 3.61，介于"一般"和"较有帮助"之间。由于该测评由人工完成，评分员通过观看录像（可重复）进行打分，并

---

[1] 该问卷包括对期末演讲的个人反思及课程评价，在课程结束后由学习者在课下完成，全班
38 人，共回收 32 份。

未对学习者的英语口语能力进行微观层面的技术分析（如超音段、词汇流利度、句法单位复杂性等，见文秋芳、胡健 2010），因此测试结果显示的是评分员的主观印象，这虽然符合演讲教学评测的传统，但也形成本研究在方法上的一个瑕疵，亟待在未来研究中解决。

即兴演讲测评结果同时显示，个案学习者的语言能力得分与思辨技能得分排序并不一致，这说明在以思辨为导向的语言教学（特别是口语技能课程）中，将发音、流利度与思辨技能区分测评有利于客观、全面地评价学习者的能力水平，也有助于制定有针对性的教学辅助方案。在第六章，笔者也探讨了英语理解能力对题干阐释的影响，并以"理据对要点的支撑力度"为例，从相关性、准确性、典型性三个方面对 6 位个案学习者的同题演讲进行了横向比较分析，展示了不同水平的学习者在该推理分项技能上的差异。

与变量控制的即兴演讲测试相比，有备演讲体现了在真实的学习环境中，学习者经过资料查询、教师指导、反思修改和发表演练逐步完成演讲任务的过程。有备演讲数据在三个方面对上述两种测评数据形成补充：1）弥补了前后测仅有两个时间观测点的缺陷，将三轮不同时段的有备演讲作为主要分析材料；2）拟稿和改稿过程提供了更加细微的思维变化观察机会；3）融入了对课堂环境、合作学习等社会因素的考量。

比较系列有备演讲分析与客观测试及即兴演讲测评结果，可以发现如下一致之处：1）高分组学习者（Mac、Iris）在有备演讲中保持了良好的思辨技能，在结构组织、逻辑推理方面无失误，这与他们在即兴演讲中的表现形成相互印证；2）中低分组学习者（Danny、Mary）在即兴演讲中所暴露出的理据相关性、准确性不足在有备演讲中转化为特定概念的模糊。上述两个发现说明学习者前期的认知水平对其思辨能力的发展有着重要的影响。

同时，有备演讲分析也出现了与客观测试及即兴演讲测评结果不一致的结果：1）在前期测试中分别处于中分段和低分段的 June 和 Sarah 在有备演讲中，通过自己的努力，认真进行听众分析、积极查阅信息资料并修改讲稿，屡次在演讲发表中取得良好的成绩，呈现出逐步提升的趋势；2）思辨能力高起点的学习者 Mac 在有备演讲中并未充分发挥其潜力，在话题选择的意义、理据的充分性方面达到要求但仍存在上升空间。影响因素分析结果说明，除了学习者自身已经具备的认知能力，在演讲课程的学习中，其他因素如教学方法、学习动机、策略以及反思能力等诸多因素也同样发挥着作用。

8.2.3 英语演讲课程教学启示：寻求"环境—个人—行为"的良性交互作用

本研究借助社会认知视角下的三维交互决定论以及自我调节的学习观对影响演讲学习者思辨能力发展的的环境（教学内容和方法、班级关系、任务设置、评价标准等）、个人（认知能力、自我效能感、目标取向、社会情境意识等）、行为因素（学习策略、学习成就、反思等）展开了分析。研究发现说明，学习成就受到各种复杂因素交互作用的影响。因此，要在课堂教学中发展学习者思辨能力，需要考虑从各个方面营造有利于思辨技能培养的环境。在对学习者能力进行客观测评的基础之上，教师应设定适合其水平的学习任务，并在教学过程中不断观察和调整，并尽量关照不同特点学习者的需求。同时，学习者也必须充分发挥自身的主观能动性，在学习过程中积极地对各种因素进行自我调节，如设定具有挑战性、可行的成就目标，充分发挥环境资源的利用价值，合作学习，对任务完成情况进行积极客观的反思等等。

本研究的核心目的在于对个案学习者的跟踪观察，但其学习环境是思辨融入、中外教师合作教学的演讲课堂，具有与普通演讲教学不同的特点。在本小节中，笔者愿从教学参与者的角度对实践中的经验和教训做出反思和总结，与其他演讲教师分享。

8.2.3.1 思辨融入的方法

现有的多个思辨理论模型各有特点（见本书第二章介绍），笔者在选定适合融于课堂教学理论的过程中经历了长期的思考。最终确定使用 Paul and Elder (2006) 的"三元结构模型"，主要出于对可操作性的考虑。该模型对"思维元素"的解析可以便捷地运用于任何一个思考过程，通过提出一系列问题，如"这个讨论中的核心概念是什么？它是否清楚、准确？是否在篇章中保持了一致？看待这个问题的视角都有哪些？其中什么视角是最为重要的？其对立视角又是什么？这个推理是否包含错误的预设？它所依据的案例／数据／证词是否真实可靠？其推理过程是否包含逻辑谬误？这个解决方案是否会带来其他不利后果？"这些问题可以帮助学习者在评价他人以及自身的观点时，养成反思和审视的习惯，从而逐步增进思辨能力。

在本课程教学中，笔者仅有 4 课时的时间来对"演讲中的思辨"进行讲解。笔者所做的是将八个思维元素与演讲实践结合起来，辅以评价标准，使用来自先导研究的学习者演讲实例进行分析和说明。例如，"视角"这一思维元素在演讲构思中首先关涉要点的展开与组织方式，通过识别尽可能多的相关视角并对其归类和主次排序，有助于确定对中心论点具有最强支撑作用的要点，并且保障它们相互之间的逻辑关系，此外，对反方视角的关注也有助于避免极端的论断，促进理性思考。在笔者的思辨讲座之后，还利用一篇名人演讲（Yang 2011）进行了思维元素及标准的评析，也取得了一定的效果，在课程反馈中得到部分学习者的好评。

值得说明的是，本研究所使用的"英语演讲活动思辨分项技能"框架与实际教学中使用的"思维元素及标准"在结构上并不一致。之所以有这样的区分，是因为前者更能体现从研究者和教师的角度呈现对思辨及其所包含的具体技能的宏观理解，可用于量具设计和思辨能力测评指导，而后者原本就出自思辨课程教材，更适用于在微观层面被学习者接受和在实践中运用。

8.2.3.2　思辨融入的系统性与持续性

在本研究的演讲课程教学中，虽然在演讲学习中融入思辨理念的教学方式不失为一种有益的尝试，但是本课程教学并未做到持续地加强这种"融入"。客观上有规划仓促、课时紧张的条件约束，在主观上主讲教师和助教合作不够充分，未将思辨理念持续、系统地贯穿于整个教学过程。主讲教师本身对思辨理论并不熟悉，进行教学分工之后，主讲教师并未在其所负责的其他讲座中对思维元素或者标准进行明确地呼应；在学习者演讲练习过程中，主讲教师的点评较为随兴，反馈内容有时是对发音的指导，有时是对信息的澄清，偶尔会从反方立场提出质疑。笔者作为助教，在思辨讲座以外，主要负责的是演讲拟稿指导，在这个过程中虽然有意识地运用思辨评测标准对学习者的演讲稿给出了修改建议，但是为了遵守合作协议中"不帮学生写稿"的约定，改稿建议多以启发式提问提出，对思辨教学中的要点呼应不足。

我们的教学中另外一个比较大的失误是：每位演讲者完成任务后，除了当堂简短的提问和点评，没有系统的评价意见。这就使得学习者失去了得到全面、客观的反馈意见的机会，难以发现自身存在的典型性问题。

8.2.3.3 推动"反思性思考"习惯

在本研究的演讲教学中，学习者反馈受到较多肯定的是演讲录像和反思任务。对于绝大多数学习者而言，他们从未看到过自己发表英语演讲的真实模样。每一次演讲发表获得的个人录像为他们提供了非常便利的自我评价的机会。在此基础上所完成的反思日志也更有事实依据。在反复观看的过程中，学习者可以调整自己的观察重点，从最为表象的发音、体势语、语言表述，到更为深层的论证力度和现场与听众互动的有效性，都可以较为全面和客观地进行自我评价，引发对现有问题的思考，指导未来学习策略的调整。

在本课程的教学实践中，随着学期的推进，专业四级考试、其他课程作业、期末考试等环境压力使学习者的反思热情有所下降。因此在后半学期，笔者调整了反思的形式，从开放式日志逐步转为结构型问卷。在课堂教学中，通过介绍思辨理论，组织和论证策略，观摩、分析演讲，学习者们已形成了各自隐性或显性的演讲评价标准。反思问卷内容则从最初的"对此次演讲最深的感受是什么"过渡到"选题根据是以下哪一项"，"资料来源有哪些"，"是否对信息可靠性和时效性进行检验"，"是否有意识地避免了要点之间的相互涵盖"等等。回答这一系列问题的过程，也是促进学习者内化思辨标准的过程。笔者认为，在反思中学习者是否对照这些标准对自身表现进行客观评价，预示了其思辨能力的发展空间。

本研究收集了较为丰富的系列反思数据。作为教师，笔者的一个失误是，除了将其中的一部分用于研究分析，未能及时阅读所有学习者的反思内容并适时给出进一步的反馈。这其中有时间精力的限制，但主要还是笔者追加反馈的意识不足，对数据收集本身的重视超过了及时分析数据并调整教学方法。像个案学习者 Danny 在"我的中国梦"演讲之后陷入低落情绪，出现防御性心理反应，笔者都没有及时注意到，错过了给予他鼓励和支持的最佳时机。

8.2.3.4　因材施教：关注个体特点与学习需求

现代教育心理学主张将学习者看作独立的、具有主观能动性的个体。而在现实环境中，学习者相互间存在着显著的个体差异——成长背景、性格特征、认知能力、学习风格等等，这些差异又或多或少地影响着他们的学习策略以及学习成果。在本书第七章，已就个体与环境、行为因素的互动关系进行了探讨。

就笔者所参与的演讲教学实践而言，教师对学习者的个体特点做出尽量全面和客观的判断是提供有效的教学指导的必要前题。在演讲教学中，一个比较明显的现实问题是学习者语言技能与思维能力的不平衡发展。在本研究的先导阶段及个案研究阶段，笔者都曾注意到因为英语语言能力高于思维能力而忽视对自身思维进行反思的学习者，也曾发现多个在英语发音和口头流利度上能力欠佳而无法充分展示思维能力的个案。这种现实情况要求教师自身应具有明确的语言能力和思维能力的评测标准，在教学过程中客观、全面地评价学生，并为他们提供相应的指导和帮助。口头表达流利、但思辨能力不足的学习者，如不能有针对性地进行指导，其所学技能往往停留在容易掌握的策略，而深层问题（如概念模糊，目的不一）容易被忽视，阻碍其能力发生实质性的变化。

除了语言和思维能力的水平测定，教师还应关注学习者的目标取向、社会情境意识、学习动机等其他特征。对于自我效能感低落的学习者应积极鼓励，而对于能力起点高的学习者应提出具有挑战性的任务，给予优秀的榜样示范，保持其学习兴趣，在顾及大多数学习者需要的同时，为高水平学习者打造进步空间。

8.3 研究意义、局限与未来研究趋势

8.3.1 研究意义

从理论上，本文在前人研究基础上，将普遍意义上的思辨能力与外语专业技能课程任务结合在一起，构建了"英语演讲活动中的思辨分项技能"（见表3.2）分析框架，为以思辨为导向的英语演讲课程教学提供了理论参照。该框架依托先导研究中的教学实践、观察和真实的学习者演讲数据，将演讲任务首先分为定题即兴演讲与自选题有备演讲类型，其中有备演讲进一步划分为选题、研究、论证、反思、预演、发表等阶段，每个阶段明确对应与思辨相关的分项技能，如选题阶段中的听众分析、确定演讲目的；研究阶段的检验信息、区分事实与观点、定义核心概念；论证阶段的阐释中心论点、段落逻辑组织、回应对立视角；反思阶段的检验目的、概念的一致性、防范逻辑谬误等等。通过对演讲准备流程进行较为理想化的阶段划分，将分析、推理、评价三大类思辨能力与演讲学习中值得培养的技能结合在一起，凸显了在偏重语言能力培养的教学中可能被忽视的某些技能，为演讲课程教师以及学习者提供了教学目标参考。

从研究方法上，本研究开创性地使用多元化的数据收集方式对学习者的思辨技能进行测评，为未来研究降低效度威胁、保障研究结论的准确性和可信度提供了参考。本研究所采取的三种思辨能力测评方式各有特点，互为补充：思辨技能标准化测试（汉语）排除了人为评估的主观性，数据结果简洁、直观，也避免了外语语言能力造成的干扰，但是可能受到做题环境等偶然因素的影响；定题英语即兴演讲控制了话题难度、准备时间、参考资料等影响变量，可以同时体现英语语言能力和与演讲相关的思辨分项技能，但是其效度需要通过谨慎的验证；自选题英语有备演讲是与演讲课程学习目的结合最为紧密的任务形式，最能体现学习者思辨能力变化的真实过程，但是涉及的情境因素（如话题时效、外部资源利用、准备时间等）较为复杂。三种测评方式结合在一起，利于扬长避短，较为全面地呈现演讲学习者的思辨能力变化。同时，个案研究弥补了前人在思辨教学实证研究中对学习者个体因素缺乏关注的研究空白。

从教学实践上，本研究尝试将思辨理念融入大学英语演讲课堂，通过理论介绍、助教指导、演讲评析、激发反思等多种方法促进学习者的思辨能力提高。虽然教学方案仍处于未成熟的试验阶段，仍对其他教师的教学工作具有一定的启发意义。

8.3.2 研究局限

本研究在以下方面存在局限性：

1）与现有思辨教学实证研究相比，本研究课程持续时间较短（一个学期被普遍认为是思辨教学干预的时长下限），在这期间能够观察到的学习者变化较为有限。可行的弥补办法是延长教学干预，或通过设计思辨融入的系列课程进行进一步教学尝试。

2）在本研究的演讲教学中，思辨技能的培养还未达到充分的显性教学，未形成有效的教学体系，未能激发学生思辨发展的最大潜力。全面系统的教学方法还有待在未来实践中进一步探索。

3）英语演讲并非唯一对学习者思辨能力培养发挥作用的课程。在数据收集过程中，本研究仅限于演讲课堂教学及任务，对其他课程的教学情况较少关注，一定程度上忽视了对学习者思辨能力发展产生影响的其他环境因素的分析。

8.3.3 未来研究趋势

Niu et al.（2013：126）曾指出，高等教育阶段的思辨教学实证研究整体上仍较为匮乏，未来的研究者应更加关注具有学科特色的思辨教学、应考虑设计具有延续性的系列课程教学、对教学干预方式的报告应更加详尽，同时应考察学习者的个体特点对思辨能力发展的影响。

在我国目前高等教育的大背景下，重视思辨能力的发展也已形成广泛的共识（黄源深 1998，2010；高一虹 1999；谷振诣、刘壮虎 2006；文秋芳等 2009；阮全友 2012；孙有中等 2013）。随着《国家中长期教育改革规划纲要》

出台，国内学者在该领域的研究处于逐步增长的态势，涉及哲学、心理学、教育学、语言学等多个领域（黄芳 2013：28），并逐步由理论探讨向实证研究过渡。在外语教育领域，广大一线教师也开展了具有学科特色、与教学课程紧密结合的思辨教学实证研究，已有多个以不同课程为背景的教学实证研究，如桂清扬（2011）、刘航、金利民（2012）、宋毅（2012）、黄芳（2013）、林岩（2014）、杨丽芳（2015）、刘浩等（2016）等。研究者们已逐步淘汰依赖学习者自述进步来验证思辨培养效果的研究方法，开始探索基于课程目的的思辨技能评测方法。

本研究跟踪观察了 6 名英语演讲学习者，尝试性地对其学习过程中思辨技能的变化发展以及相关环境、个体、行为影响因素进行了分析。这只是一个初步的、不成熟的尝试。未来的教学研究者在个案学习者思辨能力发展的研究领域还可以做出更多的创新，例如本研究中演讲拟稿分析对思维过程的观察仍显不足，激发回忆（stimulated recall）或者有声思维（thinking aloud）就不失为值得考虑的方法。

对于负责教学课程整体规划的决策者们来说，促进思辨能力培养和教学实证研究有三种值得考虑的途径：

一是进行思辨技能和语言技能的协同发展研究，如从语言复杂度、准确度、流利度等方面进行语言技能的科学测评，结合思辨技能发展，更加全面地检测学习者进步。

二是开设专门的思维训练课程，使用较为成熟的思辨教材（汉语和英语均可），对学习者进行系统的训练（如谷振诣、刘壮虎 2006；Moore and Parker 2012），结合日常与社会生活中的实例进行逻辑推理的讲解，可在此基础上进行一般法（the general approach）与沉浸（immersion）、融入（infusion）等其他教学方法的效果对比实验研究（Ennis 1989，详见本书第二章介绍）。

三是在有延续性的系列专业课程当中，按照统一的体系、有计划地融入思辨技能教学——如英语会话、演讲、辩论属于不同难度层级上的口语技能课——根据每一个阶段的教学目标和学习者语言能力，可以凸显特定的思辨技能的培养：在学习会话阶段，准确的分析能力（解读意义、澄清含义、归类、区分观点、识别推理等）是有效进行双向互动的基础；在以观点产出为主的演讲学习阶段，推理能力（探询证据、筛选理据、规避谬误、陈述推理过程等）就可以在前期学习基础上进一步加强；到辩论学习阶段，准确客观地分析对方的推理过程、检验其预设、理据、论断的可靠度、相关性的评价能力是致胜的关键，而不仅仅靠声音和气势压倒对方。"认知发展是一个逐渐累积的过程"（Halpern 2001），多项研究已经显示，短期教学干预效果比较微弱，而有计划的长期干预是更为现实的思辨教学理念。通过系列课程长期的、连续的教学干预有望取得可探测的学习者思辨能力的提高，这在目前的教学实证研究中尚属空白。

第九章　研究者反思

9.1　研究关系

在质的研究中，研究者与参与者所建立的关系是"研究方法的基本组成部分，所以如何建立并协调这些关系就是一个关键的设计选择"，换言之，"研究关系是研究得以实施的手段"（马克思威尔 2005/2007：63）。在我的研究数据收集阶段，曾先后进入两位演讲教师的课堂，并与他们各自班级里的学生们一同度过了完整的学期。不论是与这两位合作教师，还是与参加个案研究的学习者，我都经历了从陌生到熟悉的关系演变过程——这其中既有以付出换得接纳与合作的成就感，也有身份定位的困惑。

9.1.1　合作教学：从"推销员"到"搭档"

研究之初，因为有导师协助联系相关学校的行政管理者，我比较顺利地获得了对方院系教学、行政管理负责人的批准。在和这些"守门员"[1]进行协商的过程中，我积极主动地提供了自己的个人背景资料和研究计划，在电话、邮件和面谈交流中都表示出寻求帮助的诚恳之心。在 J 老师的学院，我先后和院长、教研室主任见面并解释自己的研究目的，同时郑重承诺：参与教学但不收取报酬；研究数据的收集不会干扰正常的教学课时和课程测评；与教学无关的测试将在课外进行并对参试学生按时计酬；在数据使用过程中尊重学生隐私。在"协商进入"（negotiating access）的过程中，我感觉自己像是一个还算幸运的推销新手，虽然胆怯，但是凭借诚恳的态度获得了最初的信任。

获得入场许可之后，迎接我的是商品试用期。进入我的研究中的两位合作教师背景、年龄、性情都大不相同，但我和他们相处的原则是相似的——在彼

---

[1]　"守门员"（goal keepers）：在被研究者群体中对被抽样的人具有权威的人，他们可以决定这些人是否参加研究（陈向明 2000：151）。

此尊重的基础上互助、互惠。先导阶段的 Y 老师内向而严谨，虽然她从一开始就向我申明自己"不懂 critical thinking"，但听她讲课和点评演讲，我总是由衷佩服她扎实的语言功底和清晰敏锐的思路。在并不习惯与人自来熟的她看来，最初扛着摄像机走进课堂的我也许真像一个不速之客。我那时把自己当作班里的第 26 名成员，首先是学生，其次才是观察者。开初的我对演讲课程教学了解还非常浅薄，所以和同学们一起读课本、参加小组选题讨论、讲座期间有问题就举手、同学发表演讲后也坦率发言评价。我把自己的身份看作是"建设性的参与者"，希望我的存在能给 Y 老师的课堂增加一些互动的乐趣，而不是不合时宜的干扰。

学期过半之后，我争取到一次参与教学的机会，用一节课的时间介绍了思辨三元结构模型，并结合演讲实例进行了分析，这次尝试得到了 Y 老师的肯定。再后来，我们两人开始利用晚自习时间，在每轮演讲之后为同学们提供一对一反思辅导（学生自愿参加）。我们一同看演讲准备提纲和录像，确定简明扼要的书面反馈意见，再与演讲者面对面交流。在先导研究结束后，我开始拟定演讲中的思辨分项技能分析框架，在那个漫长的思索过程中，她是我的第一个读者，也是最坦率、最认真的参谋。如今，我们仍在寻求继续进行合作研究的机会。

与年轻的 Y 老师相比，个案研究阶段的 J 老师比较像一个"老江湖"，见多识广、幽默灵活。作为一个讲求务实的美国人，他给我布置的第一个任务是起草演讲课程的教学大纲。幸运的是，对首次开设演讲课的 J 来说，我在先导阶段积累的经验成为有价值的参考，我对教材选用、班级规模、演讲任务轮次、演讲前指导方式等方面提出的建议基本都被采纳。有着丰富表演经验的 J 在摄像机镜头前放松而自如。他在演讲比赛担任评委及提问嘉宾的经历也大大丰富了我的视野，并且为我提供了不少宝贵的演讲素材资源。

在 J 的课堂上，我的正式身份是"助教"，拟稿指导、录像剪辑、反思任务都由我来负责，这为 J 分担了一些教学工作，也为我收集数据创造了便利。J 的演讲教学带给我不少启发。作为一个长期旅居中国的西方人，他常常有独特的视角和敏锐的观察，例如他对中国教育的看法："唯一的希望在于官员和教授们不再把孩子送去国外接受教育，这样中国才有可能建立真正世界一流的大学。"J 与我最为成功的合作是一同拟定即兴演讲时事话题，我们从新闻事件中提取的 16 个话题，让大家真实感受到了参与公共话题讨论的意义和乐趣。这些题目后来成为某地区性大学生演讲比赛的题目，受到评委老师们的一致肯定。从研究发现来看，我们的合作教学不太成功的一点是，教学任务分工过于独立、融合不足，思辨教学理念在整体教学环节中的渗透有限——这是我在未来的教学实践中必须认真对待的问题。

9.1.2 个案研究：从"入侵者"到"朋友"

作为一名具有近 20 年以上教龄的英语教师，我对自己的专业素质有比较充足的信心。备课、制作幻灯片、预演、发表——我把自己负责的讲座也完全当成了一次重要的演讲，在上课之前进行了非常认真的准备。在获得初步的认可并且完成了比较充分的课堂观察的基础上，我开始对个案研究对象进行筛选。除了考虑候选者的成长背景、性别、专业、英语语言水平、思辨能力测试等多项因素，也通过初步接触了解对方性格。

研究者的计划，不论具体的目的是什么，"在某种程度上总是对研究参与者的一种入侵"（马克思威尔 2005/2007：65）。因此，"研究者向被研究者交流有关信息的方式"会对研究进展产生非常重要的影响。研究方法专著也建议研究者除了在第一时间向对方说明"自己的个人背景、研究内容和目的、自己对对方的期待、研究结果的去向等……"，还应"向对方许诺志愿原则和保密原则，明确告诉对方可以选择不参加研究，自己会为对方提供的所有信息保密……就研究的大致内容、时间、地点等方面达成共识"（陈向明 2000：157-158）。在首次访谈录音之前，我向每一位同学介绍了自己的研究，并鼓励他们对不清楚的细节提出问题，我也郑重地与他们签订了书面协议，对他们的权利给予保障。访谈的地点和时间通常按照参试同学的方便进行选择——教室、体育馆休息区、图书馆研读间、书店的咖啡座等，尽量保证环境的安静和舒适。在访谈中，我首先扮演的是一名倾听者，其次我希望自己在他们的眼中是一个怀着善意的过来人。我耐心了解他们的成长道路，也在我并不十分丰富的人生经历中提取出一些经验与这些年轻人分享——关于学科知识、学习方法、未来规划，但是我始终保持着尊重对方选择的原则。在演讲课程结束后，这成为我仍与各位研究对象保持着固定联络的基础。

但是在这项参与式研究中，同时担负助教和研究者的双重角色，也令我感受到一些困惑。一方面，作为一名参与教学方案设计、实施和课下辅导的助教，我在付出努力的同时，难免怀有期望，希望看到学习者的变化和进步；但同时作为一个研究者，我又不得不时时提醒自己，应该划定一道介入的界限。在改稿指导中，我尽量使自己像对待所有其他学生那样对待这 6 位个案学习者，不刻意地提供过多的干预，尊重他们的自主选择，让他们为自己的任务担负起最主要的责任。在后期分析数据乃至修订书稿时，我也经历了一个漫长而反复的抵御个人偏好的心理过程，反复提醒自己从事实出发对受试进行客观评价，而不是依据自己的情感和直觉判断。直到研究结束，这种理性的"抽离"也未必完全做到，但在未来的研究中我会有意识从一开始就做得更好。

9.2　"我"的思辨之路

在我的研究里，思辨即"有目的的反思性思考（purposeful reflective thinking）"（Facione 2011），是为了做出理性判断而进行的智力活动。回望走过的数年时光，我深深感到，不论是我的毕业研究，还是我的日常生活，都是在思辨之路上的蹒跚与跋涉。

9.2.1　研究目的与方法：摸索中的判断

还记得 2011 年春季我完成第一份研究计划时的情形，就像我的研究对象们向我提交热情满满的选课申请时一样。那时，我相信自己有足够的时间深读所有的文献，相信自己有能力设计出妥善的教学方案，相信只要认真地实施，教学计划就一定会取得显著的效果。而在现实中，查阅文献、寻找合作教学伙伴、形成理论框架、再到确定研究目的和研究方法，我一直行进在一条布满挑战的探索之路上。在这个过程中，最重要的任务就是对解决方案的选择与判断。

首先，研究的前两年是持续的思辨理论学习阶段。先从二手文献中了解相关领域研究的大致概况，接下来就是研习原始文献。在这个过程中，我最深的体会是，对于"思辨"概念，哲学家、心理学家、教育学家和一线教师们都有各自的视角。认真地对比这些视角、想象它们与具体课程教学的结合、参照已有的实证研究，非常缓慢地，属于我自己的理论框架才逐渐成型。

其次，研究设计的确定也经历了一年多的时间。我最初的打算是采用量化方法进行对比实验教学，但在与北外外研中心的老师和同学们汇报研讨的过程中，逐步发现设立对比班的条件很不成熟。先导研究的教学观察已经令我认识到，不打着"思辨旗号"的演讲教学并非与思辨无关，而要建构成熟的、以思辨为核心的教学理念及方法还需要长期的实践与反思。最后，因地制宜，参考老师和同学们的建议，我将研究的关注点由实验教学转向个案研究。这一调整造就了我在后期研究中的务实态度——保持尽可能高的目标，但也随时考虑到现实条件和计划可实施性，力图在条件允许的情况下做到最好。

在确定个案研究方案以后，问题并未停止出现。在数据分析阶段，寻找适合解释学习者能力发展变化的理论框架成为摆在我面前的新任务。从最初的学习动机理论二手文献，最终追溯到教育心理学经典教材和代表性研究者的论文原文，我经历了一个"外行"所难以避免的曲折求索的过程。通过在理解的基础上进行理论之间的比较，同时不断对照研究数据，衡量理论的解释力度，我最终在多个待选的理论框架中，确定将社会认知理论作为数据分析的主要依据。

9.2.2 研究者身份：打造一把合格的"尺子"

"在质性研究中，你就是研究工具，你的眼睛、耳朵就是你用来理解现象的工具"（马克思威尔 2005/2007：60）。这个工具在我的想象中，就是一把尺子——既用来衡量前人研究的借鉴价值，也用来观察和评析我的研究对象，同时，这把尺子也不断地在衡量我自己。要想做出合格的研究，努力的方向就是把自己打造成一把合格的尺子。

尺子需要准确的"刻度"，也就是需要合理的、恒定的标准。作为一个研究初学者，博士研读期间所经历的理论学习、学术阅读与评价、论文写作、同行交流，都不断增强着我对合格的研究标准的认识。而在接触思辨理论之后，我又发现，一些普遍的规律是贯穿在我们的专业学习当中的，例如，任何研究都始于提出有意义的问题、任何学科的发展都建立在对核心概念的界定之上，任何理论论证都离不开有效的推理过程，任何讨论都势必得益于多角度的思考，任何理性的解决方案都包含着对各种可能性结果的充分预见……

基于这些理念，我不断向自己提问：你的研究问题有多大的理论和实践意义？你的理论预设是否存在问题？研究方法的信度和效度有哪些保障？观察研究对象时如何察觉并修正自身的偏见？你对他们的评析标准是否清晰、公正、可重复？你能否为自己的推断提供一个以上的佐证？你向学生推行的思辨理念是否也运用到了自己的研究写作中？你的研究结果是否会给研究对象带来不利的影响？如何去防止或弥补？你向论文读者所传达的信息和观点是否清晰、连贯，具有说服力？很多时候，这样的提问不亚于自寻烦恼，而且在发现问题和失误时不得不为了弥补而大伤脑筋。但这一切，都是一把尺子无可逃避的锤炼。

9.2.3　从研究到生活：且思且辨

我想，许多研究者一定都有过在某些阶段"走火入魔"的感受。例如，刚刚领会概念隐喻理论的我，一时间满耳满眼都是隐喻。一个富有解释力的理论会为你观察世界和各种现象提供前所未有的视角，也会令你离开书本仍然能够感受到它的影响力。

在过去几年里，"什么样的思维是思辨"，"思辨表现为何种能力"，"思辨者具备怎样的性格气质"，对于这些问题的思考深深地影响着我的学习和生活方式。我慢慢发现，即使是最日常的思维活动，我们也需要不断地做出直觉以外的判断。在这个信息爆炸的时代，理性的判断尤为可贵，正如苏格拉底所说，"未经审视的生活不值得活（The unexamined life is not worth living）。"每多一次审慎的思考，每多接触一次认真的论证，每增加一些必要的常识，一个人的判断能力也将增长一分。

也是在这几年里，我发现自己变成了一个更加"锐利"的人，总是在留意观察生活中的人和事。在主流的观点面前，我尽量保持自己独立的判断。我也不断地主动反思自己，看到自身的局限和偏见，并且有意识地去努力改变。我发现自己更加喜欢参与一时得不出答案的讨论，有更多的耐心去阅读各个学科的书籍、了解和分析复杂的事物——我的研究在改变我，我也坦然接受着这种变化。

这一信念令我感到，自己何其幸运，因为我是这个研究真正的、最大的受益者。

参考文献

Aizikovitsh-Udi and Miriam Amit (2011). Developing the Skills of Critical Thinking and Creative Thinking by Probability Teaching. *Prodedia Social and Behavioral Science* 15: 1087-1091.

Alwehaibi, Huda Umar (2012). Novel Program to Promote Critical Thinking among Higher Education Students: Empirical Study from Saudi Arabia. *Asian Social Science* 8 (11): 193-204.

Anderson, L.W. (ed.), D. R. Krathwohl (ed.), P. W. Airasian, K. A. Cruikshank, R. E. Mayer, P. R. Pintrich, J. Raths, and M. C. Wittrock (2001). *A Taxonomy for Learning, Teaching, and Assessing: A Revision of Bloom's Taxonomy of Educational Objectives*. New York: Longman.

Bandura, Albert (1986). *Social Foundations of Thought and Action: A Social Cognitive Theory*. Englewood Cliffs: Prentice-Hall.

Bandura, Albert (1997). *Self-Efficacy: The Exercise of Control*. New York: Freeman.

Bandura, Albert (1999). Social Cognitive Theory: An agentic perspective. *Asian Journal of Social Psychology* 2: 21-41.

Bandura, Albert and Forest J. Jourden (1991). Self-Regulatory Mechanisms Governing the Impact of Social Comparison on Complex Decision Making. *Journal of Personality and Social Psychology* 60 (6): 941-951.

Barron, K. and J. Harackiewicz (2001). Achievement Goals and Optimal Motivation: Testing Multiple Goal Models. *Journal of Personality and Social Psychology* 80: 706-722.

Battersby, Mark and Sharon Bailin (2011). Critical Inquiry: Considering the Context. *Argumentation* 25: 243-253.

Behar-Horenstein, Linda S. and Lian Niu (2011). Teaching Critical Thinking Skills in Higher Education: A Review of The Literature. *Journal of College Teaching & Learning* 8 (2): 25-41.

Bensley, D. Alan, Deborah S. Crove, Paul Bernhardt, Camille Buckner, and Amanda

L. Allman (2010). Teaching and Assessing Critical Thinking Skills for Argument Analysis in Psychology. *Teaching of Psychology* 37: 91-96.

Bensley, D. Alan and Michael P. Murtagh (2012). Guidelines for a Scientific Approach to Critical Thinking Assessment. *Teaching of Psychology* 39 (1): 5-16.

Bensley, D. Alan et al. (2016). Closing the assessment loop on critical thinking: The challenges of multidimensional testing and low test-taking motivation, *Thinking Skills and Creativity* 21: 158-168.

Bissel, Ahrash N. and Paula P. Lemons (2006). A New Method for Assessing Critical Thinking in the Classroom. *BioScience* 56 (1): 66-72.

Black, Stephen M. and R. Barry Ellis (2010). Evaluating The Level of Critical Thinking in Introductory Investments Course. *Academy of Educational Leadership Journal* 14 (4): 99-106.

Bloom, B. S. (ed.), M. D. Engelhart, E. J. Furst, W. H. Hill and D. R. Krathwohl (1956). *Taxonomy of Educational Objectives: The Classification of Educational Goals. Handbook 1: Cognitive Domain.* New York: David McKay.

Boekaerts, Monique (1999). Self-regulated Learning: Where We Are Today. *International Journal of Educational Research* 31: 445-457.

Butler, Heather A., Christopher P. Dwyer, Michael J. Hogan, Amanda Franco, Silvia F. Rivas, Carlos Saiz, Leandro S. Almeida (2012). The Halpern Critical Thinking Assessment and Real-world Outcomes: Cross-national Applications. *Thinking Skills and Creativity* 7: 112–121.

Chaffee, John (2012). *Thinking Critically* (10th ed.). Boston: Cengage Learning.

Cotter, Ellen M. (2009). Do Critical Thinking Exercises Improve Critical Thinking? *Educational Research Quarterly* 33 (2): 3-14.

Dewey, John (1910). *How We Think*. Washington D.C.: Heath & Company.

Ennis, R. H. (1962) A Concept of Critical Thinking, *Harvard Educational Review*, 32 (1): 81-111.

Ennis, R. H. (1989). Critical Thinking and Subject Specificity: Clarification and Needed Research. *Educational Researcher* 18 (3): 4-10.

Facione, N. (1997). *Critical Thinking Assessment in Nursing Education Programs:*

An Aggregate Data Analysis. Millbrae: California Academic Press.

Facione, P. A. (1990). Critical Thinking: A Statement of Expert Consensus for Purpose of Educational Assessment and Instruction — Executive Summary / *"The Delphi Report"*. Millbrae: The California Academic Press.

Facione, P. A. (2011). *Critical Thinking: What It Is and Why It Counts*. Millbrae: Measured Reasons and The California Academic Press.

Facione, P. and N. Facione. (1994). *The California Critical Thinking Skills Test (CCTST): Test Manual*. Millbrae: California Academic Press.

Facione, P., N. Facione and C. Giancarlo. (1996). *The California Critical Thinking Disposition Inventory (CCTDI): Test Manual*. Millbrae: California Academic Press.

Flores, Kevin L., Gina S. Matkin, Mark E. Burgach, Courtney E. Quinn and Heath Harding (2012). Deficient Critical Thinking Skills among College Graduates: Implication for Leadership. *Education Philosophy and Theory* 44 (2): 212-230.

Floyd, Carol Beth (2011). Critical Thinking in a Second Language. *Higher Education Research & Development* 30 (3): 289-302.

Gerwing, Jeffrey, David McConnell, Donald Stearns and Stephen Adair (2007). Critical Thinking for Civic Thinking in Science. *Academic Exchange Quarterly* 11 (3): 160-64.

Glaser, R. (1984). Education and Thinking: The Role of Knowledge. *American Psychologist* 39: 93-104.

Golding, Clinton (2011). Educating for Critical Thinking: Thought-Encouraging Questions in a Community of Inquiry. *Higher Education Research & Development* 30 (3): 357-370.

Halpern, D. F. (1998). Teaching Critical Thinking for Transfer Across Domains: Dispositions, Skills, Structure Training, and Metacognitive Monitoring. *American Psychologist* 53 (4): 449-455.

Halpern, Diane F. (2001). Assessing the Effectiveness of Critical Thinking Instruction. *The Journal of General Education* 50 (4): 270-286.

Halpern, D. F. (2007). *Halpern Critical Thinking Assessment Using Everyday*

Situations: Background and Scoring Standards. Caremont: Claremont McKenna College.

Halpern, D. F., Keith Millis, Arthur C. Graesser, Heather Butler, Carol Forsyth and Zhiqiang Cai (2012). Operation ARA: A Computerized Learning Game that Teaches Critical Thinking and Scientific Reasoning. *Thinking Skills and Creativity* 7: 93-100.

Hammer, Sara Jeanne and Wendy Green (2011). Critical Thinking in A First Year Management Unit: the Relationship Between Learning, Academic Literacy and Learning Progression. *Higher Education Research & Development* 30 (3): 303-315.

Harrell, Maralee (2011). Argument Diagramming and Critical Thinking in Introductory Philosophy. *Higher Education Research & Development* 30 (3): 371-385.

Herrnstein, R. J., R. S. Nickerson, M. de Sanchez and J. A. Swets (1986). Teaching Thinking Skills. *American Psychologist* 41 (11): 1279-89.

Lim, Leonel (2011). Beyond Logic and Argument Analysis: Critical Thinking, Everyday Problems and Democratic Deliberation in Cambridge International Examinations' Thinking Skills Curriculum. *Journal of Curriculum Studies* 43 (6): 783-807.

Liu, O.L. et al. (2016). Assessing Critical Thinking in Higher Education: The HEIghtenTM Approach and Preliminary Validity Evidence. *Assessment & Evaluation in Higher Education* 41 (5): 677–694.

Loes, Chad, Ernest Pascarella and Paul Umbach (2012). Effects of Diversity Experience on Critical Thinking Skills: Who Benefits? *The Journal of Higher Education* 83 (1): 1-24.

Lucas, Steven (2010). *Art of Public Speaking* (10th ed.). Beijing: Foreign Language Teahcing and Research Press.

McPeck, J. E. (1981). *Critical Thinking and Education*. Oxford: Martin Robertson.

Miri, Barak, Ben-Chaim David and Zoller Uri (2007). Purposely Teaching for the Promotion of Higher-order Thinking Skills: A Case of Critical Thinking. *Res Sci*

Educ 37: 352-369.

Moore, Brooke Noel and Richard Parker (2012). *Critical Thinking* (10th ed.). New York: McGraw-Hill.

Moore, Tim (2011). Critical Thinking and Disciplinary Thinking: A Continuing Debate. *Higher Education Research & Development* 30 (3): 261-274.

Moore, Tim (2013). Critical Thinking: Seven Definitions in Search of a Concept. *Studies in Higher Education* 38 (4): 506-522.

Niu, Lian, Linda S. Behar-Horenstein and Cyndi W. Garvan (2013). Do Instructional Interventions Influence College Students' Critical Thinking Skills? A Meta-Analysis. *Educational Research Review* 9: 114-128.

Noblitt, Lynnette, Diane E. Vance and Michelle L. DePoy Smith (2010). A Comparison of Case Study and Traditional Teaching Methods for Improvement of Oral Communication and Critical-Thinking Skills. *Journal of College Science Teaching* May/June 2010: 26-32.

Pascarella, E. T. and P. T. Terenzini (2005). *How College Affects Students: A Third Decade of Research*. San Francisco: Jossey-Bass.

Paul, Richard and Linda Elder (2006). *Critical Thinking: Learn the Tools the Best Thinkers Use*. New Jersey: Pearson/Prentice Hall.

Paul, Richard, Linda Elder and Ted Bartell (1997). "A Brief History of Critical Thinking." http://www.criticalthinking.org/pages/a-brief-history-of-the-idea-of-critical-thinking/408. Retrieved on October 21, 2013.

Pintrich, Paul R. (1999). The Role of Motivation in Promoting and Sustaining Self-regulated Learning. *International Journal of Educational Research* 31: 459-470.

Pintrich, Paul R. (2003). A Motivational Science Perspective on the Role of Student Motivation in Learning and Teaching Contexts. *Journal of Educational Psychology* 95 (4): 667-686.

Pintrich, Paul R. (2004). A Conceptual Framework for Assessing Motivation and Self-Regulated Learning in College Students. *Educational Psychology Review*, 16 (4): 385-407.

Pintrich, P. and D. Schunk (2002). *Motivation in Education: Theory, Research and*

Applications. Upper Saddle River: Prentice-Hall Merrill.

Pintrich, Paul R., Anne Marie M. Conley and Toni M. Kempler (2003). Current Issues in Achievement Goal Theory and Research. *International Journal of Educational Research* 39: 319-337.

Rankey, Eugene C. (2003). The Use of Critical Thinking Skills for Teaching Evolution in an Introductory Historical Geology Course. *Journal of Geoscience Education* 51 (3): 304-308.

Richardson, Jennifer C. and Phil Ice (2009). Investigating Students' Level of Critical Thinking Across Instructional Strategies in Online Discussion. *Internet and High Education* 13: 52-59.

Rickles, Michael L., Rachel Zimmer Schneider, Suzanne R. Slusser, Dana M. Williams and John F. Zipp (2013). Assessing Change in Student Critical Thinking for Introduction to Sociology Classes. *Teaching Sociology* 41 (3): 271-281.

Robinson, Susan Rebecca (2011). Teaching Logic and Teaching Critical Thinking: Revisiting McPeck. *Higher Education Research & Development* 30 (3): 275-287.

Rybold, Gary (2011). Debate Praxis in Second Language Education: Developing a Route towards Critical Thinking during Oral Communication. Ph.D Dissertation. Beijing: Beijing Foreign Studies University.

Schunk, D. (1985). Self-efficacy and School Learning. *Psychology in the Schools* 22: 208-223.

Schunk, D. H. (1999). Social-self Interaction and Achievement Behavior. *Educational Psychologist, 34,* 219-227.

Schunk, D. H. and B. J. Zimmerman (1997). Social Origins of Self-regulatory Competence. *Educational Psychologist* 32: 195-208.

Seker, Hasan and Sevki Komur (2008). The Relationship Between Critical Thinking Skills and In-class Questioning Behavior of English Language Teaching Students. *European Jouranl of Teacher Education* 31 (4): 389-402.

Singseewo, Adisak (2011). Awareness of Environment Conservation and Critical

Thinking of the Undergraduate Students. *European Journal of Social Science* 25 (1): 136-144.

Somekh, Bridget and Cathy Lewin (eds.) (2011). *Theory and Methods in Social Research* (2nd ed). Los Angelos: Sage.

Stapleton, Paul (2001). Assessing Critical Thinking in the Writing of Japanese University Students: Insights about Assumptions and Content Familiarity. *Written Communication* 18 (4): 506-548.

Stapleton Paul and Yanming Wu (2015). Assessing the Quality of Arguments in Students' Persuasive Writing: A Case Study Analyzing the Relationship Between Surface Structure and Substance. *Journal of English for Academic Purposes* 17: 12-23.

Sullivan, E. Andrea (2012). Critical Thinking in Clinical Nurse Education: Application of Paul's Model of Critical Thinking. *Nurse Education in Practice* 12 (2012): 322-327.

Sumner, William Graham (1906). *Folkways: A Study of the Sociological Importance of Usages, Manners, Customs.* Boston: Ginn & Co.

Terenzini, Patrick T., Leonard Springer, Ernest T. Pascarella and Amaury Nora (1995). Influences Affecting the Development of Students' Critical Thinking Skills. *Research in Higher Education* 36 (1): 23-39.

Tracy, Sarah J. (2013). *Qualitative Research Methods: Collecting Evidence, Crafting Analysis, Communicating Impact.* Malden: Blackwell.

van Gelder, Tim (2005). Teaching Critical Thinking: Some Lessons from Cognitive Science. *College Teaching* 53 (1): 41-46.

Wass, Rob, Tony Harland and Alison Mercer (2011). Scaffolding Critical Thinking in the Zone of Proximal Development. *Higher Education Research & Development* 30 (3): 317-328.

Weinstein, C. E. and Mayer, R. E. (1986). The Teaching of Learning Strategies. In M. Wittrock. *Handbook of Research on Teaching.* New York: Macmillan.

Yang, Lan (2011). The Generation That's Remaking China. http://www.ted.com/talks/ yang_lan.

Young, Marilyn and D. Lee Warren (2011). Encouraging the Development of Critical Thinking Skills in the Introductory Accounting Courses Using the Challenge Problem Approach. *Issues In Accounting Education* 26 (4): 859-881.

Zimmerman, B. J. (2000). Attaining Self-regulation: A Social Cognitive Perspective. In M. Boekaerts, P. Pintrich, & M. Zeidner (eds.). *Handbook of Self-Regulation.* San Diego: Academic.

Zimmerman, Barry J. (2002). Becoming a Self-Regulated Learner. *Theory Into Practice*, 41 (2): 64-70.

Zimmerman, Barry J. (2008). Investigating Self-Regulation and Motivation: Historical Background, Methodological Developments, and Future Prospects. *American Educational Research Journal* 45 (1): 166-183.

陈枫（2012），对高校英语演讲与辩论课的研究，《内蒙古师范大学学报》25（7）：121-123。

陈向明（2000），《质的研究方法与社会科学研究》。北京：教育科学出版社。

范春林、张大均（2007），学习动机研究的特点、问题及走向，《教育研究》330（7）：71-77。

高一虹（1999），外语学习木桶的"短板"——从一次失败的演讲谈起，《国外外语教学》（3）：6-9。

谷振诣、刘壮虎（2006），《批判性思维教程》。北京：北京大学出版社。

桂清扬等（2011），以思辨训练、多元文化导入为特征的英语演讲 STUDIO 培训模式，《浙江外国语学院学报》（2）：6-10。

汉语大辞典编辑委员会汉语大辞典编纂处（编）（1990），《汉语大辞典》。上海：汉语大辞典出版社。

黄芳（2013），大学生批判性思维能力培养方式实践探索：一项基于商务英语教学的行动研究，博士论文。上海：上海外国语大学。

黄源深（1998），思辨缺席，《外语与外语教学》（7）：1，9。

黄源深（2010），英语专业课程必须彻底改革——再谈"思辨缺席"，《外语界》136（1）：11-16。

李莉文（2011），英语写作中的读者意识与思辨能力培养——基于教学行动研究的探讨，《中国外语》8（3）：66-73。

林崇德（2006），思维心理学研究的几点回顾，《北京师范大学学报》(5)：35-42。

林岩（2014），英语专业知识课中的密集读写任务对思辨能力的影响，《外语界》164（5）：11-19。

刘航，金利民（2012），英语辩论与大学生批判性思维发展的实证研究，《外语与外语教学》266（5）：24-28。

刘浩、孟亚茹、邱鹄（2016），所提问题认知层级与思辨能力关系的研究，《外语教学理论与实践（2）：70-76。

刘和平，王茜（2015），翻译思辨能力发展特征研究——以 MTI 翻译理论与实务课程为例，《中国翻译》(4)：45-50。

罗清旭、杨鑫辉（2002），加利福尼亚批判性思维技能测验的初步修订，《心理科学》25（6）：740-741。

马克思威尔，约瑟夫 A. (2005/2007)，《质的研究设计：一种互动的取向》（*Qualitative Research Design: An Interactive Approach*），朱光明译，陈向明校。重庆：重庆大学出版社。

麦克伯尼，唐纳德（2008/2010），《像心理学家一样思考》（*How to Think Like a Psychologist*）（第二版），王伟平译。北京：人民邮电出版社。

彭青龙（2000），思辨与创新——口语课堂上的演讲、辩论初探，《外语界》78（2）：39-44。

普利斯特，格雷厄姆 (2000/2013)，《简明逻辑学》（*Logic*），石正永、韩守利译。南京：译林出版社。

任文（2007），英语演讲课与能力素质培养，《中国外语》4（6）：66-70。

任文（2013），再论外语专业的思辨能力："缺席"还是"在场"？兼论将思辨能力培养纳入外语专业教育过程——以英语演讲课为例，《中国外语》10（1）：10-17。

阮全友（2012），构建英语专业学生思辨能力培养的理论框架，《外语界》148（1）：19-25。

斯普瑞格，乔、道格拉斯·斯图尔特、戴维·柏德瑞（2010 / 2013），《演讲者圣经》（*The Speaker's Handbook*, 9th ed.）。北京：清华大学出版社。

宋毅（2012），英语口语教学中交流学理论对提高学生思辨能力的作用，《外语与外语教学》266（5）：34-38。

孙旻、俞露、王晶（2015），英语演讲实践中的思辨分项技能——以说服性演讲为例，《中国外语》67（5）：49-56。

孙有中（2011），突出思辨能力培养，将英语专业教学改革引向深入，《中国外语》8（3）：49-58。

孙有中等（2013）创新英语专业测评体现，引领学生思辨能力发展——"英语测评与思辨能力培养"笔谈，《中国外语》10（1）：4-9。

王彤（2011），英语专业口语教学新课型——公众演讲课的探索与实践，《外语界》83（3）：46-52。

文秋芳（2008），论外语专业研究生高层次思维能力的培养，《学位与研究生教育》（10）：29-34。

文秋芳（2012），《中国外语类大学生思辨能力现状研究》。北京：外语教学与研究出版社。

文秋芳、胡健（2010），《中国大学生英语口语能力发展的规律与特点》。北京：外语教学与研究出版社。

文秋芳、刘艳萍、王海妹、王建卿、赵彩然（2010a），我国外语类大学生思辨能力量具的修订与信效度检验研究，《外语界》139（4）：19-27。

文秋芳、孙旻（2015），评述高校外语教学中思辨力培养存在的问题，外语教学理论与实践151（3）：6-12。

文秋芳、王海妹、王建卿、赵彩然、刘艳萍（2010b），我国英语专业与其他文科类大学生思辨能力的对比研究，《外语教学与研究》42（5）：350-355。

文秋芳、王建卿、赵彩然、刘艳萍、王海妹（2009），构建我国外语类大学生思辨能力量具的理论框架，《外语界》130（1）：37-43。

文秋芳、王建卿、赵彩然、刘艳萍、王海妹（2011），对我国大学生思辨倾向量具信度的研究，《外语电化教学》142（6）：19-23。

文秋芳、王立非（2004），中国英语学习策略实证研究20年，《外国语言文学》79（1）：39-45。

伍尔福克，安妮塔（2010／2012），《教育心理学》（*Educational Psychology*, 11th ed.），伍新春、赖丹凤、李娇等译。北京：中国人民大学。

杨丽芳（2015），阅读课堂提问的认知特征与思辨能力培养，《中国外语》64（2）：68-79。

叶秀山（1986），《苏格拉底及其哲学思想》。北京：人民出版社。

张冬玉（2007），英语演讲与语言能力的培养：一项综合英语课程创新人才培养的研究，《外语教学》28（3）：56-59。

赵蒙成、刘琳（2012），社会认知理论视域中自我调节学习的过程与策略，《江苏教育研究》12：3-6。

朱强（2012），《公共演讲的传播艺术》。北京：中国广播电视出版社。

兹维克，S.B.、法伊弗，W.S.（2013），《技术演讲的艺术——技术人员成为成功人士必知必会的原则和技巧》（*Pocket Guide to Technical Presentations and Professional Speaking*）。北京：机械工业出版社。

附 录

附录1　先导研究背景介绍

探查学习者思辨能力发展轨迹，首先需要对大学阶段英语演讲活动中所包含的思辨分项技能进行理论框架建构，并根据理论框架拟出可操作的测评标准。2012 年秋季学期，笔者获准进入某外语类重点大学英语专业一年级演讲（选修）课堂，进行了为期 16 周（每周 3 课时）的教学观察。该课程属于基础阶段口语课程之一。本课程主讲教师 Y 为有 10 年教龄的英语专业教师，具有外国语言学和应用语言学博士学位，目前担任英语专业口语教研组负责人。

在对课堂进行观察、记录（讲课录音和演讲录像）以外，笔者还作为一个 guest 参与到课堂讨论中，也曾利用学期中一次课堂的 40 分钟时间，为全班同学做了题为 "Critical Thinking" 的讲座，介绍了 Paul and Elder（2006）的思辨三元理论模型及其在日常思维中的应用。在每轮演讲之后，笔者与主讲教师还一同承担了学生所做的一对一辅导（tutorial）。本文先导研究所提出的演讲活动中的思辨分项技能为笔者和 Y 老师共同研讨的成果。

本演讲课程设计主要依据指定教材《演讲的艺术》（Art of Public Speaking, Lucas 2010，第十版，中国版）。本研究中的学习者均为英语专业 2012 级新生。全班 24 名同学（男生 6 人，女生 18 人），平均年龄 18 岁。这些同学来自全国不同省份，其中半数为保送生，多人高中在外语学校就读。从整体英语语言水平来讲，本班同学应高于普通高校英语学习者。虽然生源的优势条件一定程度上削弱了对中国大学学习者的代表性，但是学习者较高的语言水平也使其能够更为自如地表达自身的思维过程，为本研究的观察提供了条件。

根据课程要求，在 16 周（每周 3 课时）的教学过程中，全体学习者依次发表了四轮有备演讲（prepared speeches），包括介绍性（introductory）、说解性（informative）演讲各一次，说服性（persuasive）演讲两次。演讲题目采取自选形式，但是选题须经过学生小组讨论评议；每轮演讲均设时间限制（3-6 分钟不等）；在正式发表演讲前，演讲者须提交完整的、符合格式要求的演讲准备提纲（preparation outline，包含题目、演讲目的、中心论点、分论点、论据、结论、文献列表等内容）；每轮演讲均有录像，供学习者课后观看，促进反思；每轮演讲后当周，研究者和任课教师利用晚自习时间，为同学们提供了一对一反馈指导，每人 20 分钟左右，由学习者自愿报名参加。

本研究先导阶段所收集的数据包括：1）课堂录音及观察笔记；2）演讲者准备提纲及演讲录像；3）同伴评议问卷；4）课后反馈指导录音；5）期末反思问卷。为了回答"演讲活动中的思辨分项技能"这一问题，我们将两轮说服性演讲的准备提纲及演讲录像（n=48）作为主要研究材料（见下表）。这样的选择出于以下几个方面的考虑：首先，说服性演讲完成于学期后半段，学习者对演讲的相关体例和要求已有较完备的了解，也积累了一定的登台经验，其整体水平较为稳定；其次，相较于介绍和说解，说服性演讲能够更为全面地体现学习者形成观点并加以论证的能力水平；此外，准备提纲为了解、评判演讲者的篇章规划和理据出处提供了可靠依据，而演讲录像使研究者有机会对照准备提纲与演讲发表，并对演讲发表现场的其他因素进行观察和分析。

学习者说服性演讲主题汇总

编号	说服性演讲 I	说服性演讲 II
A	教室摄像头的安装与管理	太极拳作为我校体育选修课的意义及实施建议
B	思辨能力的重要性	奥赛保送制度不应废除
C	纸质书优于电子书	我国应建立影视作品分级制度
D	星座学说无科学依据	倡导"周一素食者"
E	中国应废除死刑	青少年体育课长跑测试的意义
F	垃圾分类势在必行	垃圾食品生产商不应赞助奥运会
G	慎选"有机食物"	高中文理分科制度应变革
H	动物表演应当禁止	同性婚姻合法化
I	公共场所安装摄像头不可避免	支持核能源
J	"高调慈善"值得肯定	对奢华校庆说"不"
K	支持学校食堂豆浆涨价	废止吉尼斯世界纪录中的某些项目

（待续）

（续表）

编号	说服性演讲 I	说服性演讲 II
L	安乐死合法化	"山寨"产业应受支持
M	帮助培养乐观生活态度的"感激日志"	拒绝消费瓶装水
N	慎用亲子鉴定	校园里的冷暴力
O	公共场所禁烟应加强举措	新疆民族矛盾的经济根源
P	倡导大学生支教	异地高考不宜放开
Q	鼓励本校毕业生自主创业	人肉搜索之害
R	警惕盲从"成功宝典"	动物实验的人性化手段
S	当前中国音乐下载收费的不现实性	政治人物的隐私应部分公开
T	"地球一小时"应废止	"图书漂流"值得一试
U	中小学性教育有待加强	街头乞讨的解决之道
V	古典音乐 v. 流行音乐	扑杀不是解决流浪猫狗问题的最佳办法
W	运动式献爱心不值得提倡	保护古镇免于过度商业化
X	学习手语的意义	中学不应设立重点班

注：原英文题目由笔者翻译为汉语。

　　演讲提纲和录像以外的其他数据则为研究分析提供了侧面的支撑信息，如同伴评议问卷中可以看出学习者在听讲过程中的主要关注点和评判依据；在反馈指导和期末反思问卷中，学习者会回忆演讲准备过程中的困惑、总结经验教训，为下一步学习拟定目标和计划。

　　先导研究的数据分析采取了"自上而下"与"自下而上"相结合的方法。前者主要指对现有的思辨理论框架进行深入学习、理解、分析、比较，从中选择对思辨分项技能分类描述最为细致、最具可操作性的理论模型；后者则指将本研究所观察的演讲活动分为任务阶段，然后在每个阶段内分析、识别相应的思辨分项技能，并对其进行有体系的归类和整理。该研究的结果以思辨分项技能列表的方式呈现，作为本研究的主要概念框架（见表3.2）。

附录2　英语演讲课程计划

Public Speaking Course Syllabus (Spring 2013)

Objectives

1. To improve your ability to write effective English public speeches. This will engage you in the full process of *speech composition*, including the following:

   a. selecting, narrowing, and focusing topics

   b. generating research materials

   c. adapting the topic and research materials to the specific audience being addressed

   d. supporting ideas with evidence and reasoning

   e. organizing the message for effective communication

   f. preparing and revising drafts of the speech

   g. expressing yourself accurately, clearly, vividly, and appropriately

   h. using correct grammar, punctuation, and spelling

2. To improve your ability to *deliver English public speeches*. This will engage you in activities such as the following:

   a. understanding the nature of speech anxiety and how to deal with it

   b. learning the vocal principles of effective speech delivery

   c. learning the nonverbal principles of effective speech delivery

   d. generating speaking notes from a full speech manuscript or outline

   e. rehearsing the speech prior to final presentation

   f. using visual aids to reinforce and clarify the verbal message

3. To improve your ability to think critically and to apply the skills of *critical thinking* to the analysis of public discourse. This will engage you in activities such as the following:

   a. distinguishing main points from minor points

   b. gauging the credibility of sources and the reliability of claims in supporting materials

   c. judging the soundness of evidence in public discourse

   d. assessing the validity of reasoning in public discourse

4. To improve your ability to ***listen effectively*** to public speeches. This will engage you in activities such as the following:

   a. distinguishing among the introduction, body, and conclusion of a speech

   b. focusing on a speaker's ideas rather than being diverted by his or her delivery

   c. listening for the main points and supporting materials of a speaker's message

   d. developing note-taking skills

   e. conducting analysis of classroom speeches and of speeches by well-known public figures

5. To improve your ability to utilize ***research skills and strategies***. This will engage you in activities such as the following:

   a. developing skills of information acquisition, including interviewing, writing for information, conducting Internet and library research, creating a bibliography, and taking research notes efficiently

   b. thinking critically and creatively about materials acquired from print and electronic sources

Required Textbook

Lucas, E. Stephen. *The Art of Public Speaking.* 10th edition (Specially Adapted for Chinese Readers). Beijing: Foreign Language Teaching and Research Press, 2010.

Course Organization

1. *Reading assignments*

Given the anticipated intensity of the course, the students are expected to complete all the reading assignments as required for each week. Your familiarity of the concepts and principles in the textbook will make your learning a more rewarding experience than mere attendance at the lectures.

2. *Speech assignments*

   1. **Speech Delivery:** Each student is to present 3 formal speeches during the semester: 1 informative and 2 persuasive. The speakers are expected to rehearse

well beforehand and to speak from a brief speaking outline, with or without visual aids (No PPT allowed). The time limit for each speech is 4-5 minutes. A hand signal will be given to the speaker 30 seconds before the time runs out. Speakers will have access to the video clips of their own speeches.

2. **Preparation Outlines:** These are the detailed outlines developed during speech preparation that include the title, purpose, central idea, introduction, main points, sub-points, connectives, conclusion, and bibliography (see Chapter 9). The students are expected to start their preparation early and revise their drafts before the delivery. All students are required to email their first and second drafts to the co-teacher before the respective deadlines (1st draft at 12:00 the Saturday one week earlier; 2nd draft at 24:00 the Sunday before the speech day). A hard copy of the second draft is to be handed in to the instructor on the speech day. Students from both Group A and B should meet the same deadlines.

3. **Reflection:** After each speech delivery, the speaker is to watch his/her own video clip, reflect on the learning process, and in an 800-word journal (Chinese), note down the gains achieved and the areas for future improvement. Please email your reflection journals to the co-teacher no later than 24:00 on Saturday of the speech week.

3. *Portfolio*

The students are encouraged to keep track of their own learning with a personal portfolio. Organize your research materials, handouts, drafts, notes, etc. into labeled folders. For one thing, it will make your reflection easier and more authentic; for another, it may make this course a more fulfilling experience when you look back at the end.

Course Outline:

Week & Date	Contents	Assignments
1 Feb 26	**Introduction** Pretest: impromptu speech (3 minutes)	**Read:** **Chpt 1:** Speaking in public (P8-11); **Chpt 2:** Speaking confidently and ethically **Video & Ex:** Chpt 3/P38/intro. speech
2 Mar 5	**Preparing for a Speech:** **Chpt 4:** Selecting a topic & purpose (P49-55) **Chpt 5:** Analyzing the audience (factors and methods) **Chpt 6:** Supporting your ideas and gathering materials (examples; statistics; testimony) **Chpt 7:** Organizing the body	**Read:** Chpt 9 & 13 **Preparation Outline Draft 1:** Informative speech 1 (due 12:00 Sat.)
3 Mar 12	**Delivering a Speech:** **Chpt 10:** Using language **Chpt 11:** Delivering the speech **Chpt 12:** Using visual aids **Sample speech:** The Great Wall of China; **Feedback & Discussion:** informative draft 1	**Read:** **Chpt 8:** beginning & ending speech **Preparation Outline Draft 2:** Informative speech 1 (due 24:00 Sun.)
4 Mar 19	**Informative speech:** Group A Discussion and comments: speech content & delivery	**Reflection:** Group A (due 24:00 Sat.) **Watch and Outline:** Yang Lan's 2011 TED speech, "*The generation that is remaking China.*"
5 Mar 26	**Informative speech:** Group B Discussion and comments: speech content & delivery	**Reflection:** Group B (due 24:00 Sat.) **Watch and Outline:** Yang Lan's 2011 TED speech, "*The generation that is remaking China.*"
6 April 2	**Universal Elements of Thought** **Discussion & Evaluation:** Yang Lan's Ted speech	**Read:** Chpt14 speaking to persuade **Watch:** videos 14.5-14.6

(To be cont.)

(*cont.*)

Week & Date	Contents	Assignments
7 Apr 9	**Chpt14 (I):** Types and organization of persuasive speeches **Discussion:** matching persuasive topics with organizational strategies	**Read & Outline:** "*The problem with Pennies*" P83 **Watch & Outline:** Video 14.6 "*Putting the Brakes on Teenage Driving*"; **Revise & Submit:** persuasive speech topics (due 12:00 Apr 13, Sat.)
8 Apr 16	**Chpt 14 (II):** Primary methods of persuasion **Sample Speech Evaluation**	**Review:** Chapter 14 (P205-216) **Watch, Outline & Comment:** Yang Lan, "*The Generation That is Remaking China*"
9 Apr 23	**Critical Thinking:** from the perspective of "Universal Elements of Thought" **Discussion & Evaluation:** Yang Lan's Ted talk	**Submit: Persuasive Speech 1/** Preparation Outline Draft 1 (due 12:00 Apr 27, Sat.)
10 May 7	**(May Day Holiday)**	**Submit: Persuasive 1 / final draft** (due 24:00 May 5th, Sun)
11 May 14	**Persuasive speech 1:** Group A Comments: speech content & delivery	**Reflection:** Group A (due 12:00 May 11th, Sat.) **Read:** Chap 15 & 16
12 May 21	**Persuasive speech 1:** Group B Comments: speech content & delivery	**Reflection:** Group B (due 12:00 May 18th, Sat.)
13 May 28	**Impromptu speech practice**	
14 June 4	**Impromptu speech practice**	**Submit:** Persuasive Speech 2 / final draft (due 24:00 June 2nd, Sun.) - **50% final grade; NO FEEDBACK**
15 June 9	**Persuasive speech 2:** Group A	**Reflection:** Group A (due 24:00 June 8th, Sat.)
16 June 18	**Persuasive speech 2:** Group B	**Reflection:** Group B (due 24:00 June 15th, Sat.)

(*To be cont.*)

Grading

20% -10% campus English speech tournament

       -10% impromptu speech (week 12)

30% informative speech (week 4&5)

50% 2nd persuasive speech (week 14&15)

*Note: Fail to present the speech as scheduled will lose 5 points;

Fail to submit the preparation outline as required will lose 3 points each time.

Useful Resources

1. The Art of Public Speaking online learning center: www.mhhe.com/lucas8
   (to download PS study questions, flashcards, chapter objectives, outline and summary, etc.)
2. Top 100 American Speeches of the 20th Century
   http://highered.mcgraw-hill.com/sites/007256296x/student_view0/top_100_speeches_.html#
3. TED talks: http://www.ted.com/talks
4. Face to Face with Obama in Shanghai, Nov. 2010, http://www.tudou.com/programs/view/TKsYEdIsUgw/

附录 3 "演讲与思辨"讲座幻灯片示例

"Good speaking is good thinking."

ideas

Thinking v. Critical Thinking

- **Thinking**: your opinion or ideas about something, or your attitude towards it.
  (*LCED*, 2007);
- **Critical Thinking** (CT):
- Carefully exploring the thinking process to clarify our understanding and make more intelligent decisions. (Chaffee 2012)
- The systematic monitoring of thought with the end of improvement (*thinking about thinking* in order to make thinking better).
  (Paul & Elder 2006)

The Universal Elements of Thought

(Paul & Elder, 2006: P14)

Universal Standards for Thinking

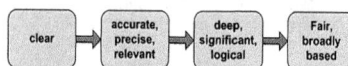

clear → accurate, precise, relevant → deep, significant, logical → Fair, broadly based

清晰：阐述清楚、可理解；
准确：真实无误；
精确：包含必要的细节；
相关：与其他思维元素有明确的关联；
深刻：考虑到问题的复杂性、能抓住问题的重点所在；不肤浅
逻辑：包含合理的推理；信息和论断前后一致；
重要：提出有意义的问题、选用重要的概念、信息等；
多视角：从多个立场看待问题；
公正：坚持理性思考、使用正当有理的依据、摒弃偏见；

CT in PS (1):
reflecting on purpose（目的）

– Is it stated in a clear / consistent thesis statement (central idea)?
– Is it relevant and significant according to the occasion (**audience analysis**)?
– Is it fair / justifiable in context?
– Is it achievable?

Example:
Online shopping is the best way of purchase.

CT in PS (2):
reflecting on perspective（视角）

- **1) Speaker's identity**: Who am I when addressing this issue? (*WHOSE Chinese Dream?*)
- **2) Main points**: What are the possible perspectives? Is my chosen perspective significant compared with the others? Is the opposite perspective fairly represented?
- **Examples**： Assange's conviction;
  Shanghai chicken.

CT in PS (3):
Reflecting on assumptions （预设）

– On what assumptions (previously held beliefs; premises) is my claim based?
– Are they relevant / consistent to the purpose of my speech?
– Can I fully justify what I am taking for granted?

Examples:
Bill Gates: "*Success is a lousy teacher.*"

CT in PS (4):
reflecting on concepts （概念）

– What are the key concept(s) (or theories) in my speech?
– Are the definitions accurately stated (or implied)?
– Are the concepts consistent throughout the speech?

Example:
Media violence (in *Princess Pearl*)

CT in PS (5):
reflecting on information （信息）

– Is the information (statistics, testimony, examples, etc.) presented in my speech clear / accurate / relevant / significant/ strategically organized?

Q: What information to support your Chinese Dream? (economy, environment, education, culture, etc.)

PEM in PS (6):
reflecting on inference （推理）

• **Watch out for fallacies** (*APS*, p213-215):
– Hasty generalization (generalizing from the specific)
– False cause (after…, therefore because of…)
– Weak analogy (if A…, then B…)
– Red herring (irrelevance)
– Ad hominem (personal attack)
– Bandwagon (appealing to popularity)
– Slippery slope (unpreventable subsequences)

CT in PS (7):
reflecting on implications （预见）

1) meanings not explicitly stated;
   Gates: "*Failure can be a good teacher.*"
2) possible consequences
   – Am I aware of the implication of my claim?
   – Am I aware of the possible consequences of the policy that I have proposed?

Tasks

• **Comment on Yang Lan's TED talk**, using the PEM standards for *purpose, inference,* and *concept.*
• *"My Chinese Dream",* May 7th.
• **Bibliography**:
• Chaffee, J. (2012). *Thinking Critically* (10th ed.). Boston: Wadsworth Cengage Learning.
• Paul, R. & Linda, E. (2006). *Critical Thinking: Learn the tools the best thinkers use.* New Jersey: Pearson Prentice Hall.

附录4　演讲课堂即兴演讲抽选话题

1. A newly imposed admission fee of RMB 148 to Fenghuang (Phoenix City, Hunan Province) sparked an upsurge of public discontent. Yet this was only one of many cases of price hikes at public-funded scenic spots. Following the dramatic drop in the number of visitors during the past May Day holiday, what would you do if you were the policy maker in Fenghuang? Give reasons for your decisions.

2. *The Legend of Zhenhuan*, one of the most popular 2012 TV series in China, was to be introduced to the American audience. Despite the cheers for its landing on the world's leading entertainment market, some critics expressed their concerns that the fictional royal conspiracies would give the Westerners the misleading message about Chinese culture and values. Do you have similar worries? Why or why not?

3. Earlier this semester, Shandong University expelled 97 students for "poor academic performance despite repeated warnings". This seemingly harsh action was welcome by some observers who felt it was high time that the quality of higher education be guaranteed with tightened supervision. What is your opinion about this SDU policy?

4. Following her debut public appearance as the Chinese First Lady, Peng Liyuan has made headlines at home and abroad. Using examples of first ladies in different countries, explain the major ways you think a first lady could serve the needs and interests of her nation.

5. At the 2013 NPC & CPPCC, People's Representative Chen Guangbiao, a well-known entrepreneur, proposed that "people without the 9-year compulsory education should not have children; those who finish high school could have one child; and those with higher education could have as many as they want." Do you agree with Chen's opinion? Why or why not?

6. A few weeks ago, a teenage boy who openly expressed his affection for a girl at the school flag-raising ceremony hit the headlines. Despite the criticism of this "reckless action" by some observers, many responded mildly—"Kid, it is no big deal", entitled a poem on the front page of a local newspaper. What would be your comment on this event?

7. "Thank you for your mercy", a newly created greeting to one's former dorm-mates, became the latest online buzz, following the death of a graduate student who was poisoned by his roommate at Fudan University. In your opinion, what could be done to prevent such tragedies?

8. N7H9, the new version of bird flu, has been taking a heavy toll on Chinese citizens, with more than a hundred falling prey and dozens dead. Out of the concern for the victims, some people suggested that the expenses for curing bird flu should be covered by the government. What do you think? Please give your reasons.

9. A recent on-line survey showed that 90% netizens supported a 50% discount on train tickets for standing passengers. Others held the opinion that prices should not be determined by cost but the demand—people paying the full-price for standing tickets are those who choose to travel during "rush hour" such as the Spring Festival season. Which side do you take? Please give your reasons.

10. To promote blood donations among college students, some schools put forward a "blood donation for credits" policy, i.e. students who donate their blood will be awarded extra credits. Supporters believe this can help develop citizenship of the young generation, while critics object that such a policy runs counter to the "voluntary spirit" of blood donation. What is your opinion on this issue?

11. Following the tragic murder of 2 Chinese students in Los Angeles last April, another Chinese girl fell victim to the recent bombings at Boston Marathon. In 2012 alone, about 200,000 Chinese students arrived in America for secondary or higher education. In your opinion, do the benefits of American education outweigh the risks? Give your reasons.

12. Recently, a high school in Hubei erected a sculpture for a student who was admitted to Tsinghua University after achieving a score of 668 at the 2012 college entrance examinations. The school principle has reportedly said, "Compared with Confucius and Laozi, a model close to the students is more meaningful." What would be your comment on this type of model-setting?

13. In one of his recent speeches, President Xi Jinping mentioned the Chinese government should "put power into the cage of institution." As a Chinese citizen, how would you interpret this metaphor? What needs to be done to build such a "cage"?

14. Earlier this year in Guangzhou, 10 female college students launched a public protest against the "gender discrimination against girls in college admission." It was reported that prestigious universities in China, including Renda, Beiwai, and Shangwai, have set different cut-off scores for female and male applicants—in some cases, the score for boys could be 50-60 points lower. What is your opinion about this issue?

15. "From today on, be someone who does not waste; from today on, start concerning about the grains and vegetables." Echoing a verse by the late poet, Haizi, this is only one of the many public slogans for the "Empty Plates Movement" in China. What has made the Chinese a wasteful nation at the dinner table? How would you comment on the appeal for "empty plates"?

16. In 2010, the world's first "printed" car rolled off the printing press. In 2013, the world's first 3D-printed gun was fired. Printing in 3D puts the power of creation in the hands of ordinary people. Some are saying its endless possibilities could become the next industrial revolution. Others expressed moral and ethical concerns about home-made weapons and drugs. What do you think of this latest advance in technology, a blessing or a curse?

附录5 研究参试访谈协议

研究参试访谈协议

因教学研究需要，本研究者在双方自愿的前提下对 ＿＿＿＿＿＿＿＿＿ 同学进行录音访谈。

本研究者郑重承诺：如访谈问题涉及不便回答的内容，访谈对象有权拒绝；访谈录音及转写内容仅用于研究，绝不外泄；研究报告分析涉及采访对象时，使用代用名。

承诺人：

日期：

附录6　2013年5月个案访谈（1）提纲

1. 成长背景

    1）生源；家庭；

    2）中小学最喜爱和擅长的科目

    3）最有影响的人

    4）兴趣爱好特长；志向

2. 大学学习

    1）选择目前专业的原因

    2）介绍大学以来最有收获的课程；原因

    3）列举选修课程

    4）英语语言学习是否影响个人的思维方式；如何体现

    5）职业规划；理想的生活方式

3. 演讲课程

    1）演讲课与其他课程比较

    2）从准备到发表演讲，通常个人最花精力的是哪些环节

    3）英文写作独立性：多大程度上会"借用"现成文稿

    4）演讲课最有吸引力和最无趣的活动环节

    5）比较个人第一轮与第二轮有备演讲（选题、拟稿、发表等）

    6）对未来的即兴演讲感觉如何

    7）选修演讲课后，在学习策略、态度、习惯方面是否有所改变？

4. 其他

    1）最常关注的书籍，媒体类型

    2）最常思考的事情

    3）描述自己的性格；思维习惯

附录7 定题即兴演讲前测转写及反思—Sarah

A cartoon character once said that the more you learn the more you know the more you know the more you forget, the more you forget the less you learn. So why bother to know? I totally disagree with that. To know learning is a great thing or a bad thing. I think we should know what we learn in our whole life. I think like this: No 1, some basic things like walk talk and deliver a speech here. I think this is something we never forget in our whole life. And No 2 is some specific thing like I major in English and that how would you in my job and that how we contribute to our country. And No 3 is some experience. I think with different experience we lead a different life and the meaning of our life will be totally different. I think learning is really a great thing because with different education we get different vision of life. Like someone in high school they will work and support life. But someone like us like college students, we will lead a colorful life. We will meet more people than them. And the surrounding about us is totally different. We meet some people from the world while they will only meet local people. So the surrounding is totally different and the meaning of our life is different. Maybe their life will be bored but our life will be more colorful than them. These days I've been thinking about why I have to go far away to Beijing to pursue my education, far away from my parents. Then I got the answer. I want to learn more and show the world to my parents. That is the exact reason why I came here pursue that. Thank you.

这是一次即兴演讲，有些问题也许因为准备不够充分而导致。但细想这次演讲，问题并不在于准备方面，而是一些更为根本性的问题，主要分为思想内容方面和表达方面。

内容方面，虽然演讲人事先准备了提纲，但是在演讲时还是显得很乱，有很多观点重合交错，显得很没有条理性。从内容上可以看出，演讲者的思路没有完全打开，所讲内容没有很好地论证教育的意义。因演讲者课下很少对一个问题深入思考，对很多问题都是基于感性认识，因而拿到题目后想不出一些有力的证据，也拿不出自己的分论点。这与演讲者的思维习惯有关。这方面需要演讲者学会用事实说话，对一些问题进行更为深入的思考，形成自己对某些问题的认识和看法。

表达方面，单词部分存在吐词不清的问题。因语速过快，有部分吞音的现象，有些单词如 specific，课下没有注重读音，在演讲时不知怎么读。语法部分存在着基本语法张口就忘的现象，演讲中犯了多处基础性的语法错误，如名词用成动词，单复数搞错等。句型部分，演讲者多次使用 I think，语言缺乏多样性，句子表达很单一，没有很好地运用英语语言的丰富性传递自己的信息。语速方面，演讲者中文就有说话快的习惯，一紧张就带到英文的表达中来，出现很多句子一带而过的情况。今后要做到沉着自信，表达上要注重语速。神态部分，演讲者部分地方笑场，给人不严肃之感；眼神交流不够，在思考说什么的时候，眼珠转向别处；且据观察，多次低头看纸，像在念稿子，有应付的感觉。仪态方面：演讲者作为女生，没有给人一种优雅的感觉，站在台上没有气质，更没有魄力。今后应注重仪表端庄，自信优雅。

对未来的期待：今后对某一个问题要深入思考，要有自己的见解，这样拿到题目，思维会更加开阔。今后，要多用英文练习表达自己的观点；口语能力还有待提高。要更加注重语言的流畅性和准确性，同时语速放慢，吐词清晰，让句子的意思能够完整地传递给场下观众。尽量放松自信，语音语调上才能给人以说服力。

附录8　定题即兴演讲前测转写及反思—Mary

Bill gates once said: success is a lousy teacher, it forces people to think, eh… to force people to think, that they can not lose. Umm… I can not totally agree with this idea. Uh… it is partial…but, it has some value but I think it is partial. Some people will think they are born to win, because they are very smart. But, however success is not a thing that only related to some persons' intelligence. We… They have a lot of factors, such as perseverance, uh… uh…, hardworking, eh… to be flexible and to have a good social networking.

For example, there was a professor from Taiwan University. When he was a teacher with no degree, eh.. or say, not a professor. Every… Every… He was graduate from a normal university, not very good, not the top universities. But, and all his student think, oh, he's not that, that kind of very famous person. So, everybody seems not very respect him. So he just started, every night he studied a lot of things, and do a lot of research. And then, he went to the Cambridge University to further his education. And then, he won the PhD degree and back to the Taiwan University, and became a professor. And, at that time all the students respect him very much. And he think, actually when he was young, he's also a good teacher, but because he doesn't have a lot of extra conditions, so the other people doesn't respect him very much. So, though, he's not that smart, he use his hardworking to win what, what he should, what he should have.

However, if someone is… this sentence also gives a lot of person hope. They gonna think, when some people meet some obstacles, or the other difficulties. They gonna think because I am smart, I still have the… they gonna have the motivation to success.

All in all, the standard of success is changing all the times, and whether, and smart is a very comparative word. If you want success… there is no person can say how you can success. If you want to success, you just study, working hard and insist on what you are really want.

That's all, thank you!

Reflection:

1. 自我感受：在看视频之前，在真实的演讲的过程中，自我感觉就是言不及义，没有把自己的意思和预先准备好的内容表达出来。但是大概讲出了要点，觉得能给自己打 60 分。后来看了视频，就觉得，结结巴巴，语音语调不自然，言辞不流畅，思维混乱，跳跃性太大，所以显得逻辑性极差。这时，觉得只能打 40 分了。今天，当我将我自己讲出的语言用文字打出来的时候，觉得有一种深深的愧疚。As a student of English major，连篇的语法错误，内容空洞，结构松散，表达不专业，让自己汗颜不已。再打一次分，便觉得连 20 分都到不了。

2. 用词表达：对文稿进行分析后，觉得对于有些词的使用，我有时候甚至没有意识或者非常迷惑为什么自己会这样用。觉得好像生发于潜意识，而自己完全不知道一样（就是意识不到自己用了这些词汇）。这可能和平时养成的不好的表达及语言使用能力和习惯有关。而且表达的时候，语言太过口语化。在平时的训练中可能太过注意口语的训练，使得在表达的过程中没有办法用正式得体的英文流畅表达，都是只言片语，很碎，很散。

3. 演讲技巧：由于时间安排得不合理，或者说第一个 point 的失败表达占用了太多时间，导致第二个 point 的 evidence 没有说出来。transitional words and sentences 的应用还非常不纯熟，整个演讲无法显示出紧凑的结构。结尾也没有呼应全文。

4. 英语能力：对于演讲中语法的掌握和重视程度还不够，错误百出。今后要加强这方面的训练。另外有些单词的发音有问题，有些句子中的语调把握不到位。以一定的高度，驾驭单词和句子的能力很弱。

5. 观听效果：演讲相当于是一种外在表演，除了 self-confidence 之外，还要有好的仪表，好的表现力。而更加生动的表演，还需要多多模仿名家的演讲。

路漫漫其修远兮，奈何如今尚徘徊。
吾将上下而求索，祈功夫不负有心。

附录 9　定题即兴演讲前测转写及反思—June

I feel very lucky to give my speech today in 1203 because no one is here and I won`t feel that nervous. Whether my speech is good or not, I will regard it as a success. Then next time I will be more relaxing and I will be more brave, so, so... But Bill Gates disagree with me. He thought success is a lousy teacher because this will make us think that we won`t lose. Um... We won`t lose. So ..um..

But you know, from my point of view, I think that success can be a lousy teacher, but it also can be a good teacher. Um... Let`s say, um.. For example, these days, a famous name became a controversy, um... Li Tianyi, she was a famous, um, she, she was very famous, um, he was very famous since a little boy, and, um, his parents are famous singers in China. But these day, but these days she she he was jailed because of raping, he was such a successful um um boy, but now, she was um, she was a failure in public`s eyes. So... But but in economic field, there is an effect—the Matthew Effect, which means that the rich will get richer, and the poor will get poorer. Um... Just like the book said, *Poor father and Rich Father,*《穷爸爸富爸爸》in Chinese version. It says, um... I think ummmm... It makes sense, because if you are successful, you will have a wider vision and you will possess more resources, then you will have more chances to get more successful.

So so so you will, so I think I disagree with Bill Gates. I think his view is, um… I think we should see, um… see one thing from different aspect, so success can be a lousy teacher, also can be a good teacher. Thank you!

亲爱的孙老师：

您好！

这是我写的第二篇 reflection，第一篇是在刚看视频的时候写的。写第一篇的时候只是听了几遍之后，这篇确实在把自己的演讲稿一字字打出来后经过分析写出的。我发现了不少新的问题，甚至有实在打不下去的感觉。不过当完成了演讲稿上直接分析之后，我看到了问题的真正所在，也学习到了不少东西。具体的问题我在文章中已经有了分析，不过我还是想把最严重的问题用中文罗列出来：

1、文章分为 introduction，body 和 conclusion 三个部分，但是结构十分不合理，conclusion 可以说没有，而 body 不够长。另外，整片文章结构混乱。

2、Introduction 中没有指出我的 central idea，也没有提及我的 main points. 自然没有让自己 convincing。

3、Body 中没有分开 main points；举证不恰当（李天一例子）；举证不具体，不详细（马太效应和《穷爸爸富爸爸》）；举证不可靠（没有 reliable sources，也缺乏 statistics）；分析少（很多时候只在陈述，没有分析）。

4、Conclusion 太短，可以说没有。没有再提及 main points 以便 reinforce 我的 central idea。

5、语言运用不佳：用的都是简单词汇；句子结构过于简单；有些地方用词不准确；甚至有因为太紧张而不知道该怎么说的情况。

6、因为英语技能不够，中间出现了至少 18 个 um 以及其他重复话语，十分不流利。

附录 10 定题即兴演讲前测转写及反思—Danny

Good afternoon ladies and gentlemen, Garfield have said: The more you learn, the more you know. The more you know, the more you forget. The more you forget, the less you know.

Well, I am kind of disagree with saying. Because, first, I'd like to say, you should form a study habit, a good study habit. Because, this saying say the more you learn, the less you know. How come the more you learn, the less you know. You know teachers have say that we should have a good study habit, we can do more revision. Even when we are in the university, we should do the revision every day. And with the aid of Internet and library, we can search for more details of what we learned from the class. That will help our learning.

And the second is the attitude towards learning, we should set a positive attitude towards learning. And nothing learned will be forgotten through the learning process. A lot of philosophers like Aristotle, Plato and a lot of philosophers they also get some theory of the philosophy from their teacher. So we should set a good attitude towards learning. We will not forget anything that we learned by ourselves.

And the third I want to state that if the saying is really, is right, should we stop learning? No. Because life is a process of learning. When we are little child, we started learning from eating to studying. And when we grow up, we start from meeting the trouble and we crying to solving the problems by ourselves.

So I want to say that the more you learn and you will feel the less you know, because knowledge has no boundary.

Reflection:

This is my first time to give an impromptu speech to just one person with a camera. I felt a little bit nervous. During the 15 minutes preparing time, I found it a little bit difficult to understand this sentence. Because I think there is something wrong with the logic in this sentence. So I can't say I am totally agreed or disagree, and then I choose "kind of". So when I am stating my points is like what we called in Chinese "打擦边球". So the structure looks a little bit off the point. I am not so confident to speak it out, because the reasons are not that convincible. Several grammar mistakes appear in my speech. So, to be frank, I am not so satisfied with my work.

Things to improve: Avoid grammar mistakes. Keep the points all the time. Be more confident.

附录 11　说解性演讲改稿示例——Danny

Positive Energy (draft 3)

Specific purpose:

To inform my audience of origin and definition positive energy, the means of getting positive energy, the impact of positive energy.

Central idea:

Positive energy can not only bring people happiness but also change the society and the world.

Introduction

In the movie *The Pursuit of Happiness*, there is a line that impressed me most "Happiness will come knocking at the door, and life can get relief". Chris encountered hardships during the pursuit of happiness, but he never gave up and kept thinking positively.

Eventually he succeeded. It's a magic influence that contributes to his success

Programs like "China's got talent" "The voice of china" have been very popular recently. The audience doesn't focus much on what talent the contestant has or how beautiful the voice is, but a lot of people with their own story and experience become famous through these programs.

Eventually they are famous. It's a magic

influence that they provide to the public.

The magic influence is positive energy.

People needs positive energy as a motivation of life, as a key to success and as a good virus to infect others

(Transition: Let me introduce more about this familiar and strange term.)

> **Comment:** 你要仔细想想，上面两个例子中的 magic influence 有何不同：前者是乐观追求自己的未来，后者是以成功来激励更多的人。这是否预示着你将从这两个维度来讨论"正能量"？如果是，那么这个部分可以说得更明白一点，比如在两个例子之间的衔接处加上递进或转折。

Body

I. What is positive energy?

This term originated from a book *Rip It up* written by an English psychologist, Richard Wiseman. He compares a human body to an energy field, by discovering your potentiality and become more confident and more active.

> **Comment:** 这个从句的主语显然不是作者，再看看该怎么改？

Gradually, positive energy is often used to describe a positive, optimistic, active emotion which not only can influence us but also can influence other people.

How can we get positive energy?

(Transition: Basically, I may categorize ways of getting positive energy into two simple gestures that is giving and receiving.)

II. By receiving we can get positive energy.

A. From life:

Receiving positive comments from others or even from yourselves can help you get the positive energy.

When you get praise, you will feel confident and inspired.

When encounter something really bother

> **Comment:** 作为读者，我依然觉得应该先阐述正能量对个人和社会的影响，然后才是告诉大家如何去得到和给予正能量。还有一种可能，先从"获得"的角度说：Where does positive energy come from and how it impacts individuals and the society? 然后再从"给予"的角度，阐述人人都可贡献正能量的道理。

> **Comment:** 这里我苛责一下你的表达：作为两个平行项的主题词，life – media 是否是一对互不涵盖的概念（媒体难道不是我们生活的一个部分吗）？from one's own life experience / by witnessing other people's life experience 是否更准确？

you, you can just speak to yourself that you can do it, and there is nothing that can't be solved so as to eliminate all the bad feelings.

B. From media:

Receiving from some of the TV programs like "Talent Show" "Touching the Heart of China", we can gain positive energy. We are deeply moved by Susan Boyle dreamed a dream at her fifties. Mrs. Chen yurong who is called the "walking mother" has walked miles and miles everyday not for a healthier body, but for her son's successful transplantation.

In books, songs and the real world, we can find some positive energy by words, sounds and emotions which stimulate our senses.

C. By giving we can get positive energy

A very simple facial expression, smiling, can surly bring positive energy to yourself. This has been proved by scientific studies. Also in the book *Rip It up* suggests that "When people feel happy, they are actually smiling." Giving a smile no matter how bitter life is.

A helping hand is always needed when someone is in trouble. After you helping them not only can he get out of trouble, but also you may feel good in it. There goes a saying that "Roses given, fragrance in hand"

D. Other ways:

By controlling your own thoughts, by

Comment: 这个类别语焉不详。能否与A1合并?

avoiding the negative feelings, by being confident, by not focusing too much on material and so on can you get positive energy.

II. What exactly can positive energy influence?

(Transition: Positive energy can have a great influence on people, the entire society and the whole world.)

A. Everyone

With a better mood and a well controlled temper, you will find that life is full of surprise and good luck. You will tend to think more positively.

When you are surrounded by positive energy, other people will also benefit from this. Everyone is starting to cherish their life and love themselves.

B. The entire society

Chinese people now are pursuing a China dream that is to realize the prosperity of the Chinese nation. "Thrift" has been raised by Chairman Xi as part of pursuing the China dream. So the whole society began to respond to the call. Fewer officials eat fancy dinner or drive fancy cars, restaurants encourage customers to order half of the dish or pack it home with them. Positive energy helps the whole society change.

Comment: How...

Comment: 不如给点例子，否则就是说教。

Comment: 广义的社会可以用来指整个世界，所以二者可合并。

Comment: 你得好好阐述一下，节俭之风怎么就是正能量了？根据你前边的定义，乐观自信和节俭是不同概念吧？

C. The whole world

We are now living in a global village, pursuing a peaceful and harmonious life. For getting more welfare for human beings, all the people are combining efforts to conquer the difficulties from the nature, information technology and medication. So this positive energy can not only change the whole world but also it can be a significant part of the history.

Conclusion

You may think it's ridiculous to change the world or to gain happiness that easily. But what if I tell you that you can and here is your chance.

Get some positive energy and share the energy with others, then all the good things would come to you.

The whole world is ready to have your positive energy, so why not start with a simple smile now?

Bibliography

1. "The definition of positive energy" from http://baike.baidu.com/view/4318053.htm.

2. *Pursuit of Happiness* from http://baike.baidu.com/view/684944.htm.

3. *Rip It up*: http://baike.baidu.com/view/9833442.htm.

4. "The Chinese dream": http://baike.baidu.com/view/1817221.htm#sub9342599.

To Ms. Sun:

I change the structure of my speech again. I still got some problems. The central idea doesn't seem so obvious in my speech. J said we should put important part in the first place, but I didn't do so. The speech is a little bit long, but I have no idea where to cut. What else can I improve? I really hope that I can do my best this time. Hope you can give me some advice. Thanks a lot!

附录 12　说服性演讲准备提纲终稿示例—June

College Students Should Do Internships
During the Academic Years

Specific purpose:

To persuade my audience to do internships during their academic years.

Central Idea:

Recent years, unemployment bothers students a lot. In order to stand out from a great number of candidates, you need to do internships during your academic years to gain practical skills, learn the first-hand knowledge and polish your resume.

Introduction

Good morning, ladies and gentlemen.

1. We have almost 7 million of grads this year, the largest number ever before. Up to now, the employment rate hasn't reached 30%, nor has that in our school. Two years later you will be one of them. (visual aids) In order not to fail at the job market, in order not to let the whole fourth year be reeked of sweat, you—my fellows, need to stand out.

2. Today I will tell you according to my research that to make you distinguished, the best way is to polish your cover letter with excellent internship experiences.

(*Transition: Let's begin with an analysis of the current situation.*)

Body

A. There are many reasons for the current unemployment.

1. For example, the tough economy which forces many employers cut back on new recruits, and the amazing large number of grads who has undoubtedly intensified the competition.

2. Also, research from Guangzhou Human Resource Market Service Center shows that 75% of the companies lack in stuff because the quality of the job seekers can't meet their needs. They blame it to the current education system and high career

expectations of the graduates.

(Transition: Then how to solve it?)

B. Think about it. At present, **can we change the economic panorama? Can we improve the educational system? No, we can't! Are you willing to lower our expectation and take a job which is not so decent in our eyes? Better not.** Then the only way is to improve ourselves.

1. I did a survey among 30 graduates from at least 11 majors in our university, the result shows that a big difference is that for those who have already landed a job, they generally have done 2 or more than 3 internships during their academic years. On the contrary, for those who haven't, the average number of times they did it is far below one.

2. So why can internship make a difference?

1) With it, you can not only apply your theories into practice, get first-hand knowledge and practical skills, get you a chance to test-drive a career before committing, but also polish your resumes, which **matters a lot** in attracting recruiters' eyes.

2) A survey conducted by Internships.com in 2012 found that 66% of employers believe interview performance and relevant work experience are the **most important factors** in their hiring decisions. Both of them can be only gained through internships. (Degrees)

(Transition: Here comes the question—how to land a good one?)

C. **How to land a good internship?**

1. First, keep a close eye on the recruitment information.

—which appear on the ads, school job fairs and recruitment websites. Look at this one. (visual aid) http://www.career.cun.edu.cn/)—the website of the Employment Information Center of MUC, where the university tries to connect employers and students directly. Make an online registration with your students' ID, then you can get the first-hand recruitment information and send your resume whenever you like. (visual aid)

2. Second, pick **the best ones**. It doesn't mean the more the better. One graduate I interviewed now is a regular employee in Aiqiyi—a big video-sharing website in China. She did internship just once, exactly where she works now. She thinks the true

meaning of internship doesn't lie in the number of times, but in the quality.

3. But please keep in mind, as long as the responsibilities and rights are clearly stated in a contract, can you take it. My questionnaires show none of the interviewees had once signed an internship contract, which indicates that our awareness of self-protection should be strengthened.

Conclusion

1. With the increased number of students, a student who has a good GPA isn't particularly tough anymore, while internship experiences can make you more competitive.

2. If you haven't had any internship experience yet, go to find one now. Don't wait until the final year, when you have to make a quick decision. **It's time to begin prepare** and make a good use of your vacation!

By the way, the latest job fair will be held in our school gym this Saturday, go and see whether there is a proper position for you! Good luck!

Bibliography

"Degrees Are Great, but Internships Make a Difference." U.S.News & World Report LP. U.S.News. 15/4/2011. Web. 27/25/2013.

"Internships are Important, But How Do you Land One?" FOXBusiness. FOX News Network, LLC. 25/11/2011. Web. 27/05/2013.

"It's Hard to Find a Job Without Internship Experiences." Yangzhou News. Yangzhou News. 31/5/2013. Web. 31/5/2013.

"Internships May Be The Easiest Way To A Job In 2013." Forbes. Forbes.com LLC™, 12/06/2012. Web. 27/05/2013.

"The Most Difficult Time for Job Hunting." Ecns.cn. Chinanews.com, 29/5/2013. Web. 31/5/2013

"Why are internships so important?" CareerBuilder.com. Turner Broadcasting System, Inc.14/4, 2010. Web. 26/05/2013.

"Young Graduates in China Struggle to Secure Jobs." CRIENGLISH.com. 27/5/2013. Web. 31/5/2013.

附录 13　说解性演讲初稿准备提纲—Mac

Critical Thinking

Specific Purpose: To inform my audience about <u>how do a critical thinker thinks</u> and make decisions.

> **Comment:** grammar

Central Idea: Critical thinkers are open minded, rational and they <u>thinks a lot</u>.

> **Comment:** ?? Can you put it more precisely?

Introduction

I. Last Sunday some of us took a test in <u>BFSU,in</u> which test I had my lucky with me and got a good score.

> **Comment:** when you type in English, you need a space after each punctuation.

II. After the test, I tried to find out what is the ability that helped me to figure out all those answers and found the phrase "critical thinking".

III. I did some research and today I'd like to share with you something about critical thinking by introducing the ways critical thinkers think and make decisions.

(Transition: Let's begin with the way critical thinkers think.)

Body

I. A critical thinker thinks in an open way.

> **Comment:** Check your textbook about indention.

    A. Firstly,

      1. He is always willing to examine himself and open himself to changes and challenges.

2. He will check his beliefs, assumptions and opinions and weigh them against facts.

3. He is willing to evaluate the stereotypes he have created and are open to change them.

B. Secondly, a critical thinker thinks "outside the box".

1. I have a story here,

A man walks into a bar and asks the barman for a glass of water. The barman pulls out a gun and points it at the man. The man says "Thank you" and walks out.

I will give you 5 seconds to think why. Okay, anyone got an idea?... Here is one possible answer: The man had hiccups. The barman recognized this from his speech and drew the gun in order to give him a shock. It worked and cured the hiccups—so the man no longer needed the water.

2. The box is all the fixed ideas and beliefs installed in your mind, to think outside of it means you have to get rid of all these.

(Transition: After knowing how do critical thinkers think, now let me tell you how do they decide and judge.)

II. There making of judgments and decisions takes two steps,

A. Before any decision making,

1. They listen and observe carefully to what others are saying and are always looking for evidence and facts.

2. They listen and observe closely and

are able to reject information that is incorrect or irrelevant.

B. After all the gathering of evidence and facts, they will act like what judges or lawyers do, make decision and judgment by logical reasoning based on all the evidences and facts that have been filtered by their ears and eyes.

Comment: A good example will bring this part to life, otherwise…

Conclusion

I. Examine oneself, open to change, think outside the box and judging like the judges are some of the features we mentioned today,

II. However, these are not the most significant feature about a critical thinker.

III. Sitting on top of our shoulders is one of the best computers on the earth, to work its best, it needs to be exercised. That exercise and the most significant feature is called— keep thinking.

Comment: Very good point. But if this is one of your main points, don't put it off until the end.

IV. And critical thinking is it is critical to keep ourselves thinking.

Bibliography

1. "critical thinking ppt" from www.doucin. com, http://www.docin.com/p-514993398.html.

2. 百度词条 "海龟汤": http://baike.baidu. com/view/5578688.htm.

3. 维基百科 "critical thinking": http:// en.wikipedia.org/wiki/Critical_thinking.

附录 14 "我的中国梦"演讲稿示例—Mac

My Chinese Dream—No Children On The Street

Children is the future of a country because ten or twenty years from now, today's children will be the ones that decide the shape of the country. Meanwhile, there is a group of them who live in the bottom of our society. They are the vulnerables of the vulnerables, isolated from the protection of law, their experience is worse than their peers' imagination, they can't even have their basic human rights ensured. They are the beggar children. So my dream for China is, no beggar children on the street.

According to the statistics provided by MCA, there are a million to 1.5 million of beggars children in the mainland of China, that is the population of cities like Changsha and Kunming or the district of Chaoyang, among those children 80% are involved with illegal acts of theft or robbery, about half of them live on illegal acts, three quarters of them go to illegal acts after two months begging life. In other words, they are brought up to be violators of the law. The seriousness of the issue needs no more stress.

But why are these children outside there? Who are pulling them out of schools?

Some of the children are begging because they have been swindled, they were taken from their parents at a young age; some of them are begging with their family because of poverty, some are sold or rented to perform the so called Acrobatics.

Because of their physical and mental immaturity, they lack the ability to do anything efficient to escape from their situation. Helpless if no one would give them a hand.

A dream is a goal that we want to achieve in the future, a Chinese dream is a picture that we want China to be like in the future. While, now, outside on the street, the futures of our country is begging, starving, some even, bleeding. We should join our hands, the government, the media and everyone in the society. We all have the responsibility to guard them, guarding them is guarding our future.

No beggars children on the street, this is my Chinese dream, this should not be just my dream. Thank you.

附录 15　说解性演讲准备提纲初稿—Sarah

Why We Feel Unhappy?

Specific purpose: To introduce how serotonin affect our mood and how to improve the amount of it in our body.

General idea: Lack of Serotonin can make us feel unhappy and we can get serotonin through…

Comment: This title is suggesting you are answering this question in your speech. But how about the "how to improve" part?

Introduction

I. Are you happy right now? There are a lot of reasons leading to a unhappy mood. You found that you failed the important test or your beloved girlfriend dumped you.

II. But there are some times when you feel unhappy but can't find the exact reason. Actually, there is a happy hormone in our body called serotonin.

III. Today I am going to inform you how serotonin affects our mood and how to get it through daily life.

(Transition: Firstly, let's look at how serotonin affects our mood)

Comment: Better give it a Chinese name too, so people will remember it after your speech.

Body

I. Serotonin can affect our mood in many ways.

　　A. People with higher amount of serotonin are more likely to be happy.

Comment: Source?

B. Change of serotonin can <u>affect people regulate anger.</u>

> **Comment:** To affect sb. regulate sth.? Pls check collocation.

C. Lack of Serotonin can lead to depression.

(Transition: After knowing how serotonin controls our happiness, let me show you how to get this element in daily life.)

II. There are <u>four simple ways</u> to get serotonin.

> **Comment:** According to Young, or anyone else?

A. Food

There are several foods that contain important chemicals that can help form serotonin.

1. foods high in carbohydrates, like whole-wheat bread and pasta

2. foods high in vitamin-B like banana

3. chocolate and sugar snacks

B. Sunlight

1. A study by Simon N. <u>Young</u>, stated that the amount of bright sunlight during the day was positively correlated to the amount of serotonin produced in the brain.

> **Comment:** To strengthen credibility, better tell your audience who this guy is.

2. Go out and enjoy the sunshine on sunny days.

C. Sleep <u>right</u>

> **Comment:** Vague information

1. When feeling down, we tend to sleep a long time, it is <u>not right</u>.

> **Comment:** Why not? Who says so? What alternative do you have for getting over low spirits? Make your point specific, and support it with evidence.

2. Right sleep means sleeping and getting up early and taking a nap at noon.

D. Exercise

1. According to the same study by Young, aerobic exercise yields anti-depressant and anti-anxiety effects, and therefore improves your mood.

2. Good examples of aerobic activities include running, dancing, and biking.

Conclusion

I. Serotonin is an important chemical controlling our happiness and we can get it easily from everyday life.

II. Next time you feel unhappy, don't exhaust yourself to seek the reason and don't do something silly especially jumping from this building.

III. It is just because of the lack of the serotonin and we can get it through food sunlight sleep and exercise. And you can be happy again.

Comment: I found this a very bold claim. Are you saying nothing except these four factors can affect our mood? So one won't feel hurt when dumped by his girl-friend, as long as he sleeps right?

Bibliography

http://www.cam.ac.uk/research/news/serotonin-levels-affect-the-brain%E2%80%99s-response-to-anger.

http://www.huffingtonpost.com/2008/07/21/study-the-effects-of-sero_n_114112.html.

http://www.livestrong.com/article/132262-natural-ways-get-serotonin/.

Comment: For bibliography, you need to also present the author and the title of the online article, not just the address. And all these sources should appear as in-text citation in your draft. But up there, you only mentioned Young's study and here there is no indication about which website is the source for that.

附录 16 说服性演讲准备提纲—Mary

How We Can Help Our Prodigies?

Good morning, everyone. First, let me ask you a question. What were you doing at 14? Falling in love with a pretty boy? Playing computer games day and night? Well, our 14 may be full of joy. But today, I want to introduce this guy to you—Taylor Wilson.

When he was 14 years old, he became the youngest person in the world to build a working fusor (It is a pretty complicated electronic system, like this). Perhaps, we can't imagine how difficult it was to make it without professional support, because it seems uncanny to us ordinary people.

Or you may say: "No, he is not an ordinary person, he is a genius!" Yes, it is true. And here comes to what I want to talk about today—how to help our prodigies?

Prodigy means a group of young people with extraordinary talents in some particular fields. While being astonished by their intellectuality, we have to notice that, nowadays, there is a conspicuous problem that more and more prodigies are inclined to commit or have already committed suicide. And a certain percent of rest of them lead a miserable life because they didn't live up to the great expectations of the general public.

We are some kind of being bewildered by this phenomenon. Are prodigies confused and depressed like us? After doing some research, I suppose there are three main causes may lead the happening of the tragedies.

First of all, just like pop stars, prodigies are now often overexposed by social media. This makes it hard for them to have private space and really bothers them a lot. For example, Ningbo, a boy who was admitted by University of Science and Technology of China when he was 14, is famous as a prodigy when he was very young. However, since he didn't do a good job in the university later, and this case was over-reported by the television. Suffering a lot from it, finally he decided to cut his hair and become a monk in a temple.

Secondly, people always take it for granted that it is pretty easy for prodigies to attain success. But actually it is not. They also have to toil and moil all their days. After all, they are still human beings and still very young. Ding Junhui, a very famous snooker player, won the Asian snooker champion when he was only 15. This event really renewed Chinese snooker sport. But if we go further through his early childhood, we may find that his success is by no means an accident. According to his father, Ding spent at least 8 hours a day playing snooker from 4 years old.

Thirdly, on account of being famous at very young age, prodigies are always in puzzle when it comes to future plans. Some of them lose direction and motivation, some stuck with their former talents, and some become self-satisfied. These all prevent them from sustainable development. What's worse, due to lack of psychological guide and career planning, once they realized they have the tendency of losing, they will sink into a great panic. According to the statistics from the social psychology department of Stanford University, one out of five of the prodigies is depression patients.

Being faced with this, I think it's high time gave our prodigies some help. As the general public, we are supposed to keep less curious about prodigies' private life, in this case, they will be less bothered by the paparazzo and enjoy a relatively peaceful environment for living and studying. We should also realize that as juveniles, prodigies are still in the process of molding their personalities and worldview. In this particular period, we should give them more mental care, guide them correctly and do not force them to use up their potentials. And also, success is a complex thing. If once they fail in some events, we should encourage them more instead of blaming them meanly and impulsively.

At last, I will show another picture for you. This is in 2003, when Taylor was 19 years old. As a young American scientist, President Obama asked to meet him and consult him some knowledge on science. From Taylor, it's not hard for us to say that as long as we can help our prodigies to grow up happily, they will bring more miracles for the world. And we, will not only witness the miracles, but also become the co-establishers of them!

Thank you!

附录 17　期末说服性演讲终稿—Iris

Strengthen Sex Education in Schools of China

Specific Purpose: To persuade my audience that apart from parent's education on sex, schools in China should strengthen their education of sex.

Central Idea: Because of the problems caused by the inadequacy of sex education, schools should establish a more practical and systematic series of sex education to help teenagers.

Introduction

I. Today, my topic is sex education, which is thought to be faraway but actually closely related to our life.

II. Last New Year's Eve, I was waken up by call from my friend. Crying, he told me that he was infected with HIV. I was stunned. We've been friends for 15 years, how can I believe that he will die 5-10 years later?

III. I admit it that it's part of his own fault to get infected, but his case at root is resulted from the inadequacy of sex education in China. And he is just one of the millions of victims.

IV. That's why, today, I stand here, strongly recommend our society pays more attention to sex education. And most important, schools establish a more practical and systematic series of sex education. I'll share with you the problems, causes, and most significantly, the solution.

Body

I. Inadequacy of sex education has caused serious problems in China.

　　A. think about this: if you are confronted with sex crime, do you know how to protect yourselves?

　　Last month, more than 20 pieces of teenage girls were reported being sexually assaulted.

B. Second, according to the UNAIDS, more and more young people become infected with HIV.

C. Third, Most unexpected pregnancy and abortions happens to young females.

A survey by the China's National Population and Family Planning Commission shows: more than 13 million abortions are conducted in China every year. More than 50 percent are for females under the age of 25. The majority of those who get abortions are college students, just like us.

D. Lack of sex education also spurs psychological problems.

(Transition: Why do teenagers have to suffer from these horrible problems?)

II. They get their sex education mainly from the Internet, which is to some degree misleading and incomplete. According to a survey conducted by education observers in Soho, Less than 1% receive their sex education through parents or schools.

A. Our parents failed to offer us information on sex.

1. Because talking about sex is considered shameful and ignoble.

2. Even if some parents have the courage to educate their children about sex, they usually don't know how to do it.

B. As for schools, do you still remember how teachers educate you on sex?

These related courses would be replaced or teachers skip the part about sex.

(Transition: Thus, I strongly recommend schools establish a more practical and systematic series of sex education. With schools' involvement, parents won't be so embarrassed and worried.)

III. Here is how schools can make it.

A. Primary schools start compulsory sex education from grade four.

1. Courses are mainly on physical changes to help children learn more about their body, where they come from and the sexual maturation.

2. You may wonder: grade 4, isn't it too early? No. America, Sweden and some other countries start their sex education from grade 1. The Public of Finland even starts from kindergarten.

B. Leaving primary schools, we go to high schools.

1. There, students learn more details about pornography, relationships, sexuality and staying safe, including how to have sex properly.

2. One more important thing to mention is that students should form right attitude toward LGBT, that is lesbian, gay, bisexual, transsexual peroson.

C. Sex education can't stop even in universities. where students need to learn about responsibility.

D. Step by step, the more practical and systematic series of sex education from primary schools to universities, **is proved successful by many foreign countries like Japan , America, England, and so on.**

1. Since 1942, **Sweden** started it's sex education on students 7 years above.

2. **The Republic of Finland** has a series book named *Our Body* including many stories which can be told day by day.

(Transition: look at this beautiful picture drawn by one of the children infected with HIV, and see how desperately he wants love.)

Conclusion

I. What is youth?

II. Youth is time of life. To see a world in a grain of sand. To find a heaven in a wild flower. To embrace the world with the sweetest smile. (point at the flower, smile)

III. To help young children grow happily and healthily into adults, there must be an effective way to protect them in relation to sex: schools establish a more practical and systematic series of sex education.

Bibliography

"海南小学校长带 6 名女学生开房视频曝光"：People.com 12 May 2013. Web. 31 May 2013.

"令人啼笑皆非的中国式性教育"：Learning.sohu.com Web. 30 May 2013.

"青少年、50 岁以上老年人艾滋病感染比例增加"：News.China.com 30 Nov 2012. Web. 31 May 2013.

Zi, Wang "Youth need sex education"：I21st.cn 6 Dec 2012. Web. 31 May 2013.

附录 18　期末演讲反思及演讲课程反馈

2013 春期末演讲反思问卷

Name: Iris

Speech title: Strengthen Sex Education in Schools of China

Delivery date: June 4, 2013

说明：本问卷包含"本轮演讲回顾"和"课程评价"两个部分，共 **3** 页。所搜集的信息将用于教学研究及教学方法的完善，与本课程的测评成绩无关，请根据实际情况选择，需要时可随时附加文字说明。非常感谢！

第一部分：本轮演讲回顾——请将所选项高亮标注。

1 完全不同意　2 不大同意　3 不确定　4 基本同意　5 非常同意

1）我对此次演讲话题的选择是基于

偶然想法	1	<u>2</u>	3	4	5
对该话题的长期关注	1	2	3	4	<u>5</u>
近期社会新闻热点	1	2	3	4	<u>5</u>
听众对该话题很熟悉	1	2	3	<u>4</u>	5
话题的新颖性	1	<u>2</u>	3	4	5
立场论证的挑战性	1	<u>2</u>	3	4	5

其他（请说明）：因为假期听说最亲近的朋友感染了艾滋，所以一直在关注。又加上和周围人关于性和性教育的讨论，让我意识到中国性教育存在问题的严重性。

2）在选题和拟稿过程中，我进行了认真的"听众分析"。

1　　2　　3　　<u>4</u>　　5

3）在拟稿过程中，我查阅了

书籍	<u>1</u>	2	3	4	5
学术期刊	<u>1</u>	2	3	4	5

新闻报道	1	2	3	4	<u>5</u>
权威机构网站	1	2	3	4	<u>5</u>
博客	1	2	3	4	<u>5</u>

其他（请说明）：

4）在拟稿过程中，我对所搜集的资料进行了有意识的比较和筛选。

1　　2　　3　　<u>4</u>　　5

5）在选择资料时，我有意识地检验了

资料来源的可信度	1	2	3	<u>4</u>	5
资料的时效	1	2	<u>3</u>	4	5
资料的准确性	1	2	<u>3</u>	4	5
资料的相关性	1	2	3	<u>4</u>	5

6）在确定自己的观点之前，我根据理据的充分性对可能的立场进行了权衡。

1　　2　　3　　4　　<u>5</u>

7）为了给自己的中心观点提供佐证，我使用了两个以上的分论点（main points）

1　　2　　3　　4　　<u>5</u>

8）对于分论点的组织，我没有过多考虑它们相互之间的逻辑关系。

<u>1</u>　　2　　3　　4　　5

9）我并未在意我的分论点之间是否互相涵盖。

<u>1</u>　　2　　3　　4　　5

10）在每个分论点以下，我都提供了论据对其进行论述和支持。

1　　2　　3　　<u>4</u>　　5

11）我的演讲稿有明确的首尾呼应。

1　　2　　3　　4　　<u>5</u>

12）我的演讲稿是在演讲前一两天一气呵成的，发表前未做大的改动。

1　　<u>2</u>　　3　　4　　5

13）我尽量地使用 visual aids 来增强演讲发表的有效性。

1　　2　　<u>3</u>　　4　　5

14）我试图通过图片的使用来掩盖演讲内容的单薄。

      1   2   3   <u>4</u>   5

15）从现场听众的反响来看，我的 visual aids 展示效果是令人满意的。

      1   2   <u>3</u>   4   5

16）在发表演讲之前，我非常熟悉演讲稿的内容与结构。

      1   2   3   4   <u>5</u>

17）我认为自己的演讲对听众富有感染力。

      1   2   3   <u>4</u>   5

18）作为演讲者，我比较害怕答问环节。

      <u>1</u>   2   3   4   5

18）作为一种策略，我安排了自己的朋友在我的演讲后提问。

      <u>1</u>   2   3   4   5

19）Listener's Note 对我提高听讲注意力帮助不大。

      1   2   <u>3</u>   4   5

20）请将演讲后的答问部分转写在下边，并简要发表感想：

Q: What role do parents play in the sex education?

A: As I mentioned in my speech, I mainly focus on the school's part because somehow parents don't know how to do this. And in this way schools can help them. And as for the parents, because they gave birth to the children, they are the first parents of them. Such as in Finland, there's a book named *Our Body,* including many stories. And parents can read them day by day, these stories are about sex, and this can happen at home, thus they won't be so embarrassed.

S: Can I just say one word? I think we parents can do something, we know how to do it, if we want to it, we can. I'm a mom, and I'm doing it for my son, you know, just have some certain kind of discussion. We do not have to shy away from those issues, maybe when you become mothers…

A: nowadays, because the society is improving, the current situation is much better than before.

Reflection:

On this topic, I believe people would have a lot to say, because our generation is still victims of the lack of sex education. But as the society is developing, this kind of embarrassing situation is improving. And our generation needs to avoid the tragedy happened before.

As for the Q&A section, I think it's more important for me to do research more on the counterpart or the opposite, instead of just my position. To view a thing overall, I'll have a better answer for audience.

第二部分：课程评价

1）一个学期的演讲课结束了，作为一个 public speaker，你觉得自己是否有所变化？在哪些方面体现得最明显？请简要描述。

自己的英语本身的能力没有多大提高，主要提高表现在撰写演讲稿、发表演讲、反思自我及思辨能力上。

比较明确地知道了选取话题、组织材料以及例证。学会从听众角度去思考问题，与自己演讲主题结合从而使其更好地传达。组织材料时会考虑论点之间、材料之间的联系，逻辑思维能力有所提升。

发表演讲方面，准备充分很重要。同时，注意到演讲者姿态、手势、声音的感情等方面还要有所提升。在发表演讲的时候，并不是单纯地背稿子，学会与观众交流，并从他们的反馈中适当修改自己的演讲。现在应对这些都会比开学前更加从容一些。

反思是很重要的环节。通过对演讲的反思，让我能够直面自己存在的问题，并进行分析、改正。除了演讲，生活中的很多事情都需要我们去反思。有的需要记录下来并时时提醒自己，有的只需要在反思的过程中汲取营养。

最大的变化，就是时时逼迫着自己变得更勇敢。遇到任何事情都会努力去面对，不抱怨，将所有的挑战当做生活的馈赠。一切不能将我打败的困难，都会成为日后生命里宝贵的财富。

2）其他评价意见（比如作业任务太多），请吐槽：

报名公共演讲班之前，J 就说这个班的作业和任务可能会多，所以我做好了充分的心理准备。但其实一学期下来，我觉得作业和任务量都还好，没有到不能承受的地步，甚至我觉得其实可以安排得更紧、任务更重一些（当然，这样的话老师工作量就更大了，我只是单纯地从自己的角度在要求自己，老师的辛苦我们都明白的）。

其次是同学之间的课堂交流还比较缺乏。因为每个人都有自己的演讲任务，所以很多时候大家都只顾着忙自己的事情。自己的事情忙完了，就没有在乎别人的事情了；除了完成任务或者是演讲得好一点从而得到更高的分数，大家好像就没有关注到其他的事情。这也是我最近一直在思考的一个问题。作为独生子女成长起来的我们这一代，似乎更以自我为中心。"自我"本身无可厚非，但是我觉得既然大家都是一个团体，就应该努力互帮互助，因为人作为群居动物，其实是很难作为社会孤岛独立存在的。在这方面，其实自己也做得不是很好，但是因为认识到这个问题，所以自己会努力改变，为自己而活，也为别人而活。

最后谢谢 J 和孙老师一直以来对我和大家的帮助。从小生活在教师家庭里，冒昧地觉得自己大概能够理解老师的辛苦，尤其是在演讲班，又是第一次开课，要探索的事情也很多很多。所以很感谢老师，老师您辛苦了！

3）请在下表中填入相应分值。可在备注栏中添加说明。

1 完全没有　　　2 微弱　　　3 一般　　　4 较多　　　5 非常显著

教学活动	趣味性	对语言技能的帮助	对思维技能的帮助	对学习策略的帮助	备注
课本指定阅读	2	4	4	3	
提纲格式讲解	1	3	5	4	
Lecture on Content	2	4	5	4	
Lecture on Delivery	3	3	3	4	
Lecture on critical thinking	3	3	4	4	
Lec Using Evidence	3	4	5	5	
对演讲稿的邮件反馈	3	3	5	5	

（待续）

（续表）

教学活动	趣味性	对语言技能的帮助	对思维技能的帮助	对学习策略的帮助	备注
演讲选题小组讨论	4	3	4	4	
北外学生演讲分析	4	4	4	4	
杨澜演讲分析	4	4	4	4	
外研杯竞赛演讲分析	3	4	3	4	
说解性演讲（首轮）	4	3	5	5	
"中国梦"演讲竞赛	2	4	5	4	
即兴演讲（时事话题）	4	3	4	4	
说服性演讲（期末）	2	3	5	4	
Listener's note	2	3	5	5	
听众提问	4	4	5	5	
演讲者答问	2	5	5	5	
演讲后教师点评	2	4	4	5	
反思日志	2	3	4	5	
课下师生讨论	4	3	5	5